Médialité et interprétation contemporaine
des premières guerres de Religion

**Ateliers des
Deutschen Historischen Instituts
Paris**

Herausgegeben vom
Deutschen Historischen Institut Paris

Band 10

Médialité et interprétation contemporaine des premières guerres de Religion

Sous la direction de
Gabriele Haug-Moritz et Lothar Schilling

Ateliers des Deutschen Historischen Instituts Paris
Herausgeber: Prof. Dr. Thomas Maissen
Redaktion: Veronika Vollmer
Anschrift: Deutsches Historisches Institut Paris (Institut historique allemand)
Hôtel Duret-de-Chevry, 8, rue du Parc-Royal, F-75003 Paris

ISBN 978-3-11-034602-2
e-ISBN (PDF) 978-3-11-034722-7
e-ISBN (EPUB) 978-3-11-039707-9

Library of Congress Cataloging-in-Publication Data
A CIP catalog record for this book has been applied for at the Library of Congress.

Bibliografische Information der Deutschen Nationalbibliothek
Die Deutsche Nationalbibliothek verzeichnet diese Publikation in der Deutschen Nationalbiblio-grafie; detaillierte bibliografische Daten sind im Internet über http://dnb.dnb.de abrufbar.

© 2014 Walter de Gruyter GmbH, Berlin/München/Boston
Druck und Bindung: Hubert & Co. GmbH & Co. KG, Göttingen
♾ Gedruckt auf säurefreiem Papier
Printed in Germany

www.degruyter.com

Sommaire

Gabriele HAUG-MORITZ, Lothar SCHILLING, Médialité et interprétation contemporaine des premières guerres de Religion 7

Écriture

Philip BENEDICT, Pour quoi luttaient les protestants en 1562? Sur la dissémination et réception des »Déclarations« du prince de Condé 24

Luc RACAUT, »Une juste moitié de vos livres«. Le rôle de la propagande religieuse dans la production pamphlétaire 37

Éric DUROT, Les Guises comme figure(s) médiatique(s) 51

Mark GREENGRASS, Desserrant les nœuds. François Rasse et les premières guerres de Religion 64

Images, visualité

David EL KENZ, Le massacre de Wassy dans le »Premier volume« de Tortorel et Perrissin (1570). La visualisation du massacre dans les premières guerres de Religion 82

Alexandra SCHÄFER, Les guerres de Religion en France dans les imprimés de l'atelier colonais d'Hogenberg 98

Médialité et pratique corporelle

Jérémie FOA, Banalité du corps. La prison, l'exil et la marche comme communauté d'expériences huguenotes au temps des guerres de Religion 122

Tatiana DEBBAGI BARANOVA, Combat d'un bourgeois parisien. Christophe de Bordeaux et son »Beau recueil de plusieurs belles chansons spirituelles« (vers 1569–1570) 135

Index des personnes et des lieux 147

Les auteurs 151

GABRIELE HAUG-MORITZ, LOTHAR SCHILLING

Médialité et interprétation contemporaine des premières guerres de Religion

Cet ouvrage réunit les communications présentées lors d'un atelier qui s'est tenu les 8 et 9 octobre 2012 à l'Institut historique allemand de Paris. La conception de cet atelier comprend trois éléments qui, chacun, nécessitent une explication: la concentration sur les premières années des guerres de Religion, avant la Saint-Barthélemy; l'accent mis sur l'interprétation donnée à ces guerres par les contemporains; enfin l'attention particulière attribuée à la dimension médiatique des conflits de ces années.

I.

Si nous proposons de focaliser les conflits avant la Saint-Barthélemy, nous ne mettons pas en question le concept historiographique des guerres de Religion. Ce concept permet non seulement d'analyser, dans son ensemble, la période de crise que traversa la France dans les décennies qui suivirent la mort d'Henri II[1], mais aussi de saisir, dans un horizon européen, un type de conflit qui toucha un nombre considérable de corps politiques des XVIe et XVIIe siècles[2].

Au contraire de maints autres concepts historiographiques de l'époque moderne, celui des guerres de Religion se fonde sur une sémantique contemporaine. En France, Jean Bodin était parmi les premiers à parler de »guerres touchant le faict de la Religion«. En 1576, dans les »Six livres de la République«, il désigna de cette expression

---

[1] Il n'est pas possible (ni nécessaire) de citer ici le grand nombre d'ouvrages sur les guerres de Religion françaises. Notons néanmoins que, si le début de cette période en 1562 (avec des antécédents depuis la mort d'Henri II) n'est guère mis en doute, sa fin est plus controversée. Car malgré l'importance indéniable de l'édit de Nantes, les conflits militaires sur le statut des huguenots ne se terminèrent qu'en 1629, après la chute de La Rochelle et l'édit d'Alès; cf. pour une datation tardive de la fin de cette période Mack P. HOLT, The French Wars of Religion. 1562–1629, Cambridge 1995, notamment p. 1–7.

[2] Cf. sur le concept Konrad REPGEN, Was ist ein Religionskrieg?, dans: Zeitschrift für Kirchengeschichte 97 (1986), p. 334–349; Johannes BURKHARDT, Art. »Religionskrieg«, dans: Theologische Realenzyklopädie 28 (1997), p. 681–687; Philipp BENEDICT et al. (dir.), Reformation. Revolt and Civil War in France and the Netherlands 1555–1585, Amsterdam 1999; Peter BURSCHEL, Das Heilige und die Gewalt, dans: Archiv für Kulturgeschichte 86 (2004), p. 341–368; Franz BRENDLE, Anton SCHINDLING (dir.), Religionskriege im Alten Reich und in Alteuropa. Begriff, Wahrnehmung, Wirkmächtigkeit, Münster 2006; Denis CROUZET, Dieu en ses royaumes. Une histoire des guerres de Religion, Paris 2008; Friedrich BEIDERBECK, Art. »Religionskriege«, dans: Friedrich JÄGER (dir.), Enzyklopädie der Neuzeit 10, Stuttgart 2009, col. 1091–1108.

les affrontements violents dont il était témoin – affrontements qui selon lui faisaient partie d'un grand conflit à dimension européenne[3]. Avant 1572 en revanche, les contemporains hésitaient à qualifier de »guerres« les affrontements violents dont ils étaient témoins – ils préféraient parler de »tumultes«, de »ligues« ou – pour reprendre une formule utilisée par l'un des imprimés de l'édit de Saint-Germain du 17 janvier 1562 – de »troubles et séditions survenus pour le faict de la Religion«[4] – ce qui indique que les Français de l'époque tentaient d'abord d'interpréter les événements qu'ils vivaient à l'aide de concepts traditionnels[5].

Toutefois, le concept que les historiens et historiennes avaient des guerres de Religion françaises, a longtemps été imprégné des événements et des problèmes qui ont suivi la Saint-Barthélemy – dans cette perspective, les conjurés du coup d'Amboise de 1560 apparaissaient comme les précurseurs des Malcontents des années 1570, le chancelier L'Hospital comme l'ancêtre des auteurs de l'édit de Nantes, et les frères François et Charles de Guise, favoris de François II, comme prototypes de Henri et Louis de Guise, les chefs de la seconde Ligue. De telles mises en perspective, si intéressantes qu'elles soient, risquent de réduire les premières guerres de Religion à de simples préliminaires du grand conflit d'après 1572. Or, de récentes recherches – entre autres sur la famille des Guises[6] – ont montré à quel point la focalisation sur la perspective

---

[3] Jean BODIN, Les six livres de la République, Paris 1576, ici cité d'après l'édition Paris 1583, liv. IV, chap. 7, p. 652: Bodin déplore »les guerres touchant le faict de la Religion depuis cinquante ans en toute l'Europe«, entraînant »extreme violence & grande effusion de sang en plusieurs lieux«.

[4] Edict du Roy Charles neufieme de ce nom, faict par le conseil et advis de la Roine sa mere, du Roy de Navarre, des Princes du sang, et Seigneurs du Conseil privé: appelez avec eux aucuns Presidens et principaux Conseillers des Cours souveraines de ce Royaume: Sur les moyens les plus propres d'appaiser les troubles et seditions survenus pour le faict de la Religion, Paris 1562 (http:books.google.de/books?id=cjw8AAAAcAAJ [consulté le 10/04/2013]); une excellente édition des édits de pacification, éd. par Bernard BARBICHE (sans les titres des imprimés): http://elec.enc.sorbonne.fr/editsdepacification/ (consulté le 10/04/2013); cf. Richard A. HUNT, Religion and Law. The Chancellorship of Michel de L'Hospital. 1560–1562, thèse de doctorat, University of Pennsylvania (1973), p. 126–176; Denis CROUZET, La sagesse et le malheur. Michel de L'Hospital, chancelier de France, Seyssel 1998, p. 449–491.

[5] C'est aussi le cas du concept de la »croisade contre les hérétiques« protestants; cf. Marie-Humbert VICAIRE, Les albigeois ancêtres des protestants. Assimilations catholiques, dans: Historiographie du catharisme, Toulouse 1979 (Cahiers de Fanjeaux, 14), p. 23–46; Luc RACAUT, Hatred in Print. Catholic Propaganda and Protestant Identity During the French Wars of Religion, Aldershot 2002, p. 99–115; Rainer BABEL, Kreuzzug, Martyrium, Bürgerkrieg. Kriegserfahrungen in den französischen Religionskriegen, dans: BRENDLE, SCHINDLING (dir.), Religionskriege (voir n. 2), p. 107–118, ici p. 109–111.

[6] Cf. Philipp BENEDICT, From Polemics to Wars. The Curious Case of the House of Guise and the Outbreak of the French Wars of Religion, dans: Historein 6 (2006), p. 97–105; Stuart CARROLL, Noble Power during the Wars of Religion. The Guise Affinity and the Catholic Cause in Normandy, Cambridge 1998; ID., The Compromise of Charles Cardinal of Lorraine. New Evidence, dans: Journal of Ecclesiastical History 54 (2003), p. 469–483; ID., Martyrs and Murderers. The Guise Family and the Making of Europe, Oxford 2009; Gabriele HAUG-MORITZ, Sterben, Tod und Begräbnis Kurfürst Moritz' von Sachsen (1553) und François' de Lorraine, duc de Guise (1563), im druckgestützten Kommunikationsraum, dans: Franz HEDERER et al. (dir.),

d'après 1572 nous empêche de comprendre les événements et les enjeux des années 1560[7]. Un des buts de cet ouvrage consiste donc à faire le bilan de ces recherches et à contribuer à la mise en relief de la spécificité des premières guerres de Religion.

Le fait de mettre l'accent sur l'interprétation contemporaine est étroitement lié à la proposition de faire ressortir la spécificité des premières guerres de Religion. Car cette spécificité ne peut être saisie qu'en focalisant sur la façon dont (et sur l'horizon devant lequel) les contemporains de ces années attribuaient un sens à ce qu'ils faisaient, vivaient ou apprenaient. Or, l'horizon des contemporains n'était pas marqué par leur futur, mais par leur passé, par les savoirs, par les normes, par les expériences et les habitudes qu'ils avaient héritées, accumulés et appris.

En même temps, cet horizon était – à un plus haut degré qu'encore quelques décennies plus tôt – marqué par différentes formes de communication médiatisée. De récentes recherches – en plus d'avoir mis en relief l'impact de la première »révolution médiatique« du XVIe siècle[8] – ont souligné l'importance de l'intensification de la com-

---

Handlungsräume. Facetten politischer Kommunikation in der Frühen Neuzeit. Festschrift für Albrecht P. Luttenberger zum 65. Geburtstag, Munich 2011, p. 229–252; RACAUT, Hatred in Print (voir n. 5); ID., Nicolas Chesnau. Catholic Printer in Paris during the French Wars of Religion, dans: The Historical Journal 52 (2009), p. 23–41; Thierry WANEGFFELEN, Ni Rome ni Genève. Des fidèles entre deux chaires en France au XVIe siècle, Paris 1997.

[7] Cf. p.ex. CROUZET, La sagesse et le malheur (voir n. 4); Éric DUROT, François de Lorraine (1520–1563). Duc de Guise et nouveau roi mage, dans: Histoire, économie & société 27 (2008), p. 3–16; ID., François de Lorraine, duc de Guise entre Dieu et le roi, Paris 2012 (Bibliothèque d'histoire de la Renaissance, 1); Costas GAGANAKIS, Religious Zeal and Political Expediency on the Eve of the French Wars of Religion, dans: Historein 6 (2006), p. 134–143; Mark GREENGRASS, Passions and the Patria. Michel de L'Hospital and the Reformation of the French Polity in the Wars of Religion, dans: Robert VON FRIEDEBURG (dir.), »Patria« und »Patrioten« vor dem Patriotismus. Pflichten, Rechte, Glauben und die Rekonfigurierung europäischer Gemeinwesen im 17. Jahrhundert, Wiesbaden 2005, p. 287–308; Jérémie FOA, An Unequal Apportionment. The Conflict over Space between Protestants and Catholics at the Beginning of the Wars of Religion, dans: French History 20 (2006), p. 369–386; ID., Gebrauchsformen der Freundschaft. Freundschaftsverträge und Gehorsamseide zu Beginn der Religionskriege, dans: Klaus OSCHEMA (dir.), Freundschaft oder »amitié«? Ein politisch-soziales Konzept der Vormoderne im zwischensprachlichen Vergleich (15.–17. Jahrhundert), Berlin 2007, p. 109–135; Gabriele HAUG-MORITZ, Hugenottische Pamphletistik und gelehrtes Wissen. Die »Déclaration« des Louis de Bourbon, prince de Condé (1562). Ein Beitrag zur politischen Ideengeschichte der Anfangsphase der französischen Religionskriege, dans: Francia 39 (2012), p. 115–134; Loris PETRIS, La plume et la tribune. Michel de L'Hospital et ses discours (1559–1562). Suivi de l'édition du »De initiatione sermo« (1559) et des »Discours de Michel de L'Hospital« (1560–1562), Genève 2002 (Travaux d'humanisme et Renaissance, 360); ID., Zwischen Vernunft, Notwendigkeit und Autorität. Rhetorik und Politik in den Reden des Michel de L'Hospital (1563–1568), dans: Jörg FEUCHTER, Johannes HELMRATH (dir.), Politische Redekultur in der Vormoderne, Stuttgart 2008, p. 219–240.

[8] Cf. Roger CHARTIER, Martin ROGER (dir.), Histoire de l'édition française. Le livre conquérant. Du Moyen Âge au milieu du XVIIe siècle, vol. II, Paris 1989; pour une vue d'ensemble soulignant l'effet produit par la première »révolution médiatique« Johannes BURKHARDT, Das Reformationsjahrhundert. Deutsche Geschichte zwischen Medienrevolution und Institutionenbildung 1517–1617, Stuttgart 2002; cf. pour un bilan critique du concept Matthias BICKENBACH, Medienevolution. Begriff oder Metapher? Überlegungen zur Form der Mediengeschichte,

munication liée aux guerres de Religion[9]. Cependant, ces recherches ont d'abord porté sur les contenus de la communication sans en analyser systématiquement la dimension médiatique. Or, il ne suffit pas de se limiter aux seuls contenus, vu que les médias ne constituent pas un simple moyen de transport mais marquent de leur empreinte toute construction sociale de sens[10]. D'où l'importance d'un regard approfondi sur les problèmes de médialité.

II.

En tant qu'objets d'étude, la communication et les médias connaissent actuellement un grand succès. Les raisons en sont aussi variées qu'indissolublement liées. Du point de vue de son contenu, la thématique n'est pas précisément définie[11]; elle paraît favoriser le dialogue interdisciplinaire récompensé par la politique scientifique et elle reprend des évolutions actuelles qu'on peut observer dans les sociétés occidentales contemporaines. Car le changement médiatique a toujours incité et incite toujours à la réflexion sur les médias – aussi bien au temps de Platon, caractérisée par l'essor de la scripturalité, qu'à notre époque, marquée par l'hégémonie croissante des médias numériques[12].

---

dans: Fabio CRIVELLARI, Kay KIRCHMANN, Marcus SANDL, Rudolf SCHLÖGL (dir.), Die Medien der Geschichte. Historizität und Medialität in interdisziplinärer Perspektive, Constance 2004, p. 109–136.

[9] Cf. p.ex. Tatiana DEBBAGI BARANOVA, Le rôle des écrits diffamatoires dans la formation de l'identité des partis politiques (1559–1570), dans: Identités, appartenances, revendications identitaires. Actes du colloque tenu à l'université de Paris X-Nanterre les 24 et 25 avril 2003, Paris 2005, p. 113–122; EAD., Les batailles en chanson. Le cas du »Beau recueil de belles chansons spirituelles« de Christophe de Bordeaux, dans: Jérémie FOA, Paul-Alexis MELLET (dir.), Le bruit des armes. Mises en formes et désinformations en Europe pendant les guerres de Religion (1560–1610), Paris 2012, p. 305–316; Tatiana DEBBAGI BARANOVA, À coups de libelles. Une culture politique au temps des guerres de Religion (1562–1598) Genève 2012 (Cahiers d'humanisme et Renaissance, 104); David EL KENZ, Die mediale Inszenierung der Hugenotten-Massaker zur Zeit der Religionskriege. Theologie oder Politik?, dans: Christine VOGEL (dir.), Bilder des Schreckens. Die mediale Inszenierung von Massakern seit dem 16. Jahrhundert, Francfort/M. 2006, p. 51–73; David EL KENZ, La mise en scène médiatique du massacre des huguenots au temps des guerres de Religion. Théologie ou politique?, dans: Sens public. Revue électronique internationale, 24 septembre 2006, http://www.sens-public.org/spip.php?article333 (consulté le 12/04/2013); Lothar SCHILLING, Normsetzung in der Krise. Zum Gesetzgebungsverständnis im Frankreich der Religionskriege, Francfort/M. 2005 (Studien zur europäischen Rechtsgeschichte, 197), p. 13–14.

[10] Voir ci-dessous, n. 17 et 18.

[11] Cf. de façon exemplaire Jochen HÖRISCH, Der Sinn und die Sinne. Eine Geschichte der Medien, Francfort/M. 2001, p. 61–78; Geert VANDERMEERSCHE, Joachim VLIEGHE, Steven TÖTÖSY DE ZEPETNEK, Bibliography of Publications in Media and (Inter)mediality Studies, dans: Comparative Literature and Culture 13.3 (2011), http://docs.lib.purdue.edu/clcweb/ (consulté le 25/03/2013).

[12] Cf. BICKENBACH, Medienevolution (voir n. 8), p. 114; Horst WENZEL, Kulturwissenschaft als Medienwissenschaft. Vom Anfang und vom Ende der Gutenberg-Galaxis, dans: Johannes ANDEREGG, Edith Anna KUNZ (dir.), Kulturwissenschaften. Positionen und Perspektiven, Biele-

L'histoire des médias est un domaine de recherche jeune, conceptualisé de façon hétérogène, dominé par des travaux sur les médias de masse du XXe siècle – et caractérisé par le fait que les frontières linguistiques y sont rarement dépassées; la présence inégale d'un concept central comme celui de la médialité dans les langages scientifiques allemand, anglais et français le montre de façon évidente[13]. Vu l'échange interculturel insuffisant au niveau conceptuel, cette introduction a aussi pour but d'esquisser, du moins dans leurs grandes lignes, les conceptualisations de l'histoire des médias pratiquées par la recherche germanophone. Fondamentalement, on peut distinguer deux approches:
(1) d'un côté se trouvent des approches qui utilisent, dans une compréhension constructiviste, un concept technique de médias. Dans ce cadre, les médias sont distingués en fonction des techniques qu'ils utilisent pour transmettre des communications humaines; on examine la façon dont ils sont employés pour organiser la communication et l'influence que la médialité, c'est-à-dire la constellation médiatique spécifique d'une époque, exerce sur le processus de communication. Comme résultat de ces recherches, il est aujourd'hui généralement reconnu que de nouveaux médias ne remplacent pas leurs prédécesseurs, mais rendent plus complexe l'ensemble médiatique – un résultat dont la dimension historique mérite pourtant d'être éclairée plus en détail[14]. Dans la France des années 1560, cela signifie que les interférences entre les différents modes de communication – ceux où la présence physique (et donc le corps) constitue le média principal, ceux qui sont d'abord basés sur les médias sciptographiques traditionnels et ceux qui s'appuient principalement sur les »nouveaux médias« typographiques – doivent être au centre de l'analyse historique. Cette approche comprend l'histoire des médias

---

feld 1999, p. 135–154; Horst WENZEL, Mediengeschichte. Vor und nach Gutenberg, Darmstadt 2007, p. 21–23.

[13] C'est un texte issu du National Center of Competence in Research (NCCR) Mediality (Zurich), financé par le Fonds national suisse de la recherche scientifique (cf. www.mediality.ch/, 25/03/2013) qui – à notre connaissance – est la seule publication scientifique en langue française à aborder ce sujet: René WETZEL, Fabrice FLÜCKIGER, Introduction. Pour une approche croisée de la médialité médiévale, dans: ID. (dir.), Au-delà de l'illustration. Texte et image au Moyen Âge, approches méthodologiques et pratiques (Medienwandel, Medienwechsel, Medienwissen, 6), Zurich 2009, p. 7–18. Voir, en outre, éclairant (aussi) des questions liées à l'histoire des médias, Martin ZIEROLD, Mass Media, Media Culture and Mediatisation, dans: Birgit NEUMANN, Ansgar NÜNNING (dir.), Travelling Concepts for the Study of Culture, Berlin, Boston 2012, p. 337–352. Zierold attire l'attention sur un résultat pour ainsi dire complémentaire, à savoir la réception inexistante du concept français de »médiologie« (Régis DEBRAY, Introduction à la médiologie, Paris 2000; voir aussi: www.mediologie.org/, 25/03/2013) dans la recherche germanophone. La tentative de confronter l'outillage conceptionnel des historiens français et allemands était au centre du séminaire intitulé »Les mots de l'histoire: historiens allemands et français face à leurs concepts et à leurs outils« qui toucha à sa fin en 2012 (www.ehess.fr/fr/enseignement/enseignements/2011/ue/406/, 25/03/2013).

[14] Cf. l'étude précise d'Astrid ERLL, Medium des kollektiven Gedächtnisses. Ein (erinnerungs-)kulturwissenschaftlicher Kompaktbegriff, dans: EAD., Ansgar NÜNNING (dir.), Medien des kollektiven Gedächtnisses. Konstruktivität, Historizität, Kulturspezifizität, Berlin, New York 2004, p. 3–22, notamment p. 12–18.

comme un domaine de l'histoire parmi d'autres; elle peut être directement rattachée à des recherches anglophones et francophones[15];

(2) de l'autre côté se trouve une approche de la thématique en question qui vise à accentuer la science historique comme culturologie des médias. Elle se fonde notamment sur la théorie des systèmes de Luhmann et utilise donc un concept de médias nettement plus ample et plus complexe.

Quant aux approches »techniques« de l'histoire des médias, elles remontent aux années 1960 et donc aux débuts d'une théorie des médias qui se fonde notamment sur l'analyse historique (Harold Innis, Marshall McLuhan, Jack Goody et Ian Watt)[16]. La prémisse commune à ces recherches est que la pensée constitue un processus fondé sur des signes, qu'il s'agisse de mots, d'images ou de sons, et qu'elle est donc dépendante de la façon dont la transmission et la sauvegarde de ces signes fonctionnent. À plus d'un égard, cette approche influence encore les recherches actuelles de l'histoire médiatique: (a) elle a permis d'élaborer une nouvelle compréhension des médias, selon laquelle ces derniers ne sont plus seulement considérés comme »réservoirs« de communications sociales, mais aussi comme composantes énormément influentes du processus historique. Car les moyens et les contenus de la communication sont indissociablement liés[17]. Cette thèse est résumée de façon fulgurante par une phrase de McLuhan, autant citée que mal comprise: »the medium is the message«[18]; (b) De pair avec cette thèse s'est établie une nouvelle perspective historique (fort importante notamment pour l'histoire des médias de l'époque moderne) qui distingue entre cultures orales et cultures écrites. Des études portant sur le rapport entre »oralité et scripturalité« jouent un rôle important dans la recherche internationale sur l'histoire des médias; sous le signe du »tournant culturel«, elles ont encore gagné en importance[19]; (c) finale-

---

[15] Cf. les travaux de deux chercheurs particulièrement reconnus dans les mondes respectivement anglophone et francophone; nous n'en citons que quelques-uns: Andrew PETTEGREE (dir.), The Sixteenth-Century French Religious Book, Aldershot 2001; ID., Matthew HALL, The Reformation and the Book. A Reconsideration, dans: The Historical Journal 47 (2004), p. 785–505; ID., Reformation and the Culture of Persuasion, Cambridge 2005; Andrew PETTEGREE, The French Book and the European Book World, Leyde 2007; CHARTIER, MARTIN (dir.), Histoire de l'édition (voir n. 8); Roger CHARTIER (dir.), Colportage et lecture populaire. Imprimés de large circulation en Europe XVIe–XIXe siècle. Actes du colloque des 21–24 avril 1991, Wolfenbüttel, Paris 1996; ID., Alfred MESSERLI (dir.), Lesen und Schreiben in Europa 1500–1900. Vergleichende Perspektiven, Basel 2000; Roger CHARTIER, Pratiques de la lecture, Paris 2003.

[16] Une esquisse de l'histoire de ces recherches chez Detlev SCHÖTTKER, Vom Laut zum Cyberspace. Entwicklung und Perspektiven der Mediengeschichtsschreibung, dans: ID. (dir.), Mediengebrauch und Erfahrungswandel. Beiträge zur Kommunikationsgeschichte, Göttingen 2003, p. 9–21; Albrecht KOSCHORKE, Die Imagination des Buches und ihr »Ende«, ibid., p. 119–129.

[17] Cf. Fabio CRIVELLARI, Kay KIRCHMANN, Marcus SANDL, Rudolf SCHLÖGL, Die Medialität der Geschichte und die Historizität der Medien, dans: ID. (dir.), Medien (voir n. 8), p. 9–45, ici p. 29.

[18] Marshall MCLUHAN, Understanding Media. The Extensions of Man, New York 1964, p. 9.

[19] Parmi le grand nombre de travaux sur ce sujet, on peut citer Joseph MORSEL, Ce qu'écrire veut dire au Moyen Âge... Observations préliminaires à une étude de la scripturalité médiévale, dans: Memini. Travaux et documents de la Société des études médiévales du Québec 4 (2000), p. 3–43; ID., Brief und Schrift. Überlegungen über die sozialen Grundlagen schriftlichen Aus-

ment, cette approche a ouvert la voie au concept technique des médias, qui, d'après Friedrich Kittler, conceptualise ces derniers à partir de leurs »dispositifs technico-médiatiques«[20].

Selon Roger Chartier, »une étude historique et matérielle des modalités et des procédés de ›présentation de la représentation‹« est indispensable pour comprendre les représentations comme »constructrices du monde social«[21]. Alors, il faut aller au-delà de l'histoire traditionnelle des médias qui a surtout fourni un récit téléologique de leurs progrès en supposant une relation univoque entre les développements dans leur domaine et celui du social. Il faut au contraire analyser la coexistence, l'intermédialité des médias employés à une même époque, tenir compte de leur caractère pluridimensionnel et en étudier les »interférences«[22]. L'intérêt scientifique d'une recherche en histoire des médias ainsi orientée réside donc »surtout [...] dans des situations [...] où les pratiques de communication se modifient (évolution des médias), les formes médiatiques sont dynamisées (changement de médias) et les conditions de la communication font l'objet de réflexions (savoirs médiatiques)«[23]. Dans cette perspective, les médias peuvent être considérés comme »vecteurs de transmission culturelle« qui forment »tout un réseau de significations, de présences et d'échanges que l'on peut désigner par le terme ›médialité‹«[24]. C'est cette approche que les contributions de ce volume tentent par rapport aux premières guerres de Religion; car cette phase historique fut caractérisée par des évolutions médiatiques rapides et donc par un changement profond de la médialité des processus sociaux de communication.

La culturologie historique des médias se réclamant de la théorie de communication comme élément fondamental de la »théorie des systèmes« de Luhmann entreprend une

---

tauschs im Spätmittelalter am Beispiel Frankens, dans: Ludolf KUCHENBUCH, Uta KLEINE (dir.), »Textus« im Mittelalter. Komponenten und Situationen des Wortgebrauchs im schriftsemantischen Feld, Göttingen 2006, p. 285–321; Jörg REQUATE, Öffentlichkeit und Medien als Gegenstände historischer Analyse, dans: Geschichte und Gesellschaft 25 (1999), p. 5–32; Adam FOX, Oral and Literate Culture in England 1500–1700, Oxford 2000; ID., Daniel WOOLF (dir.), The Spoken Word. Oral Culture in Britain 1500–1850, New York, Manchester 2002; et dans le contexte de travaux sur les cultures de mémoire ERLL, NÜNNING (dir.), Medien (voir n. 14); Aleida et Jan ASSMANN, Das Gestern im Heute. Medien und soziales Gedächtnis, dans: Klaus MERTEN, Siegfried J. SCHMIDT, Siegfried WEICHENBERG (dir.), Die Wirklichkeit der Medien, Opladen 1994, p. 114–140.

[20] Friedrich A. KITTLER, Aufschreibesysteme 1800–1900, Munich ^{4}2003.
[21] Roger CHARTIER, Défense et illustration de la notion de représentation, dans: Working Papers des Sonderforschungsbereiches 640, 2/2011, http://edoc.hu-berlin.de/series/sfb-640-papers/2011-2/PDF/2.pdf, p. 79 (consulté le 25/03/2013).
[22] Cf. BICKENBACH, Medienrevolution (voir n. 8), p. 117; Birgit EMICH, Bildlichkeit und Intermedialität in der Frühen Neuzeit. Eine interdisziplinäre Spurensuche, dans: Zeitschrift für historische Forschung 35 (2008), p. 31–56 (pour le concept de l'intermédialité); http://www.mediality.ch/projekt.php?id=1-B.2 (consulté le 25/03/2013) (pour les interférences des médias).
[23] C'est ainsi que le résume (en langue allemande) le programme de recherche du NCCR Mediality de la période de financement actuelle du Fonds national suisse de la recherche scientifique; www.mediality.ch/nfs.php (consulté le 25/03/2013); trad. L.S.
[24] WETZEL, FLÜCKIGER, Introduction (voir n. 13), p. 10.

approche toute différente[25]. Elle est propagée par un groupe d'historiens réunis autour de Rudolf Schlögl (Constance)[26]. Jusqu'à ce jour, cette approche n'a guère trouvé de résonance parmi les historiens anglo- et francophones – ce qui explique pourquoi les contributions du volume présent ne s'y réfèrent pas. Or, cette non-réception qui paraît liée à des problèmes de traduction (ou même de traduisibilité) n'empêche que cette perspective mérite d'être prise en compte; pour cette raison, il nous semble utile d'en résumer les grandes lignes et les concepts fondamentaux[27]:

(1) selon Luhmann, les systèmes sociaux sont des communications qui se génèrent et se délimitent de leur environnement par l'observation (qui constitue un concept clé de sa théorie). Observer ne signifie pas percevoir, mais distinguer et désigner en même temps[28]. C'est l'acte de désignation qui permet de distinguer la face interne de la face externe d'une chose – l'une étant inconcevable sans l'autre: Luhmann qualifie de »forme« cette unité indissoluble générée par l'observation[29]. Tout observateur peut effectuer des distinctions par rapport à l'objet de son observation, mais il est aveugle par rapport à son point de vue d'observateur qui constitue donc la »tache aveugle« de toute observation. Seuls les »observateurs de second ordre« (comme par exemple les historiens) sont en mesure d'observer les distinctions effectuées par les »observateurs de premier ordre«;

---

[25] La théorie de communication de Luhmann n'est guère présente dans les débats sociologiques du monde francophone; cf. p. ex. Jean-Pierre MEUNIER, Daniel PERAYA, Introduction aux théories de la communication, Bruxelles ³2010. Ce n'est d'ailleurs qu'en 2010 que fut traduit en français l'ouvrage principal de Luhmann (Soziale Systeme. Grundriß einer allgemeinen Theorie) publié pour la première fois en 1984: Niklas LUHMANN, Systèmes sociaux. Esquisse d'une théorie générale, trad. de l'allemand par Lukas K. SOSOE, Québec 2010; une traduction abrégée du quatrième chapitre de cet ouvrage fut publiée en 1991: Niklas LUHMANN, Communication et action, dans: Réseaux 9/50 (1991), p. 131–156 (traduit par Werner ACKERMANN et Louis QUÉRÉ).

[26] Cf. les publications les plus importantes de ce groupe: CRIVELLARI, KIRCHMANN, SANDL, SCHLÖGL, (dir.), Die Medien (voir n. 8); Rudolf SCHLÖGL, Kommunikation und Vergesellschaftung unter Anwesenden. Formen des Sozialen und ihre Transformation in der Frühen Neuzeit, dans: Geschichte und Gesellschaft 34 (2008), p. 155–224; Marcus SANDL, Medialität und Ereignis. Eine Zeitgeschichte der Reformation, Zurich 2011.

[27] Cf. pour ce qui suit l'analyse lucide de Wolfgang SCHIRMER, Bedrohungskommunikation. Eine gesellschaftstheoretische Studie zu Sicherheit und Unsicherheit, Wiesbaden 2008, p. 62–68 et 89–97; Volker DEPKAT, Kommunikationsgeschichte zwischen Mediengeschichte und der Geschichte sozialer Kommunikation. Versuch einer konzeptionellen Klärung, dans: Karl-Heinz SPIESS (dir.), Medien der Kommunikation im Mittelalter, Stuttgart 2003, p. 9–48, notamment p. 18–24.

[28] Cf. Niklas LUHMANN, Die Wissenschaft der Gesellschaft, Francfort/M. 1992, p. 94–95: »Das Unterscheiden-und-Bezeichnen ist als Beobachten eine einzige Operation; denn es hätte keinen Sinn, etwas zu bezeichnen, was man nicht unterscheiden kann, so wie umgekehrt das bloße Unterscheiden unbestimmt bliebe und operativ nicht verwendet werden würde, wenn es nicht dazu käme, die eine Seite (das Gemeinte) und nicht die andere (das Nichtgemeinte) zu bezeichnen«.

[29] Cf. SCHIRMER, Bedrohungskommunikation (voir n. 27), p. 62–66.

(2) tout système social (et donc toute société) communique du sens, alors que tout système psychique (et donc toute personne) pense du sens[30]. Étant donné que l'échange direct de conscience à conscience est impossible, la constitution sociale du sens se fait nécessairement par le biais de la communication;

(3) une communication n'est réussie que si d'autres actes communicationnels s'y réfèrent et la continuent – ce qui serait en principe fort improbable si des systèmes sociaux ne constituaient pas des »structures d'attente« pour augmenter les chances d'une connexion qui continue de faire sens[31];

(4) pour qu'il y ait communication, il faut trois composantes indispensables (issues, chacune, de sélections): d'abord, l'information (sélectionnée dans l'ensemble du dicible), ensuite la façon dont l'information est transmise (par la voix, par gestes, par écrit... – encore une sélection) et la compréhension (issue du choix d'accepter ou de rejeter l'information et de la sélection d'un »décodage« dans une multitude de »décodages« possibles). La compréhension étant indispensable, ce n'est donc pas, comme dans le modèle communicationnel de Lasswell[32], seulement l'émetteur d'une information qui est déterminant: c'est le destinataire qui, par les sélections qu'il effectue et par la référence qu'il fait à l'information émise, décide s'il y a donc communication[33].

Dans ce cadre théorique, Luhmann attribue une grande importance aux médias, qu'il définit de façon particulièrement ample. Ils sont, selon lui, des »acquis [...] qui servent, d'un point de vue fonctionnel, à transformer l'improbable en probable«[34]. Correspondants aux trois types d'improbabilité de la communication qu'il postule (l'improbabilité de comprendre, celle d'atteindre l'interlocuteur et celle de réussir la communication)[35], Luhmann distingue »trois médias différents, qui se rendent possibles et se limitent mutuellement, et qui se chargent des problèmes consécutifs«[36]: le

---

[30] Niklas LUHMANN, Was ist Kommunikation?, dans: ID., Aufsätze und Rede, Stuttgart 2001, p. 94–110, ici p. 98: »Man kann das, was ein anderer wahrgenommen hat, nicht bestätigen und nicht widerlegen, nicht befragen und nicht beantworten. Es bleibt im Bewusstsein verschlossen und für das Kommunikationssystem ebenso wie für jedes andere Bewusstsein intransparent«.
[31] Cf. SCHIRMER, Bedrohungskommunikation (voir n. 27), p. 92.
[32] Cf. Harold D. LASSWELL, The Structure and Function of Communication in Society, dans: Lyman BRYSON (dir.), The Communication of Ideas. A Series of Addresses, New York 1948, p. 32–51.
[33] Cf. SCHIRMER, Bedrohungskommunikation (voir n. 27), p. 95.
[34] LUHMANN, Communication et action (voir n. 25), p. 146.
[35] Du point de vue de l'évolution, Luhmann souligne »l'improbabilité de la communication« et identifie trois types d'obstacles: (1) »il apparaît d'abord hautement improbable que Ego comprenne même ce que Alter veut dire – étant donné la séparation et l'individualisation de leurs corps et de leur conscience« (ibid., p. 144); (2) »La deuxième improbabilité a trait à l'accès aux destinataires. Il est improbable qu'une communication atteigne davantage de personnes que celles qui sont présentes dans une situation concrète, et cette improbabilité s'accroît si l'on ajoute l'exigence que la communication soit transmise sans modification« (ibid.); (3) »Une troisième improbabilité est celle de la réussite. Même lorsqu'une communication est comprise par celui qu'elle atteint, il n'est pas encore assuré pour autant qu'elle sera acceptée et suivie« (ibid.); cf. pour l'original allemand ID., Soziale Systeme (voir n. 25), p. 216–219.
[36] ID., Communication et action (voir n. 25), p. 146; ID., Soziale Systeme (voir n. 25), p. 220.

langage, les médias de diffusion (l'écriture, l'imprimerie et la radio) et finalement les médias de communication symboliquement généralisés, comme la foi religieuse, la vérité, l'amour, la propriété et l'argent, le pouvoir et le droit. Ces derniers (qu'il appellera dans ses derniers ouvrages »médias à succès«) conditionnent »la sélection de la communication de telle façon qu'elle puisse agir en même temps comme moyen de motivation, donc qu'elle puisse suffisamment assurer que la proposition de sélection soit suivie«[37].

Luhmann postule une évolution génétique des trois types de médias – évolution qui, selon lui, est étroitement liée à l'évolution des sociétés. D'abord, la communication se fait dans le cercle spatialement et temporellement limité de personnes physiquement présentes. Cette communication orale de face à face privilégie la répétition et la confirmation d'attitudes et de conceptions sociales préexistantes. En revanche, les médias de diffusion, l'écriture et l'imprimerie, tout en élargissant énormément la portée des communications possibles, permettent de distinguer entre l'information et la façon dont elle est transmise et incitent ainsi des processus de vérification et d'articulation d'un soupçon – la liberté d'interprétation devient donc plus grande et le succès de la communication plus improbable, étant donné que la communication et son contenu peuvent être rejetés. Quant au troisième type de médias, les médias de communication symboliquement généralisés, ils sont utilisés pour réduire les libertés, combattre le soupçon et rendre la communication plus probable. Ils contribuent à la constitution d'une »sémantique« sociale »qui permet de distinguer dans la communication relative à des thèmes, les contributions pertinentes et non pertinentes, ou l'utilisation correcte ou incorrecte des thèmes«[38]; la sémantique contribue donc à assurer le succès de la communication spécifique au système social en question.

Ce concept des médias auquel Luhmann lui-même a apporté, dans ses dernières œuvres, d'importantes modifications[39] (qui ne peuvent pas être présentées ici) a stimulé de multiples recherches dans maintes disciplines des sciences de l'homme. Dans les sciences historiques, c'est surtout le groupe rassemblé autour de Rudolf Schlögl qui, dans le cadre de l'unité spéciale de recherche (»Sonderforschungsbereich«) 645 »Norme et symbole«, tente de décrire l'évolution des sociétés de l'époque moderne et de fonder l'unité de cette époque à partir de la théorie de la communication[40].

Partant de la prémisse selon laquelle, à l'époque moderne, la socialisation se serait opérée »avant tout par la présence physique«, Schlögl analyse l'évolution sociale des »processus de formation communicative de sens« de la fin du XVe à la fin du XVIIIe siècle en s'appuyant surtout sur trois projets d'étude qui abordent la ville, la cour

---

[37] ID., Communication et action (voir n. 25), p. 146–147, ici p. 146; ID., Soziale Systeme (voir n. 25), p. 220–224; pour le terme »médias à succès« (»Erfolgsmedien«) cf. p.ex. ID., Die Gesellschaft der Gesellschaft, Francfort/M. 1997, p. 202–205.
[38] ID., Communication et action (voir n. 25), p. 148–149; ID., Soziale Systeme (voir n. 25), p. 224–225.
[39] ID., Die Wissenschaft der Gesellschaft, Francfort/M. 1992, notamment p. 181–189; cf. Dieter MERSCH, Medientheorien zur Einführung, Hambourg 2006, p. 207–228.
[40] Cf. n. 26 et http://www.sfb485.uni-konstanz.de/allgemeines/ (consulté le 25/03/2013).

et les »médias d'auto-observation sociale au XVIIe siècle«[41]. Niant, comme Luhmann, l'existence de médias »en tant que tels«, indépendamment des constellations historiques spécifiques, Schlögl propose d'ajouter à la triade luhmannienne des médias (langage, médias de diffusion, médias de communication symboliquement généralisés) un quatrième type, les »médias de perception« ou médias primaires: »outre le langage parlé, le corps et les choses, l'espace et le temps«[42].

Selon Schlögl, ces médias (que Luhmann avait qualifiés de précommunicationnels) étaient décisifs pour la constitution sociale du sens à l'époque moderne. Schlögl reconnaît l'importance de l'évolution des médias suscitée par la diffusion de l'écriture et de l'imprimerie pour les processus de transformation sociale. En même temps, il souligne, pour les deux premiers siècles de l'époque moderne, l'impact limité de l'écriture dans le domaine de la communication. Selon lui, avant 1700, l'écriture et l'imprimerie auraient surtout servi de »médias de mémoire et de conservation«[43], et non de médias suscitant un lien communicationnel. Ce n'est qu'au XVIIIe siècle que l'écriture et l'imprimerie seraient progressivement devenues structurantes comme moyens de communication. Elles se seraient développées en médias d'(auto-)observation sociale pour enfin former, vers 1800, un système auto-poïétique de textes circulants indépendamment de l'interaction directe des hommes[44]. Ce serait donc sa médialité spécifique qui constituerait l'unité de l'époque moderne.

Il va de soi que cette interprétation générale de l'époque moderne pose un certain nombre de problèmes. Du point de vue de la chronologie, elle semble sous-estimer l'impact (souligné par de nombreuses études)[45] des médias typographiques pour la formation des confessions protestantes. Plus généralement, elle a tendance à conceptualiser de façon binaire certaines pratiques communicatives en opposant par exemple oralité et écriture, communication entre présents et communication à distance – ce qui risque de réintroduire une perspective téléologique dans l'analyse de l'évolution des médias à l'époque moderne[46]. Tout de même, il n'y a aucun doute que l'approche »luhmannienne«, par l'accent qu'elle met sur l'invraisemblance de la communication

---

[41] SCHLÖGL, Kommunikation (voir n. 26), icip. 161–162; trad. LS.
[42] Ibid., p. 171; trad. LS.
[43] Ibid., p. 177; trad. LS.
[44] Cf. ibid., p. 220.
[45] Cf. pour l'autoréflexion et le savoir médiatique sur la typographie (qu'on observe déjà au XVIe siècle) Michael GIESECKE, Der Buchdruck in der Frühen Neuzeit, Francfort/M. 1994, p. 474–483 et p. 682–695; ID., Die Entdeckung der kommunikativen Welt. Studien zur kulturvergleichenden Mediengeschichte, Francfort/M. 2007, p. 58–88; une étude de cas exemplaire: Eva-Maria SCHNURR, Religionskonflikt und Öffentlichkeit. Eine Mediengeschichte des Kölner Krieges (1582 bis 1590), Cologne, Vienne, Weimar 2009 (Rheinisches Archiv, 154), p. 234–248; voir sur la dimension structurante de l'imprimerie chez les luthériens SANDL, Medialität (voir n. 26), notamment p. 513–514.
[46] Cf. SCHLÖGL, Kommunikation (voir n. 26) qui affirme que les imprimés de l'époque de la Réforme s'inspirent dans la forme comme dans les thématiques d'abord de la communication orale pour ne s'en émanciper que petit à petit (p. 206), une analyse qui risque de réduire les relations complexes entre oralité et scripturalité (voir les ouvrages cités en n. 19) à une évolution linéaire.

et sur les sélections multiples qui l'encadrent, par la mise en relief du rôle de l'interaction directe, etc., peut mener à de nouveaux questionnements et offre donc un potentiel heuristique considérable.

Malgré leurs différences, les deux approches esquissées convergent en outre en incitant à une étude des processus de communication centrée sur les acteurs, leurs horizons et leurs pratiques médiatiques. Elles encouragent à une histoire des médias qui rend compte de la complexité, des interférences et des frictions inhérentes à toute constellation médiatique.

III.

Prenons, pour ne pas rester dans le domaine de l'abstrait, le cas du coup d'Amboise[47]. Il s'agit de la première conjuration nobiliaire importante depuis la »ligue du bien public« de 1465 et la »guerre folle« des années 1485 à 1488[48]. Les révoltes, les ligues, les conjurations ne comptaient guère parmi les expériences de la noblesse française au temps du règne de François II – et encore moins une guerre civile[49].

À ne regarder que l'événement même, le coup d'Amboise a échoué. À en regarder les représentations médiatiques et les interprétations contemporaines, son impact ne

---

[47] Cet événement a fait l'objet de nombreuses études qui n'ont pourtant pas résolu toutes les questions; cf. Henri NAEF, La conjuration d'Amboise et Genève, Genève, Paris 1922, notamment p. 27–56; Lucien ROMIER, La conjuration d'Amboise. L'aurore sanglante de la liberté de conscience. Le règne et la mort de François II, Paris ³1923; Louis-Henri LEFÈVRE, Les Français pendant les guerres de Religion. Le tumulte d'Amboise, Paris 1949; Nicola Mary SUTHERLAND, Calvinism and the Conspiracy of Amboise, dans: History 47 (1962), p. 111–138; Corrado VIVANTI, La congiura d'Amboise, dans: Yves-Marie BERCÉ, Elena FASANO GUARINI (dir.), Complots et conjurations dans l'Europe moderne. Actes du colloque international organisé par l'École française de Rome, l'Institut de recherche sur les civilisations de l'Occident moderne de l'université de Paris-Sorbonne et le Dipartimento di storia moderna e contemporanea dell'università degli studi di Pisa, Rome 1996, p. 439–450; Elizabeth A. R. BROWN, La Renaudie se venge. L'autre face de la conjuration d'Amboise, ibid., p. 451–474; Arlette JOUANNA, Le thème polémique du complot contre la noblesse lors des prises d'armes nobiliaires sous les derniers Valois, ibid., p. 475–490.

[48] Ces deux révoltes sont peu étudiées; cf. pour une première orientation David POTTER, A History of France 1460–1560. The Emergence of a Nation State, Houndsmill, Basingstoke, Londres 1995, p. 1–2; Neithard BULST, Ludwig XII. 1498–1514, dans: Peter C. HARTMANN (dir.), Französische Könige und Kaiser der Neuzeit. Von Ludwig XII. bis Napoleon III., Munich 1994, p. 24–51, notamment p. 29.

[49] Dans le discours politique français du XVᵉ et du premier XVIᵉ siècle, l'argument, selon lequel la noblesse française se distingue (notamment comparée à la noblesse anglaise) par sa docilité envers le roi, est topique. Cf. Peter Shervey LEWIS, Jean Juvénal des Ursins and the Common Literary Attitude toward Tyranny in Fifteenth Century France, dans: Medium Aevum 34 (1965), p. 103–121, ici p. 103; Jacques KRYNEN, Naturel. Essai sur l'argument de nature dans la pensée politique française à la fin du Moyen Âge, dans: Journal des savants avril–juin (1982), p. 169–190, ici p. 177–180; Gilbert GADOFFRE, La révolution culturelle dans la France des humanistes. Guillaume Budé et François Iᵉʳ, Genève 1997, p. 38–39.

peut guère être surestimé. Car ce coup déclencha une campagne pamphlétaire dans le cadre de laquelle fut développée une argumentation qui permettait de justifier des actes de résistance, notamment de résistance nobiliaire – et donc de déduire après une longue période de paix intérieure un »devoir de révolte«, comme Arlette Jouanna l'a formulé[50]. Dans leur campagne, les dirigeants protestants, dont Hotman et de Bèze, tentaient de reléguer au second plan ou même de cacher entièrement les motifs religieux des conjurés et de souligner qu'il s'agissait exclusivement d'une »cause civile et politique & qui concernoit seulement les loix & statuts du Royaume«[51]. Le coup d'Amboise était donc interprété non pas comme un acte de révolte pour des motifs religieux, mais comme une tentative de libérer le roi de l'influence tyrannique des Guises et donc comme preuve de la loyauté des conjurés d'Amboise envers la couronne[52].

Dans une perspective longue, cette argumentation »constitutionnelle«, reprise et remaniée tout au long des guerres de Religion[53], semble s'intégrer dans une tendance à »l'autonomisation de la raison politique« que certains historiens croient observer depuis le début des guerres de Religion. Elle semble aller dans le même sens que certains arguments du chancelier L'Hospital et des »politiques« ou que les tentatives de rétablir la paix de religion par les édits de pacification de l'époque[54]. De telles interprétations

---

[50] Arlette JOUANNA, Le devoir de révolte. La noblesse française et la gestation de l'État moderne. 1559–1661, Paris 1989.
[51] [François HOTMAN], L'histoire du tumulte d'Amboyse, advenu au moys de mars, MDLX. Ensemble un avertissement & une complainte au peuple François, s.l. 1560, p. 10–11: »D'avantage entre ceux de cette entreprinse, il y avoit plusieurs tenans doctrine de l'Evangile, qui s'y estoient aioints volontiers, par ce que c'estoit une cause civile & politique, & qui concernoit seulement les loix & statuts du Royaume: le tout au proufit & service du Roy, contre lequel s'il y eust eu la moindre chose du monde, ceux la ne s'en fussent iamais meslez«. L'argument est repris par Louis RÉGNIER DE LA PLANCHE, Histoire de l'estat de France, tant de la république que de la religion, sous le règne de François II, première édition 1576, ici cité d'après l'édition d'Édouard MENNECHET, Paris 1836 (Histoire de France, par les écrivains contemporains, 1–2), vol. I, p. 147: »[C]ombien qu'entre ceux qui s'estoyent eslevez contre eux [les Guises], il y en eust qui désirassent vivre selon la réformation de l'Évangile, néantmoins ceste seule cause ne leur eust jamais fait prendre les armes s'il n'y eust eu une cause civile et politique, qui est l'oppression faite par eux [les Guises] de sa majesté, estats, loix et coustumes de France. Et de fait, comme Dieu recommandoit la patience au fait de la religion, aussi vouloit-il que les sujets prinssent peine de conserver la grandeur de leurs princes, et maintenir les loix et coustumes du païs«.
[52] Cf. Lothar SCHILLING, Deutung und rechtliche Sanktionierung von Adelsrevolten im Frankreich des 16. und frühen 17. Jahrhunderts, dans: Karl HÄRTER, Angela DE BENEDICTIS (dir.), Revolten und politische Verbrechen zwischen dem 12. und 19. Jahrhundert. Reaktionen der Rechtssysteme und juristisch-politischer Diskurs. Rivolte e crimini politici tra XII e XIX secolo. Reazioni del sistema giuridico e discorso giuridico-politico, Francfort/M. 2013, p. 339–379.
[53] Cf. JOUANNA, Le devoir (voir n. 50), p. 58.
[54] Cf. pour le concept de »l'autonomisation de la raison politique« l'ouvrage stimulant d'Olivier CHRISTIN, La paix de religion. L'autonomisation de la raison politique au XVIe siècle, Paris 1997; pour un résumé du débat évoqué par l'ouvrage de Christin SCHILLING, Normsetzung (voir n. 9), p. 110–112.

permettent certainement de saisir les effets à long terme des guerres de Religion[55]. Mais il ne faut pas confondre les conséquences d'évolutions historiques et les horizons des contemporains.

Quel est donc le sens que les conjurés même, leurs défenseurs et plus généralement les Français de l'époque, attribuaient à cet événement? De toute vraisemblance, le concept d'une raison politique autonome leur était étranger. Pendant les années 1560, pour presque tous les Français, catholiques comme protestants, un pouvoir royal purement politique et religieusement neutre garantissant la coexistence des deux confessions n'était guère concevable[56]. Même les rares contemporains qui plaidaient pour une politique de coexistence religieuse sous l'égide du roi ne parlaient que d'un mal inévitable qu'il fallait accepter passagèrement pour éviter le pire[57].

Quel est donc l'effet que le coup d'Amboise a eu à l'aube des guerres de Religion? Comment estimer l'impact de la campagne pamphlétaire qui l'a suivi? Comment expliquer le succès des arguments protestants et la grande résonance de la »légende noire« à propos des frères de Guise – portée à l'actif après Wassy (et de bien longue vie après)? Pour répondre à ces questions, il faut bien évidemment reconstituer les arguments des deux camps, mais l'importance du débat sur Amboise ne se résume pas dans l'inventaire des arguments qu'il a produits; il faut rétablir les discours dans lesquels ces arguments s'inscrivaient et les règles qui les régissaient; il faut considérer les contextes politiques français et européen; et il faut analyser les médias, les modes de circulation et les voies de communication qui ont fait d'Amboise un événement médiatique: le rôle de contacts personnels; le rôle d'images de vie exemplaire attribuées aux ministres protestants[58]; le rôle des corps (des protestants emprisonnés ou délogés, des

---

[55] Cf. Arlette JOUANNA, Le temps des guerres de Religion en France (1559–1598), dans: Jacqueline BOUCHER et al., Histoire et dictionnaire des guerres de Religion, Paris 1998, p. 1–445, ici p. 443–444.

[56] Cf. p.ex. Robert KINGDON, Geneva and the Coming of the French Wars of Religion. 1555–1563, Genève 1956, p. 87; Philipp BENEDICT, Un roi, une loi, deux fois. Parameters for the History of Catholic-Reformed Co-Existence in France. 1555–1685, dans: Ole P. GRELL, Bob SCRIBNER (dir.), Tolerance and Intolerance in the European Reformation, Cambridge 1996, p. 65–93.

[57] Ainsi argumente p.ex. un texte attribué à Étienne PASQUIER, Exhortation aux princes et seigneurs du conseil privé du Roy, pour obvier aux seditions qui occultement semblent menacer les fideles pour le faict de la Religion […], s.l. 1561. Cf. Costas GAGANAKIS, Rival Constructions of »Frenchness« in the French Religious Wars. 1560–1590. The Reading of Pierre de L'Estoile, dans: Historein 2 (2000), p. 157–172, ici p. 160.

[58] Cf. le témoignage de l'évêque de Valence, Jean de Monluc, qui, dans son discours devant l'assemblée de notables du 23 août 1560, souligne l'effet de la crédibilité des ministres protestants: »La Doctrine, Sire, qui amuse vos sujets a esté sémée en trente ans, non pas en un ou deux ou trois jours; a esté apportée par trois ou quatre cens Ministres diligens & execercez aux Lettres, avec une grande modestie, gravité & apparence de saincteté, faisans profession de détester tous vices, & principalement l'avarice, sans aucune crainte de perdre la vie pour confirmer leur Prédication, ayans toujours Jesus-Christ en la bouche, qui est une parole si douce qu'elle fait ouverture des oreilles qui sont les plus serrées, & découle facilement dans le cœur des plus endurcis«. Cité d'après Denis-François SECOUSSE (éd.), Mémoires de Condé. Servant d'éclaircissement et de preuves à l'Histoire de M. de Thou, contenant ce qui s'est passé de plus mémorable en Europe […], 6 vol., Londres 1743–1745, vol. I, p. 555–568, ici p. 558–559.

conjurés exécutés...); le rôle des bruits qui couraient; l'emplacement et la distribution des placards; l'échange de lettres et de manuscrits; le style, les variantes et l'intertextualité des tracts; le »travail de mémoire« des partis, les symboles identitaires, etc.

Sans sa dimension médiatique, l'analyse historique des premières guerres de Religion reste bien fragmentaire. Cet ouvrage a pour objet de démontrer, à la lumière de quelques études, la richesse et la productivité d'une telle approche; espérons qu'il incitera à d'autres recherches dans ce domaine.

Écriture

PHILIP BENEDICT

Pour quoi luttaient les protestants en 1562? Sur la dissémination et réception des »Déclarations« du prince de Condé[1]

Le 2 avril 1562, le prince de Condé et ses hommes se saisirent d'Orléans. Quelques jours plus tard, l'un des proches du prince, probablement Théodore de Bèze, livra à l'atelier d'impression d'Éloi Gibier une »Déclaration faicte par M. le Prince de Condé pour monstrer les raisons qui l'ont contrainct d'entreprendre la défense de l'authorité du Roy, du Gouvernement de la Royne et du Repos de ce Royaume. Avec la Protestation sur ce requise«, qui parut avec la date du 8 avril. Ce texte fut suivi à son tour par un deuxième imprimé portant la date du 11 avril, le »Traicté d'association faicte par M. le Prince de Condé avec les princes, chevaliers de l'ordre, Seigneurs, Capitaines, Gentilshommes et autres de tous Estats, qui se sont entrez ou entreront cy-apres en l'Association pour maintenir l'honneur de Dieu, le repos de ce Royaume, et l'Estat et liberté du Roy, soubs le Gouvernement de la Royne sa Mere«. Le premier de ces textes énonce la légitimation officielle de la prise d'armes du parti protestant exigée par les normes de la culture politique de l'époque; le second représente le véritable covenant du parti protestant, un serment que tous ceux qui s'y sont associés étaient tenus de prêter, et le document de référence pour toute tractation à venir à propos d'éventuelles trêves ou pacifications. Ici nous entreprenons une comparaison entre ces deux textes et les autres lettres, déclarations et gestes, en amont et en aval, par lesquels des membres du parti protestant exprimaient leurs raisons de prendre les armes en 1562–1563 et leur compréhension de la cause pour laquelle ils luttaient. Le but d'un tel exercice est triple. Cette comparaison devrait permettre, en amont, de dégager la stratégie adoptée par l'auteur ou les auteurs des documents condéens; en aval, de fournir des indices sur la circulation de ces déclarations officielles du parti et de déterminer dans quelle mesure ces documents se sont imposés comme buts du parti; enfin, l'exercice dans son ensemble devrait permettre de mieux répondre à la question posée par le titre de cette communication: pour quoi luttaient les protestants en 1562–1563?

Commençons par un examen attentif de la »Déclaration« et du »Traité d'association« du prince de Condé. Le premier de ces documents porte la date, on l'a dit, du 8 avril. Une lettre de Jacques Spifame et Théodore de Bèze aux Églises réformées datée du 5 avril fait référence cependant à une »declaration et protestation« »afin que chacun entende nostre plus que juste et necessaire deffence« »laquelle s'acheve

---

[1] L'auteur tient à remercier Nicolas Fornerod et Claire Moutengou Barats pour leur précieuse aide à la rédaction de ce texte.

d'imprimer demain«[2]. Il pourrait s'agir de la déclaration en question, auquel cas ce texte aurait été écrit quelques jours plus tôt, presque dès l'arrivée de Condé à Orléans. Il pourrait également s'agir d'un texte antérieur dont beaucoup d'éléments seront intégrés dans la déclaration du prince de Condé, l'»Histoire comprenant en brief ce qui est advenu depuis le departement des Sieurs de Guyse, Connetable et autres, de la court estant à Saint Germain«[3].

Que la »Déclaration« ait été rédigée le 8 avril ou vers le 3 ou le 4, on peut affirmer qu'elle connut une diffusion très large et très rapide. Une copie signée par Condé est livrée au roi dans les jours suivants par une voie détournée, choisie pour étayer la fiction de la famille royale prise en captivité. Le soir du 12, un messager la communique à une servante du premier président du parlement de Paris, Christophe de Thou, dans un paquet portant une fausse adresse de retour. De Thou la relaye le lendemain au parlement, qui la livre ensuite à la reine mère[4]. Mais le texte est visiblement adressé surtout et d'abord à un large public national et international, à en juger par les soins pris pour l'imprimer et le réimprimer rapidement. Les travaux de Jean-François Gilmont permettent d'affirmer que l'officine orléanaise d'Éloi Gibier, à elle seule, a imprimé le texte quatre fois[5]. D'autres éditions en français ont été attribuées à des éditeurs de Tours, de Caen, de Lyon et de Genève, où permission fut donnée à Michel Grangier d'imprimer la protestation le 16 avril, moins de deux semaines après sa parution à Orléans[6]. Une traduction allemande, probablement imprimée à Heidelberg, est également connue[7]. Le catalogue »French Vernacular Books« fait état en tout de treize éditions, bien qu'il soit probable que ce chiffre est légèrement exagéré, les recherches faites dans les bibliothèques parisiennes par Gabriele Haug-Moritz ayant révélé que ce que les compilateurs de ce catalogue prennent pour sept éditions ne sont

---

[2] Henri MEYLAN, Alain DUFOUR, Béatrice NICOLLIER et al. (éd.), Correspondance de Théodore de Bèze, vol. IV (Travaux d'humanisme et Renaissance, 74), Genève 1965, p. 259–260.

[3] Denis-François SECOUSSE (éd.), Mémoires de Condé. Servant d'éclaircissement et de preuves à l'Histoire de M. de Thou, contenant ce qui s'est passé de plus mémorable en Europe […], 6 vol., Londres 1743–1745, vol. III, p. 187–209.

[4] Tatiana DEBBAGI BARANOVA, À coups de libelles. Une culture politique au temps des guerres de Religion (1562–1598), Genève 2012 (Cahiers d'humanisme et Renaissance, 104), p. 127–130.

[5] Jean-François GILMONT, La première diffusion des »Mémoires de Condé« par Éloi Gibier en 1562–1563, dans: Pierre AQUILON, Henri-Jean MARTIN (dir.), Le livre dans l'Europe de la Renaissance, Paris 1988, p. 62, 69.

[6] Andrew PETTEGREE, Malcolm WALSBY, Alexander WILKINSON (éd.), French Vernacular Books. Books Published in the French Language before 1601, vol. I, Leyde 2007, p. 417–418; base de données GLN 15–16, http://www.ville-ge.ch/musinfo/bd/bge/gln/index.php. Auteur: Louis Ier de Condé (consulté le 07/12/2012); Archives d'État de Genève, Registres du Conseil 57, fol. 39v.

[7] Cornel ZWIERLEIN, Les saints de la communion avec le Christ. Hybridation entre Églises et États dans le monde calviniste dans les années 1560, dans: Florence BUTTAG, Axelle GUILLAUSSEAU (dir.), Des saints d'État? Politique et sainteté au temps du concile de Trente, Paris 2012, p. 39.

en fait que cinq[8]. Si des variations dans le texte n'ont jamais été signalées d'une édition à une autre, le titre a connu quant à lui des modifications significatives. À l'intitulé de la plupart des éditions, qui annonce que le prince de Condé agit pour défendre l'autorité du roi, le gouvernement de la reine mère et le repos du royaume, les titres d'au moins deux éditions ajoutent également »la defense de la religion qu'il maintient comme bonne et saincte«. L'impression de tant d'exemplaires permit une diffusion rapide. À Poitiers, le pasteur Alexandre Godion de Lestang put lire la déclaration publiquement après son sermon le 13 avril[9].

Le contenu de la »Déclaration« met en avant la défense du roi et de son gouvernement, sur arrière fond de craintes d'un complot, pour en finir avec la religion réformée. Après avoir souligné que l'édit de janvier fut dressé selon l'avis de »la plus notable et mieux choisie Assemblee que le Roy ait peu eslire en tous ses Parlemens«, le texte fournit une longue énumération des événements qui ont suivi cet édit, notamment des machinations attribuées aux Triumvirs catholiques pour le défaire. La réticence du parlement de Paris à l'enregistrer, une remarque attribuée au connétable selon laquelle l'édit ne durerait pas longtemps, le massacre de Wassy, les actions des Triumvirs à sa suite, enfin leur prise de contrôle sur le jeune roi et la manière insolente dont ils le faisaient promener à droite et à gauche entouré d'hommes armés: tous ces événements démontrent que ces personnes n'envisagent rien de moins que la ruine de la couronne et l'extermination de la religion qu'ils appellent nouvelle. Pour toutes ces raisons, le prince de Condé s'est senti obligé de réunir parents, amis et serviteurs pour venir au secours du roi et de son royaume, et notamment pour assurer qu'il regagne sa liberté et ses droits[10].

Le »Traité d'association« annonce des objectifs similaires mais pas identiques tout en faisant paraître un certain flottement à l'intérieur du document. »French Vernacular Books« fait état de sept éditions en français de ce document, dont au moins quatre publiées à Orléans et une à Caen; en outre, on connaît deux éditions en allemand et une en anglais imprimées afin de rassurer des alliés potentiels quant aux buts du parti[11]. De nouveau la diffusion fut d'une rapidité étonnante; la traduction anglaise porte la date du 16 avril[12]. Le titre du document fait état de trois objectifs: (1) maintenir l'honneur

---

[8] Communication personnelle de Gabriele Haug-Moritz.
[9] [Théodore DE BÈZE], Histoire ecclésiastique des églises réformées au royaume de France, éd. par G. BAUM, E. CUNITZ, vol. II, Paris, 1884, p. 701; Hugues DAUSSY, Le parti huguenot. Chronique d'une désillusion (1557–1572), Genève 2014 (Travaux d'humanisme et Renaissance, 527), p. 315.
[10] Pour une analyse et mise en contexte plus détaillées, voir Gabriele HAUG-MORITZ, Hugenottische Pamphletistik und gelehrtes Wissen. Die »Déclaration« des Louis de Bourbon, prince de Condé, dans: Francia 39 (2012), p. 115-134.
[11] PETTEGREE, WALSBY, WILKINSON (éd.), French Vernacular Books (voir n. 6), p. 420; GILMONT, Première diffusion (voir n. 5), p. 69, qui fait état de quatre éditions dues aux seules presses d'Éloi Gibier, alors que »French Vernacular Books« n'en indique que trois.
[12] David POTTER, »Alliance«, »Clientèle« and Political Action in Early Modern France. The Prince de Condé's Association in 1562, dans: David BATES, Véronique GAZEAU (dir.), Liens

de Dieu (formule plus ample que la simple défense de la vraie religion); (2) assurer le repos du royaume; et (3) assurer l'état et liberté du roi sous le gouvernement de la régente (établi et autorisé par les états généraux, rajoutent encore certaines versions)[13]. Après avoir rappelé bien plus brièvement que la »Déclaration« les violences dernièrement commises contre les protestants et la prétendue saisie du roi, et après avoir annoncé que ces actions font croire que les responsables ont pour intention de ruiner la vraie foi et tous ceux qui la professent, le texte indique deux buts principaux visés par la prise d'armes: (1) défendre le roi et son autorité; et (2) préserver pour les vrais fidèles la liberté de conscience qui leur a été allouée par le roi selon l'avis de son conseil, de ses plus notables parlementaires et de la majorité des trois états. Ceux qui se joignent à cette association font serment ensuite que leur adhésion ne découle d'aucune passion privée, mais seulement d'un souci pour ses objectifs, pour lesquels ils sont prêts à sacrifier corps et biens. Cette fois-ci, quatre objectifs sont spécifiés: (1) l'honneur de Dieu; (2) la délivrance du roi; (3) la conservation des édits royaux; et (4) la punition de ceux qui ne respectent pas ces ordonnances. Ce texte, revêtu d'une importance particulière de par son caractère de serment solennel, rajoute alors à la »Déclaration« un souci de l'honneur de Dieu, un rappel du rôle des états généraux dans l'élaboration de lois importantes, et une demande implicite que les responsables du massacre de Wassy soient punis.

Il est évident que le contenu de ces deux documents a été soigneusement pesé afin de légitimer au mieux une prise d'armes et de venir à bout des scrupules de ceux qui auraient pu hésiter à s'associer au parti par fidélité au roi. Ces textes ne peuvent en aucun cas être supposés exprimer en parfaite sincérité les mobiles qui auraient poussé les membres de l'association à agir. Une comparaison permettant d'indiquer dans quel sens les soucis motivant l'action des réformés ont été retravaillés dans ces documents est offerte par les lettres circulaires transmises au sein des Églises réformées à la suite du massacre de Wassy, entre le 10 mars et le 5 avril, d'abord pour annoncer cet événement et inciter chacune à se mettre sur sa garde, ensuite pour appeler les Églises à fournir hommes et argent pour la mobilisation à Orléans.

La violence à Wassy suscita immédiatement auprès des ministres les plus influents à Paris et proches de la cour la crainte d'une action coordonnée plus ample visant l'anéantissement de la cause. »Nous nous doubtons fort qu'il n'y ait semblables conspirations de toutes parts«, écrivait Jean Le Maçon, au nom de l'Église de Paris, dans une première lettre circulaire du 10 mars. »Pour le moins ils font bien leurs efforts de massacrer l'assemblée qui est en ceste ville s'ils le peuvent surprendre. [...] Nous vous prions donc vous tenir prests non seulement pour deffendre vostre Eglise; mais aussi pour secourir celles qui seront les premieres assaillies«[14].

---

personnels, réseaux, solidarités en France et dans les îles Britanniques (XIe–XXe siècle), Paris 2006, p. 199–219, ici p. 202.
[13] SECOUSSE (éd.), Mémoires de Condé (voir n. 3), vol. III, p. 258.
[14] Pierre-Hyacinthe MORICE, Mémoires pour servir de preuves à l'histoire ecclésiastique et civile de Bretagne, vol. III, Paris 1746, col. 1302. Le ton monta encore le 13 mars alors que le duc de Guise s'approchait de Paris. Voir ibid., col. 1303.

Les lettres de Théodore de Bèze écrites autour du 20 mars sont encore plus alarmistes. En même temps, elles introduisent la thématique de la défense de la liberté accordée par l'édit de janvier. Selon ces lettres, les menaces faites par les adversaires de la foi bien avant le massacre de Wassy, le massacre lui-même et le fait que ces ennemis se soient maintenant »munis d'armes de toutes sortes comme en une pleine guerre« indiquent clairement que »nostre ruine et desolation est conclue, juree, et en chemin d'estre bien tost executée«. Pour cette raison, le prince de Condé, »esmeu du vray zele de la gloire de Dieu et d'un singulier desir de faire service au roy« a commencé a rassembler ses gentilshommes »affin de nous maintenir [...] soubz la protection du roy en ceste liberté que l'edict nous ottroye, et pareillement empescher la desolation toute apparente de toute ceste ville, avec un trouble universel de tout ce royaume«[15].

La thématique du roi en captivité fait son apparition deux semaines plus tard, dans des lettres écrites entre le 5 et le 7 avril aux Églises pour les inciter à se mobiliser, le prince de Condé s'étant retiré entre-temps à Meaux, les seigneurs catholiques s'étant rendus à Fontainebleau auprès du roi, et le prince de Condé ayant chevauché à Orléans.

Noz ennemis [...] sont tellement approchez de nostre Roy et de la Royne sa mere, de Monsr d'Orleans et de Monsr le Chancelier avec forces toutes ouvertes, que c'est veritablement une capitivité voire si estroicte qu'ilz n'osent pas mesme le declarer tant ilz sont tenuz de près [...]. Jugés maintenant si le temps est venu, et si l'occasion se presente pour s'employer à la conservation des Eglises, pour l'authorité de nostre Roy, gouvernement de la Royne et tout l'estat de ce Royaume; brief, pour empescher le peril très certain qui nous menasse d'extreme ruine, si par nostre negligence ou avarice, si cruelz ennemis viennent à bout de leur entreprise[16].

Au total, le souci pour la défense d'une cause menacée par un complot d'extermination s'exprime avec beaucoup plus de force dans ces lettres que dans les textes orléanais.

La même peur d'une conspiration catholique pour anéantir la foi que l'on retrouve dans les lettres ayant circulé d'église en église entre le 10 mars et le 7 avril se manifeste aussi dans de nombreux autres textes protestants de 1562/1563. Commençons par un deuxième écrit justificatif rédigé et imprimé en avril 1562, la »Response des habitans de la ville de Rouen a ce que Monsieur le Duc de Bouillon [...] leur a dict et remonstré du vouloir et commandement du Roy«[17], qui porte la date du 20 avril. Les trois éditions imprimées que l'on connaît de ce texte sont toutes sorties des presses

---

[15] MEYLAN, DUFOUR, NICOLLIER et al. (éd.), Correspondance de Théodore de Bèze (voir n. 2), p. 71, 254.
[16] Ibid., p. 259–260; Georges BOSQUET, Histoire sur les troubles advenus en la ville de Tolose en 1562, dans: Recueil de pièces historiques relatives aux guerres de religion de Toulouse, Paris 1862, p. 73.
[17] Response des habitans de la ville de Rouen à ce que Monsieur le Duc de Bouillon, Chevalier de l'ordre, & gouuerneur pour le Roy en ce pays & duché de Normandie, leur a dict et remonstré du vouloir et commandement du Roy, [Orléans] 1562.

d'Éloi Gibier[18], ce qui soulève la possibilité qu'il ait été retravaillé à Orléans pour assurer qu'il soit en conformité avec les mots d'ordre de l'association du prince de Condé. Il commence en effet par souligner de nouveau que, si les habitants de Rouen se sont armés, c'était pour le service du roi et le maintien de ses édits. Cependant, en justifiant le refus des Rouennais de mettre bas leurs armes et d'ouvrir les portes de la ville à son gouverneur légitime, le document invoque une série d'actions de la part des catholiques intransigeants avant et après Wassy, et notamment dans la région immédiate, encore plus ample que celle des autres textes cités jusqu'à présent. Parmi les actions citées qui laissent transpercer les mauvaises intentions des ennemis sont des tentatives de lever des troupes dans le pays pour ce qui est appelé la »ligue« du duc de Guise, ainsi que des disputes que le parlement de Paris a permis de se tenir à la Sorbonne sur la question de savoir si un roi soupçonné d'hérésie pouvait être destitué, disputes qui laissent croire que »les confederez et alliez du […] Siege Romain veulent attenter contre le Roy et sa couronne«. Un deuxième texte de nature comparable, la »Remonstrance envoyée au Roy, par les Habitans de la Ville du Mans« (quatre éditions connues, dont trois dues à Gibier), signale d'autres indices encore des agissements néfastes des Triumvirs, surtout du duc de Guise, tant au niveau régional que national. Selon ce pamphlet, les seigneurs catholiques ont au niveau national non seulement mis le roi sous leur tutelle, mais aussi cherché à mettre fin au conseil du roi légitimement établi par l'autorité des états généraux et à écarter la reine mère de sa place légitime dans le gouvernement de régence. Au niveau régional, les suppôts du parti catholique, notamment l'évêque et ses sbires, déjà coupables de violences contre les protestants dans les faubourgs du Mans l'année précédente, ont fait savoir que les huguenots n'avaient que dix jours à vivre.

Parce qu'elles ont été imprimées à l'époque par Éloi Gibier, intégrées dans les recueils de pamphlets qui anticipent les »Mémoires de Condé« et enfin incorporées dans la grande édition londonienne de ceux-ci de 1743, les remontrances rouennaises et mancelles sont assez bien connues. Moins bien connu est un imprimé lyonnais qui date vraisemblablement des premiers mois de la première guerre civile et est constitué de trois parties: un code de discipline militaire pour »les soldats et bandes Chrestiennes« dressé par le sénéchal du Valentinois et Diois, Félix Bourjac; un »cartel contenant les causes pour lesquelles les Eglises de France ont prins les armes, contre les ennemis de Dieu, du Roy et de la Couronne de France«; et une épître de Bourjac aux soldats protestants[19]. Particulièrement intéressant pour nos fins est le cartel, qui est un équivalent régional de la »Déclaration« du prince de Condé. Il reprend à quelques nuances près les thèmes centraux des documents orléanais en proclamant la volonté des bandes dauphinoises de lutter pour la gloire de Dieu, la liberté du roi et la délivrance du pays

---

[18] GILMONT, Première diffusion (voir n. 5), p. 69. Le texte est reproduit dans: SECOUSSE (éd.), Mémoires de Condé (voir n. 3), vol. III, p. 302–305.

[19] Ordonnances sur le reiglement, forme et gouvernement que doivent tenir les soldats et bandes Chrestiennes: extraites et recueillies des Edictz et Ordonnances du Roy par monsieur Felix Bourjac, Conseiller du Roy. Seneschal es provinces de Valentinois et Dioys, maistre des requestes ordinaires de la Royne de Navarre, Lyon 1562.

de la main des tyrans. En même temps, ainsi que ces derniers mots le laissent entendre, il hausse le ton des accusations contre les grands seigneurs catholiques par rapport aux textes condéens, en les chargeant de tyrannie, de vouloir exterminer les protestants et de chercher à ravir au roi sa couronne:

> Nous auons prins les armes au nom du grand Dieu des armees, pour la liberte & deliurance du Roy nostre sire, de la Royne sa mere, & messeigneurs ses freres, de son Conseil & de tout le Royaume: contre ceux lesquelz par tyrannie, violence, force et priuee authorite, se sont saisis & emparez de la personne de leurs maiestez, & de ceux dudit Conseil, de leur pays, forces & finances: pour apres qu'ilz auront opprimes & extermines s'ilz pouuoyent par feuz, glaiues, & de toutes manieres de cruautez, les plus loyaux et fideles subietz, qui desirent seruir à Dieu, & à leur Prince, iusques au dernier souspir de leur vie, & viure souz son obeissance, selon la pureté de l'Euangile: ilz puissent plus aisement ravir, suyuant leurs vieilz desseins, la Couronne à nostre ieune Prince, pour la mettre sur leur teste: cest à ce but ou ilz visent, c'est la ou tirent droit leurs harquebouses & canons, c'est la bague qu'ilz courent. Mais quant à nous, nous voulons combatre & mourir pour la gloire de Dieu, la liberte de nostre Prince, & deliurance de nostre patrie de la main des tyrans[20].

Plusieurs éléments de cette vibrante déclaration reviennent également dans d'autres textes encore. L'idée que les protestants luttaient contre un tyran qui cherchait à bannir l'Évangile et massacrer les fidèles se trouve aussi dans une lettre écrite vers la fin de la guerre par un ministre valentinois, qui fait appel aux Églises de la région de venir à l'aide de leurs coreligionnaires de Grenoble, alors assiégés. Selon cette lettre, le »tiran« que Dieu vient de tuer »de sa main forte« (il s'agit du duc de Guise, assassiné par Poltrot de Méré):

> S'estoit eslevé et avait faictz tous effortz de susciter les estrangiers nations roys et potentatz pour ruyner et exterminer ses paouvres eglises, [...] deschasser et banir de ce Royaume la vertu de son digne evangile, [...] poluer et renverser les paouvres fideles enfans de dieu, [...] massacrer et saccamenter leurs femmes et enfans, [et] pilier et butiner leurs biens, maisons et heritages[21].

Le préambule au procès-verbal de l'assemblée des états des parties de Languedoc alors sous contrôle huguenot, tenue à Nîmes en novembre 1562, évoque également »unne ligue et monopolle pour accabler de fond en comble tous ceulx de la vraye religion«, rappelant les tueries qui ont eu lieu depuis six mois sur une vaste région allant d'Orange jusqu'à Carcassonne, ainsi que »les execrables sedition complotee, conduicte [et] executee« par la majorité du parlement de Toulouse[22]. On découvre encore une allusion au tyran qui ambitionnait la couronne dans un pamphlet languedocien écrit au milieu de la guerre, selon lequel le duc de Guise »ne s'estoit rien moins proposé que de

---

[20] Ibid., non paginé
[21] Archives départementales de la Drôme, E 3338/11.
[22] Jean LOUTSCHITZKI (éd.), Collection de procès-verbaux des assemblées politiques des réformés de France pendant le XVIe siècle, dans: Bulletin de la Société de l'histoire du protestantisme français 22 (1873), p. 506–516, 546–558, ici p. 512.

s'investir de la Coronne de France«[23]. Notons également que lorsque Bourjac commente le cartel dauphinois dans son épître, il fait entendre que, pour lui, lutter pour la gloire de Dieu veut dire combattre pour »l'avancement du regne de son fils Jesuschrist et establissement de son Evangile en France«[24]. Il exprime ici une ambition religieuse qui va bien au-delà de la simple défense des droits acquis par la foi invoquée dans les autres textes rencontrés jusqu'alors, et qui correspond aux actions effectivement prises au cours des mois suivants par les huguenots dans la grande majorité des villes et provinces sous leur domination, qui ne respectaient aucunement les clauses de l'édit de janvier, mais visaient au contraire à établir un monopole réformé.

Le langage est moins exalté dans les résolutions et ordonnances des commandants et législateurs protestants dans les provinces. Ici, on observe surtout la récurrence régulière, avec seulement quelques petites différences et parfois quelques ajouts, d'une triade de fins servies par la cause: la gloire de Dieu, la liberté du roi et la délivrance du pays. Ainsi, lorsque en mai 1562 la noblesse protestante du Dauphiné choisit le baron Des Adrets pour diriger »l'armée crestienne« de la région, on lui alloue le titre de »chef general des compagnies assemblées pour le service de Dieu, la liberté du Roy et celle de la reyne sa mere, et conservation de leur Estat«[25]. Six mois plus tard, lorsque Des Adrets convoque les états provinciaux, il le fait sous son autorité en tant que »gouverneur et lieutenant general pour le roy en Daulphiné, et lieutenant de M. le prince de Condé en l'armée crestienne, assemblée pour le service de Dieu, la liberté et délivrance du roy et de la royne, sa mère, conservation de leurs estats et grandeurs de la liberté crestienne esdicts pays«[26]. Quand les états protestants de Languedoc se réunissent début novembre à Nîmes, ils rappellent »que leurs forces et armes ne tendent à aultre fin que la gloire de Dieu, service du Roy soubs le gouvernement de la Royne sa mère mays quelle soit en sa liberté repos et deffences de la patrye«[27]. Un mois plus tard, leurs représentants signent un accord avec les états protestants du Dauphiné à Montélimar. Leur pacte s'avère un peu plus ample mais peu différent sur le fond:

Que la cause de l'une d'icelles sera la cause de l'aultre en tant que touche l'occasion de ceste guerre, à sçavoir la gloire de Dieu, service et deslivrance du Roy et de la Royne sa mere, l'entretenement des loys, coustumes, libertez et desliberations des Estatz generaulx de ce Royaulme, les droictz, lien et degré des princes du sang, et specielement de Monseigneur le Prince de Condé, le repoz du Royaulme, et finalement de la deffence et conservation desdictes provinces, fideles subjectz du Roy, pour demeurer et se maintenir en son hobeissance[28].

---

[23] Brief et veritable Discours de la deffaite des Provencaux, appellée la Bataille de Sainct Gilles, dans: SECOUSSE (éd.), Mémoires de Condé (voir n. 3), vol. III, p. 653.
[24] Ordonnances (voir n. 19), non paginé.
[25] Philip BENEDICT, Nicolas FORNEROD (éd.), L'organisation et l'action des Églises réformées de France (1557–1563). Synodes provinciaux et autres documents, Genève 2012, p. 256 (note).
[26] Gabriel BRISARD, Histoire du baron Des Adrets, Valence 1890, p. 144.
[27] LOUTSCHITZKI (éd.), Collection de procès-verbaux (voir n. 22), p. 513.
[28] BENEDICT, FORNEROD (éd.), L'organisation et l'action (voir n. 25), p. 261–262.

À l'autre bout de la France, c'est »soubs l'obeissance du Roy et de mon seigneur le prince de Condé, protecteur de la maison et couronne de France«, que Gabriel de Lorges, comte de Montgommery, prend le commandement de l'armée protestante en Normandie. Lorsqu'il édicte un bref règlement militaire pour la gouverner, il fait savoir qu'il travaille »à ce que le service de Dieu soit maintenu, les droits du Roy nostre souverain seigneur gardez et pour le repos du public«[29].

À l'opposé de ces textes émanant de l'autorité politique, la littérature pamphlétaire publiée en province exprimait régulièrement d'autres ambitions plus larges, ainsi que d'autres soupçons plus locaux. On connaît la radicalisation de la pensée politique qui eut lieu à Lyon pendant l'occupation protestante. Il ne convient pas de traiter ici »La Défense civile et militaire des innocents de l'Église du Christ«, texte particulièrement extrême condamné par les ministres et détruit sur les ordres du gouverneur; à cause de son sort, il ne peut pas être considéré comme un texte autorisé du mouvement[30]. Mais un autre pamphlet publié vers la fin de la guerre, »La Juste et Saincte Defense de la ville de Lyon«[31], peut bel et bien être classé comme tel. Ici, de nouveau, on retrouve le mélange que nous avons déjà rencontré dans plusieurs autres déclarations locales: d'un côté, le texte proteste que ceux qui ont pris les armes sont les loyaux sujets du roi agissant pour défendre l'honneur de Dieu et l'intégrité de la couronne; de l'autre, il lance des accusations contre des autorités locales soupçonnées d'exécuter les mauvais desseins des ennemis de l'Évangile. Cette fois-ci, il s'agit des chanoines de Saint-Jean, qui prétendent exercer une autorité sur la ville et qui auraient travaillé à susciter de la violence contre les réformés après l'édit de janvier, ainsi que des hommes dans la suite du gouverneur Matignon, qui auraient dit en arrivant en ville au mois d'avril qu'ils avaient participé au massacre de Sens et entendaient faire de même à Lyon. De nouveau aussi, ce texte dévoile des ambitions qui vont au-delà de la simple défense du roi. Exprimant le vœu que la guerre et ses malheurs puissent bientôt se terminer, le texte appelle en même temps à la convocation d'une nouvelle réunion des états généraux »comme on a accoustumé de faire en ce royaume en temps de troubles et adversitez«. Ses buts seraient de mettre fin à toute idolâtrie et blasphème, d'obliger le clergé catholique à travailler pour gagner son pain, de récupérer les biens ecclésiastiques pour les utiliser pour le bien public, d'établir un système de charité conforme aux ordonnances de Dieu et aux lois de Charlemagne et de Louis le Pieux, et de remplacer la vente des offices par le choix de »gens de bien craignans Dieu et haissans avarice, comme Dieu l'a expressement commandé et aussi est porté par les anciennes ordonnances de

---

[29] Archivio documental español, vol. IV: Negociaciones con Francia (1562), Madrid 1951, p. 283.
[30] Voir sur ce texte Arlette JOUANNA Le temps des guerres de Religion en France (1559–1598), dans: Jacqueline BOUCHER et al., Histoire et dictionnaire des guerres de Religion, Paris 1998, p. 1–445, ici p. 126–127.
[31] La Juste et Saincte Defense de la ville de Lyon, Lyon 1563, reproduit dans M. L. CIMBER, Félix DANJOU, Archives curieuses de l'histoire de France, 1re série, vol. IV, Paris 1835, p. 195–214.

France«[32]. Il est à souligner que l'on peut retrouver la plupart de cette plate-forme déjà dans des textes protestants d'avant mars 1562.

De façon similaire, l'»Histoire des trio[m]phes de l'eglise Lyonnoise«, également publiée à Lyon, identifie les chanoines de Saint-Jean comme les principaux ennemis de l'Évangile, en les accusant d'avoir utilisé une partie de leurs revenus pour acheter le service de plusieurs gentilshommes du Forez et les associer à la »Guisard conjuration contre le Roy«[33]. Ce texte clame que le baron Des Adrets, ayant défait les Foréziens, envahira ensuite la Provence pour conquérir ses villes, depuis Avignon, »siège de l'Antechrist«, jusqu'à Marseille. Des Adrets, assure l'auteur anonyme, ne cherche »qu'à faire regner Jesus Christ, souz la couronne de nostre souvverain Prince, le Roy de France, Charles de Valois«. On peut être sûr qu'il libérera la Provence »de ces paillars et imposteurs Romains: car Jésus Christ a pris harnois et lance, pour delivrer notre pays de France«.

Les textes en disent long sur la manière dont les protestants ont compris le caractère de leur lutte pendant la première guerre civile; leurs gestes et cris, plus spontanés, sont encore plus parlants lorsque nous parvenons à les saisir. Je ne reprendrai pas le dossier de l'iconoclasme, déjà si bien traité par Denis Crouzet et Olivier Christin, pour redire tout ce que ce sujet nous montre à propos des convictions, des ambitions et des inimitiés des protestants[34]. Je me contenterai de signaler quelques exemples moins connus de leurs gestes au milieu des combats de la première guerre.

Le premier nous est livré par l'»Histoire ecclesiastique« à propos de Montauban sous siège en octobre 1562. Les Montalbanais pendirent alors aux murailles trois effigies »par une espece de moquerie«[35]. Qui choisirent-ils comme cibles? L'évêque de la ville, un ancien capitaine réformé qui avait tourné sa veste et se trouvait alors dans les rangs des attaquants, et Laurent Strozzi, évêque d'Albi et lieutenant général du roi pour le diocèse. Lorsqu'ils furent sommés de se rendre, ils refusèrent et répliquèrent »qu'ils gardoient et garderoient la ville au Roy, par l'Edict et consentement duquel ils avoient l'exercice de la religion«[36]. Tout en combattant *pour* le roi et l'exercice de leur foi, leurs effigies suggèrent qu'ils luttaient en même temps *contre* les incarnations locales du pouvoir ecclésiastique et ses instruments laïcs.

D'autres cas de villes assiégées nous livrent d'autres cris et gestes. Depuis les remparts de Sisteron, assiégée en septembre 1562, les femmes de cette ville dirigeaient leur moquerie vers les personnes et les doctrines catholiques en général, traitant les

---

[32] Ibid., p. 210.
[33] Histoire des trio[m]phes de l'eglise Lyonnoise. Avec la prinse de Montbrison, Lyon 1562, non paginé.
[34] Denis CROUZET, Les guerriers de Dieu. La violence au temps des troubles de religion (vers 1525–vers 1610), vol. I, Seyssel 1990, p. 493–594; Olivier CHRISTIN, Une révolution symbolique. L'iconoclasme huguenot et la reconstruction catholique, Paris 1991, p. 17–174.
[35] Histoire ecclésiastique, vol. III (voir n. 9), p. 115.
[36] Ibid., p. 116.

attaquants de papistes, de bâtards du pape, et de »paillardes-messes«[37]. Du haut de leurs murailles, les habitants d'Orléans parvenaient à choquer bien plus encore les sensibilités catholiques au moment même que Catherine de Médicis était en train de cajoler le prince de Condé et le connétable Montmorency sur l'île aux Bœufs à terminer les pourparlers qui aboutirent à la paix d'Amboise. Les uns urinaient sur les vêtements et ornements ecclésiastiques. Les autres essuyaient leurs derrières avec des morceaux de papier découpés en forme d'hostie avant de pendre les papiers souillés au gibet[38]. Pour eux, la guerre avait été dirigée contre les »rasés« (le clergé) et »Jean Le Blanc« (la doctrine du saint sacrement).

Peu d'aspects de l'action des huguenots au cours de la première guerre civile provoquèrent autant de rage chez les catholiques que leur insistance à proclamer, en se saisissant des villes, en profanant églises et tombeaux et en plongeant le pays dans l'abîme d'une guerre civile, qu'ils étaient les fidèles serviteurs du roi agissant pour sa défense. Pierre Belon, l'auteur d'un des textes antiprotestants les plus forcenés, souligna cette capacité à ce que les conseillers en communication politique américains appellent »to stay on message«, lorsqu'il écrivait, »[s]i l'on demande à ceux de Bourges et à touttes les aultres villes de ce royaume qui se sont rebellées contre le roy quelle raison ils ont eu de ce faire, tous sont appris de mesme principe et de response uniforme ne leur estre avenu d'avoir tenu les armes contre le roy [...], car en tous veux en leurs actions ils sont ses fideles serviteurs«[39]. En effet, cette petite enquête nous l'a montré: à la suite de l'impression et réimpression de la »Déclaration« et du »Traité d'association« du prince de Condé, ainsi que des lettres circulaires de Théodore de Bèze du 5 au 7 avril, le parti protestant à travers le royaume résuma toujours les buts de sa lutte au cours de la première guerre civile par une variante de la triade: défense de Dieu, délivrance du roi et de sa mère, défense des lois et de l'autorité royale. Ces textes ont visiblement eu une immense diffusion et ont réussi à s'imposer à travers le royaume pour fournir le cadre de toute justification de la prise d'armes protestante.

En même temps, lorsqu'on lit attentivement les textes émanant du quartier général de la cause à Orléans et les compare avec les lettres circulaires des semaines précédentes et les déclarations des mois suivants, on s'aperçoit que les soucis et ambitions de la cause ne se résumaient pas en ces trois principes, aussi larges et vagues qu'ils soient. La crainte d'une vaste conspiration catholique visant à anéantir le mouvement était un mobile puissant de la première mobilisation, et tout au long de la guerre qui a suivi, le combat fut perçu comme une lutte pour la survie de la cause et de ses adhérents. En outre, les indices cités afin de montrer l'existence de la conspiration catholique font régulièrement état de menaces émanant d'ennemis de la cause au niveau régional; dans les provinces, alors, la mobilisation et le conflit de 1562–1563 représen-

---

[37] Loys DE PERUSSIIS, Discours des guerres de la Comté de Venayscin et de la Provence. Ensemble quelques incidents, Avignon 1563, p. 88.
[38] L'ambassadeur Chantonnay au roi Philippe II, Blois, 13 mars 1563, dans: SECOUSSE (éd.), Mémoires de Condé (voir n. 3), vol. II, p. 138–142, ici p. 140.
[39] Monica BARSI, L'énigme de la chronique de Pierre Belon. Avec édition critique du manuscrit Arsenal 4651, Milan 2001, p. 279.

tent aussi la continuation de luttes entrouvertes ou déjà entamées au niveau local bien avant mars–avril 1562. Et au détour d'une phrase ou d'un geste, d'autres thématiques encore apparaissent: la nécessité de voir punis les responsables du massacre de Wassy, le combat contre l'ambition et la »tyrannie« des Guises, l'importance des états généraux dans la rédaction des lois et dans toute solution éventuelle des maux qui affligent la France, l'abolition des erreurs de Rome et l'établissement de l'Évangile en France, voire des éléments de réformation de la justice et de la charité. En mettant en avant la défense de la personne du roi, de la structure de la régence telle qu'elle avait été définie par les diverses instances consultatives, et de la législation royale, notamment l'édit de janvier, les rédacteurs de la »Déclaration« et du »Traité d'association« du prince de Condé ont su trouver des thématiques juridico-constitutionnelles aptes à vaincre la résistance de beaucoup de personnes à s'impliquer dans un soulèvement militaire. La définition des buts de la cause véhiculée par ces textes s'est ensuite imposée à travers le royaume, mais jamais au point d'effacer les traces des autres soucis et des autres ambitions qui étaient également très importants pour le combat du parti protestant.

RÉSUMÉ

Au début de la première guerre de Religion, le prince de Condé tenta de rallier des gens à sa cause par deux déclarations: sa »Déclaration« et son »Traité d'association«. L'article se propose de comparer ces deux textes avec le contenu de lettres qui circulaient parmi les réformés et qui les appelaient aux armes entre le massacre de Wassy et la prise d'Orléans. Cette comparaison montre que les manifestes de Condé n'exposaient pas toute la stratégie du combat protestant mais présentaient les arguments qui promettaient de rallier le plus grand nombre de Français et de légitimer le mieux la prise des armes. Là où les lettres rédigées avant la publication des déclarations de Condé avaient exprimé la nécessité de défendre la cause contre une tentative d'extermination, les tracts de Condé soulignaient le devoir de défendre le roi et la loi. Rapidement réimprimés, ils circulaient abondamment. Partout en France, les prises de position de leaders et de porte-parole protestants ultérieures aux déclarations de Condé reprenaient leur message, selon lequel le combat des huguenots était mené pour le roi, la loi et la défense de la vraie religion. Certains tracts s'exprimaient pourtant de manière plus dramatique et soulignaient qu'il s'agissait de se battre pour l'établissement de l'Évangile ou contre un tyran, le duc de Guise, qui tentait de massacrer des protestants innocents; d'autres déclaraient que la guerre était menée contre les incarnations locales du pouvoir ecclésiastique.

SUMMARY

At the outset of the first War of Religion, the Prince of Condé sought to rally people to his banner with two major declarations issued in Orléans: his »Declaration« and his »Treaty of Association«. The article seeks to compare these two statements with the content of the letters that circulated among the Reformed calling them to arms in the month between the massacre of Wassy and the seizure of Orléans, showing that these printed manifestos represent a selection of those Protestant concerns that were likely to rally the largest number of people to the cause and to best legitimate the taking up of arms. Where the earlier letters chiefly expressed the need to defend the cause against a feared extermination plot, these tracts emphasized the duty of defending the king and the law. Quickly reprinted, they circulated widely. Subsequent statements by Protestant spokesmen and leaders throughout the kingdom largely repeated the same message, that the Huguenot struggle was fought for the king, the law and the defense of the true religion. Certain statements, however, cast it in more ambitious or more dramatic terms, as a struggle for the establishment of the Gospel in France, or a battle against a tyrant, the duke of Guise, who sought to massacre Protestant innocents. Still others depicted the war as being fought against local incarnations of ecclesiastical power.

LUC RACAUT

»Une juste moitié de vos livres«
Le rôle de la propagande religieuse
dans la production pamphlétaire

L'inquiétude récurrente de la presse écrite à l'encontre du numérique, qui entraînerait la mort du livre, nous ramène aux origines de cette première révolution médiatique: celle de l'imprimé et au début d'une aventure dont on doute qu'elle prenne fin avec Internet[1]. Le débat sur la mort annoncée du livre remonte au moins à 1988 alors qu'Umberto Eco minimisait déjà l'impact des nouvelles technologies sur le codex qui a fait ses preuves et n'est pas prêt de disparaître (ne serait-ce que parce qu'il est malaisé d'utiliser un index sur un support numérique)[2]. La pauvreté intellectuelle de ce marronnier que rabâchent les journalistes depuis maintenant plus de vingt ans (faute de mieux) se résume dans les amalgames et anachronismes qui caractérisent le parallèle récent entre médias sociaux et imprimé[3]. »Ceci tuera cela«, s'exclame l'archidiacre Frollo dans »Notre-Dame de Paris«, brandissant un livre en regard de la cathédrale: »Le livre tuera l'édifice!«[4]. Pourtant le livre n'a pas tué la culture moyenâgeuse de l'image, pas plus que les révolutions numériques ne viendront à bout du livre. Le numérique, en revanche, accomplit à peu de choses près ce que l'imprimé fit pour le manuscrit: l'accélération de la reproductibilité, la diffusion exponentielle de l'information disponible et, par conséquent, la démocratisation de l'accès aux contenus. Pour terminer avec cette comparaison, il faut mentionner ici brièvement le problème de la langue, l'anglais faisant encore figure de lingua franca sur le réseau au même titre que le latin au cours du premier siècle de l'imprimé: les langues vernaculaires restant minoritaires dans les deux cas.

L'homme et la femme de la première modernité durent ressentir la même perplexité que nous face au numérique: que penser de ces artefacts, nouvellement disponibles, parfois distribués gratuitement ou placardés sur les portes des églises? Leur contenu est-il fiable? Sur quelle autorité se basent-ils? Sont-ils dangereux? Les livres sont-ils facteurs de contagion et enfin les idées nouvelles sont-elles nuisibles pour le salut de l'âme si ce n'est du corps? Autant de questions que la controverse religieuse mit en

---

[1] Pourquoi nous n'apprendrons plus comme avant, dans: Philosophie magazine 62 (2012), p. 35–57, http://www.philomag.com/archives/62-septembre-2012 (consulté le 17/07/2014).
[2] Jean-Claude CARRIÈRE, Umberto ECO, N'espérez pas vous débarrasser des livres, Paris 2009.
[3] Tom STANDAGE, Writing on the Wall. Social Media. The First Two Thousand Years, Londres 2013.
[4] Victor HUGO, Notre-Dame de Paris, Paris 1831, p. 5. 1. Celui-ci eu d'ailleurs un tel succès que la cathédrale qui tombait en ruine bénéficia de la notoriété du roman et fut restaurée entre 1844 et 1864 par Viollet-le-Duc.

exergue et que les intellectuels relayèrent surtout à propos des livres de l'autre camp, les catholiques se scandalisant d'abord de l'utilisation du français vernaculaire par les réformés avant de prendre le relais dans la deuxième moitié du XVIe siècle. L'inquiétude face au livre dangereux n'est pas sans rappeler notre propre panique morale face au numérique, aux »virus médiatiques«, qui engendre des théories du complot déclinées comme autant de »mèmes«[5] dans tous les médias et bien sûr sur Internet, qui est le creuset de toutes les peurs, les frustrations et les cauchemars de nos contemporains. Au XVIe siècle comme aujourd'hui, l'analogie entre la propagation des idées nouvelles et la maladie transmise par contagion est invoquée de façon péjorative par les forces réactionnaires pour déconsidérer celles-ci.

Au XVIe siècle, les laïcs n'étaient pas sans guides, néanmoins, et le clergé joua ici un rôle prépondérant. Le prêtre ou le ministre était sans nul doute le premier recours pour tout chrétien confus, égaré, cherchant quelque point de référence pour se faire une idée sur les livres et libelles qui prennent une place de plus en plus importante, en France, à partir de la seconde moitié du XVIe siècle. Il ne faut pas non plus oublier les diverses façons de »consommer« l'imprimé. Le livre n'était pas seulement véhicule de sens, de contenu, mais également un contenant: un objet à part entière qu'on pouvait utiliser de diverses façons, comme preuve d'appartenance à une Église ou objet de dévotion, à l'instar de la médaille d'un saint que l'on ramenait de pèlerinage par exemple ou comme un méreau qui octroyait l'entrée des temples protestants dans le Midi de la France.

Le détournement de la matérialité du livre chez des laïcs illettrés nous rappelle que l'émergence de nouveaux médias n'efface pas les modes de fonctionnement antérieurs mais viennent s'y ajouter par couches successives. L'invention de l'écriture elle-même fut décriée, dans le »Phèdre« de Platon, comme annonçant la fin de l'apprentissage »par cœur«, et par conséquent un appauvrissement du savoir humain. Le débat est remis au goût du jour chaque fois qu'une avancée technologique permet au savoir de se disséminer plus largement: l'invention de l'imprimerie et, plus récemment, la révolution numérique. Ces avancées technologiques successives permettent une extériorisation du savoir toujours plus performante, un recul critique et une historicisation du savoir toujours plus accrus qui constituent un progrès indéniable et un avantage pour les civilisations de l'écrit. C'est pourquoi, sans doute, on a tendance à associer de façon quasi systématique progrès des technologies de l'information et progrès social et politique, comme en témoigne un rapprochement hasardeux qui a été fait récemment dans l'hebdomadaire »The Economist« entre le Printemps arabe et la réforme protestante. Pour l'auteur, les *Flugschriften* auraient été au protestantisme ce que les médias sociaux seraient à la démocratie au Moyen-Orient: un déclencheur providentiel[6]. Le lien de cause à effet entre les médias sociaux et la démocratie reste à prouver et l'on

---

[5] Le »même« est l'équivalent médiatique du gène, concept inventé par le généticien Richard DAWKINS, The Selfish Gene, Oxford 1976.
[6] Tom STANDAGE, How Luther went viral: Five centuries before Facebook and the Arab spring, social media helped bring about the Reformation, dans: The Economist, 17/12/2011, p. 63–65; http://www.economist.com/node/21541719 (consulté le 31/03/2013).

peut évoquer un certain nombre de contre-exemples où les nouveaux médias ont été démonisés et rendus responsables, notamment, des émeutes de Londres de l'été 2011.

En ce qui concerne le lien entre la Réforme et le livre, on peut évoquer le cas de la France où le livre imprimé servit plutôt le conformisme que la modernité et prendre en compte les impératifs économiques des imprimeurs libraires; même si le coût de production et la valeur marchande des pamphlets pouvaient paraître bien terre-à-terre aux yeux des réformateurs, pour qui l'imprimerie était d'abord une arme au service de la vraie foi. Si l'on connaît bien la première réforme, dont les milliers de titres attribués à Luther témoignent encore aujourd'hui du succès, on oublie souvent la production catholique[7]. Or en France, dans la seconde moitié du XVIe siècle, elle fut indubitablement un succès et pas seulement du seul fait de la censure ou de l'appui des autorités catholiques gardiennes des privilèges éditoriaux. Les imprimeurs auraient répondu à une véritable demande, pressant les auteurs de leur fournir des textes rapidement, avec parfois des fautes. On accusait d'ailleurs les imprimeurs d'être uniquement motivés par l'appât du gain. Ce succès n'était pas du goût de tout le monde, notamment à la cour, et les imprimeurs durent parfois s'opposer à forte partie. Le libelle, et en particulier la propagande antiprotestante, prit néanmoins une place indéniable dans les choix éditoriaux et économiques des imprimeurs libraires. La production de Nicolas Chesneau, imprimeur libraire de la rue Saint-Jacques, à Paris, entre 1554 et 1583, en est un bon exemple[8].

Les questions soulevées par ces choix sont multiples et les réponses ne sont pas aussi simples qu'on pourrait le croire. Le succès que rencontre le pamphlet en langue vernaculaire dans la seconde moitié du XVIe siècle en France auprès d'un »public« dont il reste à définir les contours mérite une explication qui diffère du modèle normatif de la réforme luthérienne. D'ailleurs comme l'a fort bien démontré Tatiana Debbagi Baranova, l'imprimé répond principalement à une logique de justification après coup, ou de légitimation en préparation à une prise de position politique, dans un espace public déjà conquis. Contrairement à l'idée reçue d'une sphère publique en gestation, dont les réformes auraient été le creuset, l'opinion publique au XVIe siècle se prête à des interprétations tout autres. Conformément à une interprétation antique et médiévale, l'opinion du plus grand nombre était un vecteur de surnaturel (*vox populi vox dei* disaient les contemporains) qui s'oppose à la raison de l'homme public qui doit rendre compte du bien commun par le jugement[9]. Cette opposition se retrouve dans les formes

---

[7] À ce titre John Frymire propose une réévaluation de la contribution catholique dans l'Empire lors de la réforme luthérienne, notamment en ce qui concerne les recueils de sermons; John M. FRYMIRE, The Primacy of the Postils. Catholics, Protestants and the Dissemination of Ideas in Early Modern Germany, Londres 2010 (Studies in Medieval and Reformation Traditions, 147).

[8] Luc RACAUT, Nicolas Chesneau. Catholic Printer in Paris during the French Wars of Religion. 1558–1584, dans: Historical Journal 52 (2009), p. 23–41.

[9] Sandro LANDI, art. »Opinion publique«, dans: Olivier CHRISTIN (dir.), Dictionnaire des concepts nomades en sciences humaines, Paris 2010, p. 363–382.

formes d'argumentation rhétorique, opposant raison et passion, que l'on retrouve dans les libelles[10].

On peut convenir qu'il y a un public et qu'il a une opinion mais il serait néanmoins abusif de faire des réformes le berceau de »l'opinion publique« telle qu'Habermas a pu la définir, conçue à partir du XVIIIe siècle comme ultime caution des décisions politiques par le biais du suffrage. Rappelons simplement pour dissiper ce faux semblant qu'au XVIe siècle »opinion« est un terme péjoratif souvent employé au pluriel pour désigner les erreurs du parti contraire. Mais force est de constater que jusqu'au milieu du XVIe siècle en France, la principale clientèle du livre imprimé en latin est un parterre de lettrés composé de clercs, de maîtres d'école et d'université, d'étudiants, et de juristes. Or, vers 1550, la production, en terme de nombre d'éditions brut, prend un virage décisif, privilégiant les pamphlets en langue vernaculaire qui cherchent, non pas à convertir les lecteurs aux nouvelles opinions, mais, *a contrario*, à les en éloigner. L'évolution politique du royaume, à la suite de la mort d'Henri II, suscite bien entendu une mobilisation croissante des partis autour du protestantisme et de ses opposants. Les pics de production, en 1561 et 1588, correspondent bien aux deux principales crises que connaît alors le royaume: le début des guerres de Religion et la Ligue. La mobilisation croissante de l'opinion du plus grand nombre appelée à juger de la *fama* (réputation) des chefs de partis, élevée au statut de preuve dans une argumentation quasi judiciaire de la validité d'une cause ou d'une autre rendrait en partie compte de cette courbe[11].

Néanmoins, une part non négligeable de cette production concerne l'éducation des laïcs, avec la multiplication d'arguments qui mobilisent tour à tour la passion (dans un sens positif) et la raison des lecteurs catholiques pour la sauvegarde de l'Église menacée par le protestantisme, bien sûr, mais aussi par la couronne qui la tolère. Cette production répondrait en partie à l'injonction du concile de Trente de pourvoir à l'éducation des laïcs en langue vernaculaire par la publication de catéchismes et de livres de dévotion mais pas uniquement: une autre partie de cette production répond point par point aux arguments des réformés, au risque d'encourager la haine. L'année 1561 en particulier témoigne du foisonnement des tactiques employées pour dénoncer l'hérésie, sans grande cohérence, qui dénote une période expérimentale non dénuée d'une certaine précipitation, peut-être en réponse à la politique de conciliation de Catherine de Médicis. Cette effervescence ne peut pas s'expliquer par l'offre seule, auteurs et imprimeurs se méfiaient du pamphlet et lui préféraient les beaux livres destinés à un public lettré, mais aurait bien répondu à une demande du »public«. Si les imprimeurs parisiens répondent à une véritable demande, doit-on conclure pour autant,

---

[10] Tatiana DEBBAGI BARANOVA, À coups de libelles. Une culture politique au temps des guerres de Religion (1562–1598), Genève 2012 (Cahiers d'humanisme er Renaissance, 104), p. 342–344.
[11] Thelma S. FENSTER, Daniel Lord SMAIL (dir.), Fama. The Politics of Talk and Reputation in Medieval Europe, Ithaca 2003.

comme le fera la propagande royaliste après la Ligue, que c'est le clergé qui attise les passions des laïcs[12]?

Or le clergé lui-même est divisé autour de cette question: faut-il ou non instruire le peuple des opinions de l'adversaire protestant afin de l'éduquer ou simplement lui rappeler ce en quoi il doit croire pour atteindre le salut de son âme? Cette question préoccupe tellement les ecclésiastiques catholiques qu'elle est évoquée explicitement lors de la dernière session du concile de Trente par l'archevêque de Rossano en 1562:

La clarté des canons rend inutile la doctrina. Et d'ailleurs à qui s'adresse-t-elle? Si elle vise les hérétiques, les arguments qu'elle met en œuvre sont précisément ceux que ces derniers récusent – Si la doctrina est rédigée pour les catholiques, n'ont-ils pas pour s'instruire la liturgie de la messe elle-même, le canon et les autres prières[13]?

Les auteurs catholiques étudiés ici sont divisés, et changent parfois de façon de penser alors que l'évolution de la situation politique en France les pousse à adopter des positions qu'ils n'auraient peut-être pas choisies par eux-mêmes. Gentian Hervet dans son catéchisme de 1561 résume de façon succincte le dilemme auquel les réformateurs catholiques durent faire face dès le début de la pénétration des idées protestantes en France. Les analogies entre l'hérésie et la maladie ou le feu, toutes deux sources d'une anxiété tout aussi contagieuse que leur objet dans la France de la première modernité, fusent tout comme les recettes pour endiguer l'hérésie:

Avons nous pas dict que l'heresie est comme un feu? Voyons doncques si comme on estainct le feu, il est possible de l'estaindre. Comment doncques estainct lon le feu? Il y a deux moyens: l'un est d'aller au devant, avecques eau froide & vinaigre, & toutes choses qui sont excessivement froides. L'autre, c'est d'oster au feu le nourrissement, & specialement les matieres lesquelles sont aisees à allumer, comme chaulme, paille, souffre, huille, & choses semblables. Or regardons si ce n'est pas le mesme moyen d'estaindre l'heresie[14].

On peut rapprocher ce passage des deux modes d'argumentations rhétoriques identifiés par Debbagi Baranova, sacré et judiciaire, le premier s'adressant à un lecteur déjà acquis et le second à tous les lecteurs, y compris ceux qui doutent ou qui ont déjà basculé dans l'hérésie[15]. Les auteurs adoptent tour à tour ces stratégies, qui peuvent paraître contradictoires, parfois au sein d'un même ouvrage ou d'une collection, invitant une lecture à plusieurs niveaux. On peut citer à cet égard l'auteur en langue française le plus prolifique de la seconde moitié du XVIe siècle (dont le catalogue compte 228 notices)[16]: le curé de Saint-Eustache, René Benoist, surnommé le »pape des

---

[12] Mark GREENGRASS, Governing Passions. Peace and Reform in the French Kingdom. 1576-1585, Oxford 2007.
[13] Cité d'après André DUVAL, Des sacrements au concile de Trente, Paris 1985, p. 99.
[14] Gentian HERVET, Epistre ov advertissement av pevple fidele de l'Eglise Catholique. Touchant les differens qui sont aujourd'huy en la religion Chrestienne, Paris 1561, fol. 3v.
[15] DEBBAGI BARANOVA, À coups de libelles (voir n. 10), p. 453.
[16] Andrew PETTEGREE, Malcolm WALSBY, Alexander WILKINSON (éd.), French Vernacular Books. Books Published in the French Language before 1601, vol. I, Leyde 2007, p. 101–108.

Halles« autant pour ses talents de prêcheur que pour sa Bible en français, qui lui attira les foudres de la Sorbonne. Lors d'un sermon prononcé à la Toussaint en 1561, Benoist s'adresse ainsi à son auditoire:

> Toutesfois qui vouldroit bien rechercher le nombre de ceux qui demeurent fermes en la foy [...] il seroit trouvé beaucoup plus grand que celuy de ceux qui tiennent le contraire [...] lesquelz selon la parole de Dieu sont instruictz & confortez en la verité de la foy par le S. esprit, asçavoir les simples & pauvres[17].

On peut comparer cette remarque avec ce que dit Gentian Hervet plus tard, en 1568, à propos d'un catéchisme que le cardinal Charles de Lorraine lui avait commandé avant leur départ pour le concile de Trente, en 1561:

> Monseigneur le Cardinal de Lorraine [...] non content de la bonne instruction qu'il donne au peuple [...] fait composer un petit Catechisme pour son Diocese, duquel le simple populaire, qui n'est pas curieux d'entrer aux questions par trop hautes & subtiles, n'en peult estre sinon satisfait. Mais depuis considerant que le peuple estoit devenu un peu plus curieux que de constume, & qu'il ne luy suffisoit pas de croire, mais demandoit encores quelques raison de sa foy, afin de pouvoir plus aiséement resister aux heretiques: & pourtant desirant qu'il se fist un Catechisme un peu plus ample, me declara quelque temps devant qu'il s'en allast au Concile, & me dist qu'il eust bien voulu que j'eusse entrepris cette charge[18].

On retrouve donc l'opposition entre une exposition simple de la foi destinée à un auditoire acquis et instruit par le Saint-Esprit et une explication par le menu de la doctrine chrétienne telle qu'elle est redéfinie lors du concile de Trente. Alors que Benoist en 1561 semblait confiant dans l'orthodoxie de ses paroissiens, en 1569 il s'adresse aux paroissiens de Saint-Eustache »ayans este seduicts et trompez sous couleur et pretexte d'une Eglise reformee [...] se sont retranchez de [...] l'Eglise catholique« et en 1573 il propose un catéchisme »pour l'instruction de ceux qui ont esté mal instruicts & catechisez par les hérétiques«[19]. On trouve d'autres indices de la tension entre ces deux

---

[17] René BENOIST, Manifeste et necessaire probation de l'adoration de Jesus Christ, Dieu & homme en l'Hostie sacrée, tant en la Messe que en tout autre lieu auquel elle est presentée aux Chrestiens, Paris 1562, fol. 25v.

[18] Gentian HERVET, Catechisme, et ample instrvction de tovt ce qui appartient av devoir d'vn chrestien principalement des Curez & Vicaires, & tous ceux qui ont charge des Eglises Parrochiales, en ce qui est requis au principal deuoir de leurs charges. Auec responses à tout ce qu'obiectent les heretiques, tant contre les Sacremens, qu'autres choses qui concernent la foy & religion de l'Eglise Catholique. Faict pour l'instruction du simple peuple, selon le commandement de Mon-seigneur le Cardinal de Lorraine, Paris 1568 [épître non paginée de l'auteur à Renée de Lorraine, 16 septembre 1567], p. iv–v.

[19] René BENOIST, Advertissement exhortatoire a ceux de la paroisse de S. Eustache à Paris, lesquels ayans esté seduicts & trompez sous couleur & pretexte d'vne Eglise reformee & plus pure religion, se sont retranchez de la profession de la Foy & Religion Chrestienne, proposee en l'Eglise Catholique, hors laquelle il n'y a point de salut., Paris 1569; ID., Catecheses ov instrvctions touchant les poincts à present controuerses en la religion, ac commodées aux Euangiles d'vn chacun iour de Caresme: proposées en sermons en l'Eglise de S. Eustache à Paris, l'An 1573, pour l'instruction de ceux qui ont esté mal instruicts & catechisez par les heretiques, Paris 1573.

impératifs – l'instruction de ceux acquis à la vraie foi et la persuasion des indécis – dans la politique éditoriale de Nicolas Chesneau qui s'adresse ainsi à deux »publics« distincts, mettant à mal l'efficacité du discours. Les imprimeurs libraires devaient prendre en compte d'autres facteurs que la simple efficacité et ceux-ci étaient, malgré l'appui des mécènes, sujets à la pression du marché.

Une bonne illustration de ce phénomène est l'édition des sermons de François Le Picart, tels qu'ils avaient été prêchés, comme si ce fait constituait à lui seul un cachet d'authenticité. Ainsi, l'édition des sermons établie par Benoist inaugure une longue collaboration entre ce dernier et Chesneau qui ne s'achève qu'à la mort de celui-ci en 1583 et qui est à l'origine de pas moins de soixante-cinq éditions en français vernaculaire, sans compter les vingt-sept titres de l'édition des sermons de Le Picart[20]. Celle-ci est publiée en plusieurs volumes entre 1560 et 1571, et mentionne encore sur toutes les pages de titre »Fidelement recueilliz, ainsi qu'ils ont esté prononcez«. Dans une lettre dédicatoire, Benoist nous donne un indice precieux sur cette collaboration, rappelant que les sermons du célèbre prédicateur catholique avaient été rapportés de première main par un témoin oculaire:

Pourquoy, j'ay cherché autres moyens de m'asseurer en cest endroit: à quoy je confesse librement, que la fidelité, prudence & curiosité de son honneur, du sire Nicolas Chesneau (lequel comme volontiers fait imprimer les livres, lesquels il cognoist prouffitables & necessaires à la Republique chrestienne, aussi ne propose il rien legerement, sans estre bien asseuré) par la diligence duquel iceux Sermons ont esté cherchez, reveuz, corrigez, & imprimez, m'a beaucoup conferme iceux sermons estre de cestuy, au nom duquel ils sont publiez. Mais voulant estre du tout certioré de la verité, pour desormais ne douter en rien de cest affaire, me sui addressé audit Chesneau, & usant de la familiere amitié, laquelle de long temps a esté reciproque entre nous deux, ay voulu sçavoir au vray si iceux sermons estoient de cestuy auquel il les attribuoit. Alors il m'a declaré entierement, comment il les avoit retirez par le moyen de ceux lesquels ordinairement suyvoient iceluy docte personnage, duquel ils escrivoient autant diligemment qu'il leur estoit possible, les sermons, sans changer (sinon bien peu, si cela advenoit quelques fois) ny sentence ny parole. Iceluy Chesneau, aussi souvent m'a monstré divers exemplaires d'iceux sermons, recueillis par plusieurs, lesquels avoit esté frequens auditeurs, & avoir assidument escrit & recueilly les sermons dudit seigneur Picart, l'on ne sçauroit nier. Et quant à moy, cela m'a beaucoup asseuré qu'il m'a nommé et affermé luy avoir baillé tels sermons, ceux que je sçavois y avoir veu souvent[21].

On ne peut que répéter la prépondérance de l'oral sur l'écrit à cette époque, que les imprimeurs mêmes reconnaissent et mettent en avant comme argument de vente. Pourtant l'œuvre ne semble pas avoir eu tout le retentissement que Chesneau ou Benoist

---

[20] PETTEGREE, WALSBY, WILKINSON (éd.), French Vernacular Books (voir n. 16).

[21] François LE PICART, Les sermons et instrvctions Chrestiennes, pour tous les iours de Caresme, & Feries de Pasques. Enrichiz d'vn sermon pour le iour & feste de l'Annonciation de la vierge Marie. Fidelement recueilliz, ainsi qu'ils sont esté prononcez par feu de bonne memoire, Monsieur nostre Maistre François le Picart, Docteur en Theologie à Paris, Paris 1566 [épître non paginée de René Benoist aux habitans de Paris, 20 décembre 1563], p. iii–iv; Larissa TAYLOR, Heresy and Orthodoxy in Sixteenth-Century Paris. François Le Picart and the Beginnings of the Catholic Reformation, Leyde 1999, p. 1–5; RACAUT, Nicolas Chesneau (voir n. 8), p. 31.

auraient pu escompter, vu la notoriété de Le Picart, et l'imprimeur fait bientôt appel à des mécènes pour la continuation de cette entreprise ambitieuse. Ainsi Chesneau s'adresse-t-il à Renée de Lorraine, abbesse de Reims, en 1563:

> qu'ayant ja dedié à vostre bonté & grandeur deux tomes du recueil de ses sermons, & ayant mis toute peine & diligence à moy possible de revoir & collationner sur plusieurs originaux, & de faire correctement imprimer (jaçoit que n'ait esté si tost que desirois à cause de la malice du temps) ces presens sermons[22].

En effet, l'édition complète des sermons de Le Picart en quatre volumes in-octavo à Paris s'effectue en parallèle avec les imprimeurs du cardinal de Lorraine à Reims, dont le Picart était un des maîtres à penser. C'est une entreprise coûteuse qui s'étale sur plus de dix ans et qui n'eût peut-être pas vu le jour sans le mécénat des Guises. Il serait hasardeux de juger de son succès d'après le nombre d'exemplaires qui ont survécu en se basant sur le décompte établi par les »Livres vernaculaires français«, mais on peut émettre l'hypothèse que ce ne fut pas un best-seller malgré la notoriété posthume de Le Picart. Chesneau, par ailleurs, donne une indication supplémentaire de la distinction qu'il fait entre les livres, qu'il estime être méritoires, et les libelles, dont il publie pourtant lui-même un certain nombre, dans une épître que l'imprimeur adresse à Pierre Rousseau, chanoine d'Angers et prévôt de Saint-Laurent en 1566:

> Je vous ay choisi entre plusieurs, pour soubs l'authorité de vostre nom, mettre en lumiere cest euvre, non de telle quelle literature & matiere, que sont en nostre temps plusieurs escrits, qui ne meritent encherir le papier, & faire perdre le temps à plusieurs personnes, mais grave & traittant choses necessaires à tout homme pour estre sauvé[23].

J'attire ici l'attention sur le fait que Chesneau feint de voir d'un assez mauvais œil certains livres qui d'après lui ne valent pas le papier sur lequel ils sont imprimés. Il y a là une contradiction entre le ton qu'emploie Chesneau lorsqu'il s'adresse aux mécènes et celui qu'il emploie pour s'adresser au public auquel ses livres sont destinés. On peut dire que Chesneau joue sur les deux tableaux: d'une part en fustigeant les brûlots pour s'attirer le mécénat et les bonnes grâces des puissants afin de produire des livres dignes d'un grand imprimeur, et d'autre part en produisant lui-même une partie non négligeable de ces brûlots en s'adressant à son lectorat plus humble en des termes autrement plus relevés[24]. Il est indéniable que l'imprimeur parisien bénéficie du mécénat des Guises, notamment pour les éditions des multiples catéchismes et livres d'instruction

---

[22] LE PICART, Les sermons (voir n. 21) [épître non paginée de Nicolas Chesneau à Renée de Lorraine, 20 décembre 1563], p. ii.
[23] ID., Les sermons, et instructions Chrestiennes, pour tous les jours de l'Advent, jusques à Noel: & de tous les Dimenches & Festes, depuis Noel jusques à Caresme. Enrichis de quatre sermons non encore par cy devant imprimez: desquels est faicte mention en la page suyvante. Fidelement recueillis, ainsi qu'ils ont esté prononcez, par feu de bonne mémoire, Monsieur Maistre François le Picard, Docteur en Theologie à Paris, Paris 1566 [épître non paginée de Nicolas Chesneau à Pierre Rousseau, 10 novembre 1564], p. iii.
[24] RACAUT, Nicolas Chesneau (voir n. 8).

des laïcs, qui sont le fruit des efforts prétridentins du cardinal de Lorraine, ou l'édition complète des décrets et canons du concile de Trente en français. Par ailleurs, Chesneau fait son apprentissage dans l'atelier de Claude Frémy en publiant des brûlots qui participent à la campagne antiprotestante menée par des catholiques intransigeants au tournant décisif des années 1560–1564[25].

L'année 1561 est particulièrement significative et constitue un pic de production de l'imprimeur, au mitan entre l'explosion pamphlétaire liée à la première réforme luthérienne et le second pic de production lié au double assassinat des Guises et à l'occupation de Paris par la Ligue[26]. Un recueil de textes de cette année est remarquable de par son hétérogénéité et son succès que l'on peut déduire du nombre impressionnant de rééditions, variations de la page de titre et tirages simultanés sur plusieurs presses parisiennes (au moins trois). Il s'agit des »Contrarietez et contradicts qui se trouvent en la doctrine de Jean Calvin« d'Antoine Duval, un recueil in-octavo de pièces courtes destinées aux laïcs attaquant de front la théologie réformée[27]. L'ouvrage est un recueil de quatre livres distincts, traduits d'auteurs étrangers: le premier est une réfutation point par point de la théologie protestante organisée en une table, le second s'attache à la question de la prédestination et le troisième est un résumé de la défense du libre arbitre d'Érasme. La quatrième pièce, rapportée il semblerait à la dernière minute, est un catéchisme de Guillaume Lindan, évêque de Ruremonde, que Gentian Hervet a traduit pour l'occasion, mais qui ne figure pas, de façon significative, dans les éditions suivantes de la compilation. Il est intéressant de noter que la deuxième pièce, les »Demandes et Repliques à Jean Calvin« cite deux éditions distinctes des »Instituts de la Religion Chrétienne« (celles de 1545 et 1557) afin de démontrer les incohérences internes dans la doctrine de Calvin mais également les différences avec le Luthéranisme. Il paraît judicieux de noter qu'en 1561, bien que la confessionnalisation soit déjà en cours, les catholiques français ne font pas encore très bien la différence entre luthériens et calvinistes.

La première pièce, les »Contrarietez et contradicts«, qui donne son titre à la compilation, est d'autant plus remarquable qu'elle emploie un artifice visuel mettant côte à côte les diverses positions luthériennes, calvinistes et catholiques, sur une même page. Par exemple, la proposition »le Christ n'est pas présent en l'Eucharistie« figure à coté d'autres propositions présentées de gauche à droite en tableau avec l'interprétation »correcte« (catholique) à droite. L'intention pédagogique de l'éditeur et du traducteur est évidente: permettre au lecteur de »cognoistre au doigt et voir à l'œil« les erreurs

---

[25] Luc RACAUT, Hatred in Print. Catholic Propaganda and Protestant Identity during the French Wars of Religion, Aldershot 2002.
[26] Andrew PETTEGREE, Reformation and the Culture of Persuasion, Cambridge 2005, p. 177–184.
[27] Antoine DUVAL, Les contrarietez et contradicts, qui se trovvent en la doctrine de Iean Caluin, de Luter & autres nouueaux euangelistes de nostre temps. Auec es demandes & repliques à Iean Caluin sur son liure de la Predestination. Vn recueil d'aucuns escrites d'Erasme contre les Luteriens. Vn Catechisme ou sommaire de la foy & deuoir du vray Chrestien, contre les heresies de ce temps […], Paris 1561.

des protestants, avec la bonne interprétation en dernière colonne[28]. Les propositions ainsi présentées constituent, sur neuf pages in-octavo, une défense élémentaire des sacrements, des bonnes œuvres, de la doctrine du libre arbitre et du purgatoire. C'est un exemple exceptionnel des efforts pédagogiques des catholiques pour éduquer les laïcs, les informant par le même biais des différences entre la doctrine catholique et celle des réformés. Il semblerait que les »Contrarietez et contradicts« aient aussi été un succès éditorial, dans la mesure où l'on peut en juger par les variations des pages de titre, les rééditions et le nombre d'exemplaires qui ont survécu. La version qui comprend le catéchisme de Lindan est particulièrement intéressante, car l'éditeur, Duval, nous donne des indications précieuses sur la façon dont la compilation a été conçue.

En effet, comme les autres pièces de la compilation, le catéchisme de Lindan existe en tant qu'édition à part entière avec sa page de titre propre[29]. Une courte épître est insérée à la fin de la troisième pièce, indiquant comment le catéchisme fut inclus dans la collection après coup alors qu'il était destiné à être imprimé séparément:

Ayant doncques communiqué avec l'Imprimeur, pour imprimer les contrarietez susdictes, & luy ayant laissé nostre copie en main pour veoir, il nous en a communiqué une autre, fort propre & convenable à ce que dessus: laquelle luy avoit esté baillée pour imprimer. L'ayant doncques veue & trouvée avoir esté extraicte de l'oeuvre mesme duque avons recueilly les contrarietez de Luther, & autres, avons (comme de raison) acquiescé à la requeste dudict Imprimeur[30].

C'est donc l'imprimeur qui propose à Duval d'insérer le catéchisme de Lindan dans la collection. L'imprimeur participe ainsi à l'élaboration des œuvres qu'il produit, s'élevant donc au-dessus du statut de simple artisan exécutant une commande. Il est probable que la personne qui avait envoyé le catéchisme à Chesneau ait été Gentian Hervet, qui l'avait traduit, ou même le cardinal de Lorraine, qui, on l'a vu, était attaché à l'éducation des laïcs. Le plus étonnant est ce qu'écrit Duval pour justifier l'inclusion d'un catéchisme qui s'adresse principalement à ceux qui était acquis à la cause catholique, côte à côte avec des écrits qui sont plutôt destinés aux indécis:

Aussi (par l'advis mesme de plusieurs) ne nous a semblé avoir assez faict, d'avoir monstré au doigt les contrarietez contenues es livres & fausse doctrine de Calvin, de Luter, Melanchthon, & autres tels reveres personnages de nostre temps, si nous ne donnions (aux simples & illiterez principalement) la medecine: & adjoustant ce qu'il fault que tout Chrestien tienne & croye au contraire, sur peine de damnation eternelle[31].

---

[28] Ibid., fol. 2v, 25v, »Traicte en Manière de Table recueilly des œuvres de Guillaume Lindan«.
[29] Willem LINDANUS, Gentian HERVET (trad.), Catechisme ou sommaire de la foy, Paris 1561.
[30] DUVAL, Les contrarietez et contradicts (voir n. 27), »Antoine du Val au lecteur« non paginé. La pagination et les signes typographiques sont erronées à partir du fol. 41, sig. F1 dans l'exemplaire conservée à la Bibliothèque nationale de France, cote D-33378 (1), et disponible en ligne sur http://eeb.chadwyck.co.uk/ (consulté le 07/08/2014). La lettre est une préface du »Catechisme ou sommaire de la foy«, cote D-33378 (3) mais précède »Les demandes et répliques à Jean Calvin«, cote D-33378 (2).
[31] Ibid.

Le catéchisme s'apparente en effet au premier groupe de textes, de type sacré, emportant l'adhésion des catholiques déjà acquis, alors que les autres textes s'apparentent plutôt à l'argumentation judiciaire, faisant appel à la raison du lecteur pour convenir des erreurs des hérétiques. Chesneau aurait ainsi voulu concilier les deux approches en un seul recueil. Le fait que l'épître ait été insérée entre le troisième texte de la collection pour justifier cette démarche indique que c'était peut-être là une décision de dernière minute. Pourquoi cette décision de la part de l'imprimeur? Le catéchisme aurait eu une distribution plus large en recueil plutôt que vendu séparément et Chesneau voulait ainsi maximiser tout simplement la diffusion de cet ouvrage. Le recours à l'analogie avec la maladie dans cette même épître est aussi révélateur d'une volonté d'équilibrer les deux démarches, et de s'adresser à la fois à ceux qui était déjà acquis au catholicisme et aux indécis:

Comme ce n'est assez au medecin de dire au malade, mon amy ou mamie, vous avez faict exces, vostre mal vous tient là ou vous estes bien malade: Mais il fault après avoir cognoissance, tant de la maladie que de la cause d'icelle, enseigner et appliquer la medicine propre pour couvrir la sante, & chasser la maladie[32].

Dans son catéchisme de 1568, Gentian Hervet reprend à peu près les mêmes termes:

En cecy certes, nous voyons bien que la regle des medecins est veritable, qui dit: que le contraire est curé par son contraire. Car comme l'epidimie d'heresie n'est procédée d'autre chose que de la doctrine pestilente contenue aux Catechismes des modernes heretiques, aussi le souverain remede pour y obvier, est de bailler la contrepoison, avecques les Catechisme de l'Eglise Catholique[33].

Nous trouvons d'autres exemples de l'embarras que ce mélange des genres pouvait susciter alors que les auteurs, souvent entraînés dans des échanges ad hominem contre leur gré, doivent se justifier de défendre leur honneur ainsi que celui de la vraie foi. Les libelles diffamatoires étaient perçus comme un mal nécessaire – les prêtres en tant que personnages publics devaient se prémunir des attaques de leurs adversaires – mais préjudiciable à l'éducation des laïcs. Pourtant, compte tenu du succès que ce genre remporte dans la seconde moitié du XVIe siècle, il semblerait qu'il était plus vendeur que les ouvrages de dévotion et d'instruction des laïcs. Et cela malgré les interdits royaux contre l'invective, réitérés par tous les édits de pacification de 1562 jusqu'à 1598.

Les auteurs se défendent de vouloir jeter de l'huile sur le feu tout en reportant la responsabilité sur leurs adversaires. On peut citer à cet égard l'échange entre Jean de L'Espine et René Benoist au cours duquel L'Espine attribue la prodigalité de Benoist à la médiocrité des textes de ce dernier, rédigés à la hâte:

Aussi te diray-je, qu'il ne faut point, que pour monstrer la dexterité de ton esprit, & acquerir quelque lieu entre les gens de sçavoir, tu te vantes d'avoir composé ton livre en peu de jours: car

---

[32] Ibid.
[33] HERVET, Catechisme (voir n. 18), p. iv.

nous ne nous estonnerions pas quand en moindre temps que tu dis, tu en aurois composé une douzaine de pareils[34].

De plus, L'Espine attribue la précipitation avec laquelle il a dû lui-même rédiger ses propres réponses à la cupidité des imprimeurs libraires qui le presse de fournir des textes rapidement, au risque de laisser des fautes, par simple appât du gain:

> Toutesfois il en est advenu tout autrement, & que contre mon desir il a esté imprimé assez negligemment, dont il me deplaist fort, & que par la precipitation & cupidité des Libraires & Imprimeurs, les mysteres de nostre religion ne sont maniez avec une plus grande attention & reverence[35].

L'état de précipitation dans lequel se trouvent les imprimeurs, qu'ils transmettent aux auteurs, est donc bien réel et procède d'une pression qu'on peut attribuer au succès que remportent les libelles auprès du public[36]. Il est intéressant de noter que Benoist ne se gêne pas pour faire porter à son tour la responsabilité des fautes que sa Bible pourrait contenir à l'imprimeur tandis que sa publication en français en 1566 fait scandale et suscite le courroux de la Sorbonne:

> Pourquoy je pense bien qu'il s'en trouvera quelques uns qui se sentiront offencez de peu de chose: comme si par quelque faulte d'aucuns imprimeurs (lesquelz quand ilz veulent estre mauvais & infideles, font plus de mal, & donnent plus de fascherie que je vouldroye n'en avoir experimenté) un mot n'est si bien couché, une ligne n'est si bien tyree, un chiffre & cottation mise pour l'autre, & ainsi des aultres petites fautes[37].

Si c'était le cas pour la Bible, ce devait être d'autant plus vrai pour les libelles et L'Espine insiste sur la nature bon marché et par conséquent de mauvaise qualité des livres de Benoist:

---

[34] René BENOIST, Brieve et facile refutation d'un livret divulgué au nom de I. de l'Espine, se disant Ministre de la parole de Dieu:auquel violentant & detorquant l'escriture saincte, il blaspheme malheureusement le sainct sacrifice Euāgelique, dict vulgairement la saincte Messe, Paris 1564; Jean de L'ESPINE, Defense et confirmation du traicté du vray Sacrifice & Sacrificateur, faict par M. Iehan de l'Espine Ministre de la parolle de Dieu, A l'encontre des friuoles responses & argumens de M. René Benoist, Angeuin, Docteur en Theologie, Geneve 1567, p. 6–7; Luc RACAUT, Education of the Laity and Advocacy of Violence in Print during the French Wars of Religion, dans: History. The Journal of the Historical Association 95 (2010), p. 159–176, ici p. 160.
[35] L'ESPINE, Defense et Confirmation (voir n. 34), p. 2.
[36] Jean-François GILMONT, Le livre et ses secrets, Genève 2003, p. 154.
[37] René BENOIST, La Sainte Bible Contenant le Vieil & Nouueau Testament, Traduitte en François, selon la version commune: Auec annotations necessaires pour l'intelligence des lieux les plus difficiles: & expositions contenantes briefues & familieres Resolutions des lieux qui ont esté depraués & corrompus par les heretiques de nostre temps: Aussi les figures & argumens sur chacun liure, declarans sommairement tout ce que y est contenu. Par M. René Benoist, Angeuin, Docteur Regent en la faculté de Theologie à Paris, Paris 1566 [Advertissemens apologetiques non paginés, n° 6], p. iii.

Tes livres sont comme ces menues merceries, qu'on fait & vend à la douzaine, & une marchandise telle qu'il fault aux petis col-porteurs du Palais: car ils ont besoin aussi bien que les vins de petit pris, d'un crieur babillard & affeté pour les vendre & debiter[38].

Il est intéressant de noter ici le rôle qu'attribue L'Espine au prix bas du livre et l'influence néfaste sur les consciences qu'il y associe. Le livre publié à la va-vite et vendu à petit prix sert, d'après lui, de plate-forme aux prédicateurs catholiques pour inciter le peuple à la haine des protestants:

Or ayant esté ledict traicté mis en lumiere, je fu adverti que ceux qui preschoyent lors à Paris s'en alteroyent fort, & qu'à leur maniere accoustumee ils employoyent la pluspart de leurs sermons en invectives, brocards & injures contre moy[39].

Et L'Espine conclut sa réponse à Benoist, avec une estimation de la place des libelles dans la production catholique qui mérite qu'on s'y arrête, de par son apparente acuité: »Et finalement tant de brocards, injures & blasons, qui contiennent & comprennent pour le moins une juste moitié de vos livres«[40]. Si cette estimation est hasardeuse, elle reflète néanmoins un état de fait que les imprimeurs et les auteurs eux-mêmes reconnaissent: tous les livres ne se valent pas. Beaucoup estiment pourtant qu'il est nécessaire pour combattre l'hérésie de donner dans les deux registres: l'instruction des laïcs acquis au catholicisme par le biais de catéchismes et d'œuvres pastorales d'une part, et l'argumentation raisonnée pour convaincre les indécis qui passe souvent par une déconsidération polémique de l'ennemi protestant d'autre part.

Ces deux impératifs sont contrastés par les auteurs eux-mêmes, mais, comme on a pu le voir dans les »Contrarietez et contradicts«, ils peuvent cohabiter au cœur d'un même recueil et parfois au sein d'un même ouvrage. Les rares observations qui ont trait aux aspects matériels de la production du livre imprimé, son coût et sa valeur marchande, nous invitent par ailleurs à considérer l'imprimeur libraire comme un agent historique à part entière. Même si les imprimeurs pouvaient bénéficier de l'aide de mécènes, il ne faut pas oublier la dimension mercantile de leur entreprise: les imprimeurs libraires étaient tributaires de facteurs économiques aussi bien que spirituels, et ces premiers ont pu agir comme des freins ou des accélérateurs à la réforme catholique.

RÉSUMÉ

En ce qui concerne le lien entre la Réforme et le livre, on peut évoquer le cas de la France – où le livre imprimé servit plutôt le conformisme que la modernité – et prendre en compte les impératifs économiques des imprimeurs libraires, même si le coût de production et la valeur marchande des pamphlets pouvaient paraître bien terre à terre aux yeux des réformateurs, pour qui l'imprimerie était d'abord une arme au service de la vraie foi. Si l'on connaît bien la première réforme – les

---

[38] L'ESPINE, Defense et Confirmation (voir n. 34), p. 7.
[39] Ibid., p. 2.
[40] Ibid., p. 94.

milliers de titres attribués à Luther témoignent encore aujourd'hui de son succès –, on oublie souvent la production catholique. Or, en France, dans la seconde moitié du XVIe siècle, elle fut indubitablement très en vogue, et pas seulement du seul fait de la censure ou de l'appui des autorités catholiques, gardiennes des privilèges éditoriaux. Les imprimeurs auraient répondu à une véritable demande, pressant les auteurs de leur fournir des textes rapidement, même s'ils contenaient parfois des fautes. (Les imprimeurs étaient accusés d'être uniquement motivés par l'appât du gain.) Ce succès n'était pas du goût de tout le monde, notamment à la cour, et les imprimeurs durent parfois s'opposer à forte partie. Le libelle, et en particulier la propagande antiprotestante, prit néanmoins une place indéniable dans les choix éditoriaux et économiques des imprimeurs libraires.

SUMMARY

In the case of France, the printed book rather served conformism than modernity as far as the association between reformation and the book is concerned. It is necessary to take the economic priorities of printer-booksellers into account, even though production costs and the mercantile value of pamphlets could appear quite trivial in the eyes of reformers for whom printing was, first of all, a weapon serving the true faith. The thousands of titles attributed to Luther attest even today to the success of the Reformation, while the Catholic production is often forgotten. In France, however, in the second half of the sixteenth century, the latter was without doubt successful, and this not only due to the mere fact of censure or the support of Catholic authorities guarding editorial privileges. The printers met a genuine demand, urging the authors to quickly supply them with texts, sometimes with typographical errors. However, printers were accused of being solely motivated by the lure of gain. Their financial success was not to everybody's liking, notably at court, and they had to face many confrontations. Nonetheless, libel, and antiprotestant propaganda in particular, took an undeniable place in the editorial and economical choices of printer-booksellers.

ÉRIC DUROT

Les Guises comme figure(s) médiatique(s)

Au printemps 1560, le cardinal de Lorraine, Charles (1525–1574), dit avoir réuni sur son bureau vingt-deux »plaquars et libelles diffamatoires«[1] écrits contre lui. Il est alors la principale cible politique des calvinistes. Son frère aîné, le duc de Guise François (né en 1520), représente le principal chef nobiliaire défenseur du catholicisme en 1561 et, surtout, durant la première guerre de Religion (1562–1563)[2]. Lorsqu'il est assassiné, en février 1563, il est alors loué comme le héros et le martyr de la cause catholique, ou voué aux gémonies par ses ennemis. Les deux frères, désignés par leurs contemporains comme »les Guises« – bien qu'ils aient quatre frères cadets – sont les principales figures médiatiques politiques depuis la mort d'Henri II (10 juillet 1559) jusqu'à la fin de la première guerre de Religion (19 mars 1563), que ce soit sous le règne de leur jeune neveu François II (1559–1560) ou bien lors des premières années de celui de Charles IX, roi encore mineur. Car derrière ces différentes séquences historiques, les années 1559–1563 affichent bien une unité: d'une part, parce qu'elles représentent l'entrée violente du royaume de France dans la crise politico-religieuse, le règne de François II étant déjà, à sa manière, marqué par une guerre de Religion; et d'autre part, parce que les Guises sont au cœur de cette période, comme acteurs politiques et comme figure(s) omniprésente(s) à travers les médias.

Figures médiatiques: les Guises le sont donc comme les personnages politiques les plus médiatisés. Ils occupent une place centrale dans les libelles, placards et autres discours, qui forment l'argumentaire politique des calvinistes, argumentaire écrit qui se diffuse, bien sûr, oralement, et qui alimente les conversations. Ils sont le sujet d'une majorité de chansons, en particulier lors de l'assassinat du duc de Guise, et ce, aussi bien chez les réformés que chez les catholiques. Les postures, gestes et mises en scène sont également des médias tout aussi essentiels: que l'on pense au cardinal de Lorraine brûlé en effigie au printemps 1560, ou bien au duc de Guise faisant une entrée triomphale dans Paris lors de la Fête-Dieu de juin 1561. À ce titre, il convient de prendre en compte la manière dont se façonnent ces figures, plurielles. Elles sont des représentations, des »idées que l'on se fait« des Guises, négatives ou positives, et l'idée qu'ils ont d'eux-mêmes en se mettant en scène.

Or, approcher historiquement les Guises comme figures médiatiques, ce n'est pas tant écrire leur histoire médiatique qu'aborder ces années sous l'angle de la médialité, c'est-à-dire appréhender tout un réseau de significations et d'échanges par les médias

---

[1] Pierre de LA PLACE, Commentaires de l'estat de la Religion et République sous les rois Henry et François seconds et Charles neufviesme, s.l. 1565, p. 67.
[2] Éric DUROT, François de Lorraine, duc de Guise entre Dieu et le roi, Paris 2012 (Bibliothèque d'histoire de la Renaissance, 1).

autour des Guises, et en considérer les significations politiques et sociales. Au-delà des accusations portées contre eux, émerge une interprétation globalisante de la crise politico-religieuse que les calvinistes sont les premiers à construire pour structurer leurs idées et même leur identité. Volontairement et involontairement, les Guises, en tant que figures, facilitent la cohésion de ceux qui s'engagent dans le parti protestant mais aussi dans le parti catholique, et ils influent sur les interprétations des problèmes politiques et religieux émises par leurs contemporains.

C'est ce que nous voudrions brièvement montrer, en évoquant tout d'abord la figure diabolique des Guises construite par les calvinistes sous le règne de François II, figure remodelée après le massacre de Wassy le 1er mars 1562; ensuite, en exposant comment cette figure s'est nourrie d'une crise latente datant de la fin du règne d'Henri II et de quelle manière elle précipite la politisation des réformés, voire structure leur identité; enfin, en abordant le travail que font les Guises pour remodeler leur propre figure en réponse à leurs adversaires mais aussi à leurs partisans catholiques.

LA FIGURE DIABOLIQUE TRAVAILLÉE PAR LES RÉFORMÉS

À l'avènement de François II, une crise multiforme éclate. La France vient d'abandonner ses prétentions européennes par le traité du Cateau-Cambrésis, elle est très endettée, elle voit de plus en plus de sujets du roi devenir calvinistes. Une crise politique s'ouvre aussi avec la marginalisation des Grands par les Guises qui, en tant qu'oncles d'un roi âgé de quinze ans, contrôlent le gouvernement. Ils poursuivent la politique de lutte contre le calvinisme en prenant des édits très répressifs[3]. C'est dans ce contexte que, dès l'automne 1559, se structure la figure noire des Guises, qui va être médiatisée dans une période qui marque la perte complète du monopole royal sur les médias.

»Ceux de Guise, qui maintenant tyrannisent«: l'expression offre un bon résumé du contenu des deux textes fondateurs de leur figure négative. Elle est tirée du »Mémoire d'octobre«[4] – titre donné *a posteriori* – qui est un texte incisif de quelques pages dont l'auteur anonyme pourrait être un membre de l'entourage du calviniste engagé François Hotman. Le second texte, dénommé le »Livret de Strasbourg«[5], est sans doute l'œuvre de ce dernier. Le recteur de l'académie de Genève, Théodore de Bèze, le transmet à un homme qui part pour la France à la fin de l'année 1559[6]. Les idées des

---

[3] Par exemple l'édit de Blois de novembre 1559, qui punit de mort les auteurs et les participants d'assemblées »illicites«. Ces édits font suite à l'édit d'Écouen signé par Henri II le 2 juin 1559.

[4] Texte connu grâce à La PLACE, Commentaires (voir n. 1), p. 28–31 et Jacques Auguste DE THOU, Histoire universelle depuis 1543 jusqu'à 1607, Londres, Paris, 1734, vol. III, p. 388–394.

[5] Pour le »Livret de Strasbourg« mais aussi le »Mémoire d'octobre«, voir Henri NAEF, La conjuration d'Amboise et Genève, Genève, Paris 1922.

[6] Arlette JOUANNA, Le devoir de révolte. La noblesse française et la gestation de l'État moderne, 1559–1661, Paris 1989, p. 124.

deux écrits sont en effet diffusées précocement, avant même l'intervention des imprimeurs en 1560.

Le »Mémoire« et le »Livret« mettent en avant l'»usurpation« du pouvoir par les Guises ainsi que leur »tyrannie«. Princes étrangers[7], ils sont illégitimes car le pouvoir doit revenir aux »Princes du sang les plus proches du trône [...] jusqu'à ce que le roi fût avancé en âge«. La loi salique et le recours naturel aux princes du sang sont alors érigés en »loix du royaume«. Le mal de ce royaume provient d'un lignage »ambitieux«, »suspect«, responsable des malheurs qui s'abattent sur la France depuis la dernière guerre d'Italie, menée par le duc de Guise en 1557. »Ils publient partout qu'ils descendent de la race des rois Carlovingiens, qui furent, disent-ils, privez de la couronne par Hugue Capet«[8]. À la tare de l'origine lorraine s'ajoute, pour le cardinal, celle de sa »soumission«, de son »asservissement« au pape. L'auteur du »Mémoire d'octobre« en appelle au »naturel« de tous les Français: il fait entrer son argumentaire dans le débat public, puisqu'il est impossible d'accéder à la personne du roi, »prisonnier« des Guises. La situation du royaume est donc considérée dans sa globalité, et la mise à l'écart des Guises permettrait un retour au bon gouvernement.

Après le tumulte d'Amboise de février 1560, où des protestants et des pauvres hères ont voulu accéder de force à la personne royale, des textes politiques et pamphlétaires, de toutes tailles, sont imprimés et diffusés contre les Guises, qui ont réprimé violemment cet épisode contestataire. Ces textes reformulent, au gré des circonstances et de la personnalité de leurs auteurs anonymes, le »Mémoire« et le »Livret« de l'automne 1559, en insistant sur la nécessité de réunir les états généraux du royaume, d'autant plus que le roi est considéré comme étant encore mineur.

Il existe un véritable »après tumulte d'Amboise«[9]. La »Brieve remonstrance des estats de France«[10] est rédigée dans l'entourage de La Renaudie – l'un des organisateurs du coup de force d'Amboise – pour être portée au roi, mais l'entreprise échouant, la remontrance est imprimée et affichée comme placard au moment de Pâques[11]. »L'histoire du tumulte d'Amboyse«[12], écrite peut-être par François Hotman, est directement inspirée du »Mémoire d'octobre«. Durant l'été, paraissent les »Supplication et

---

[7] Les Guises sont la branche cadette des ducs de Lorraine, qui commence avec Claude de Guise, père du duc François et du cardinal Charles.
[8] Les Guises intègrent la généalogie mythique établie à la cour ducale de Nancy.
[9] Pour une réflexion plus approfondie: Tatiana DEBBAGI BARANOVA, À coups de libelles. Une culture politique au temps des guerres de Religion (1562–1598), Genève 2012 (Cahiers d'humanisme et Renaissance, 104), p. 147–241; DUROT, François de Lorraine (voir n. 2), p. 511–581.
[10] Brieve remonstrance des estats de France, au roy leur souuerain seigneur. Sur l'ambition, tyrannie, & oppression du tout intollerable des Guyse, Rouen 1560.
[11] Elle est connue sous le titre: »Les estats de France opprimez par la tyrannie de ceux de Guise. Au Roy leur souverain seigneur«, imprimée entre autres dans: Denis-François SECOUSSE (éd.), Mémoires de Condé. Servant d'éclaircissement et de preuves à l'Histoire de M. de Thou, contenant ce qui s'est passé de plus mémorable en Europe [...], 6 vol., Londres 1743–1745, vol. I, p. 405–410.
[12] [François HOTMAN], L'histoire du tumulte d'Amboyse, advenu au moys de mars, MDLX. Ensemble un avertissement & une complainte au peuple François, s.l. 1560.

Remontrance adressée au Roy de Navarre et autres Princes du sang de France, pour la delivrance du Roy et du Royaume«[13], qui ont la particularité de s'adresser aussi au roi François II. Si toutes ces parutions ne s'appesantissent pas sur la question religieuse proprement dite, des libelles à tonalité calviniste très marquée paraissent aussi, telles les »Remontrances a tous les Estats, par laquelle est en brief demonstré la foy et innocence des vrays Chrestiens«[14], et la »Juste complainte des fideles de France, contre leurs aduersaires papistes«[15]. Les références sont cette fois bibliques, mais les Guises sont reconnaissables derrière chaque allusion, et derrière le vocable »satan«. En 1560, est aussi construite la figure du martyr à partir du magistrat Anne du Bourg, condamné à mort pour sa foi, dont les textes sont joints à ceux accusant les Guises[16].

Se crée un climat anti-Guise très marqué, que ce soit avec des textes politiques ou bien plus spécifiquement calvinistes, rédigés dans les mêmes milieux sans doute, notamment autour de François Hotman. Des imprimeurs et des réseaux permettent une large diffusion, particulièrement à partir de Strasbourg[17]. Dans le Lyonnais, un homme est arrêté en possession de plusieurs de ces textes, disant »les avoir acheptés audit Chalon, et luy serviroient pour apprendre à lire«[18]. Voulant se débarrasser de la présence française en Écosse, la reine d'Angleterre, Élisabeth Ire, fait imprimer et diffuser, le 24 mars 1560, une »Proclamation« afin d'affaiblir encore le pouvoir des Guises, dénonçant »l'ambitieuse volonté des principaux de la Maison de Guise, lesquels depuis n'agueres se sont emparez du Gouvernement de la Couronne de France«, pour les accuser de vouloir placer leur nièce Marie Stuart, reine d'Écosse et de France, sur le trône d'Angleterre[19].

Le cardinal de Lorraine reste la cible principale, son frère jouissant encore de l'aura de grand capitaine victorieux du règne précédent[20]. Le prélat est un homme brutal, qui fait peur aussi par son habileté: est dénoncée »la phrase et deguisée façon de parler du

---

[13] Supplication et remonstrance adressee au Roy de Navarre et autres Princes du sang de France, pour la delivrance du Roy et du Royaume, s.l. 1560.
[14] Remonstrance a tous Les Estats, par laquelle est en brief demontré la foy et innocence des vrays Chrestiens, Paris 1560.
[15] Juste complainte des fideles de France, contre leurs aduersaires papistes et autres. Sur l'affliction et faux crimes, dont on les charge à grand tort. Ensemble les inconueniens, qui en pourroyent finalement auenir à ceux, qui leur font la guerre, Avignon 1560.
[16] Plusieurs »feuilles« sont imprimées, telles celles qui sont parfois ajoutées à »L'histoire du tumulte d'Amboyse« (voir n. 12), comme la »Chanson spirituelle d'Anne du Bourg […]. Sur le chant du psaume 40«.
[17] Ce thème n'est pas développé ici. À propos du centre strasbourgeois: Marc LIENHARD, Strasbourg et la guerre des pamphlets, dans: Grandes figures de l'humanisme alsacien. Courants, milieux, destins, Strasbourg 1978, p. 127–134.
[18] Le gouverneur du Lyonnais au seigneur de Tavannes, Lyon, 19 août 1560, dans: Monique DROIN-BRIDEL, Vingt-sept pamphlets huguenots, 1560–1562, provenant de la bibliothèque Tronchin, Genève, Paris 1979, p. 183–343, ici p. 239–240.
[19] »Proclamation contenant la déclaration de l'intention de la Majesté de la Royne d'Angleterre […]«, s.l. 1560. Elle a connaissance du climat français et des pièces imprimées par les nombreux Anglais et Écossais qui traversent la Manche.
[20] DUROT, François de Lorraine (voir n. 2), p. 391–456.

Cardinal de Lorraine«[21]. Il est même pendu en effigie sur la place Maubert, au printemps 1560[22]. Plus tard, en juin de la même année, paraît un pamphlet promis à un grand succès: l'»Epistre envoiée au Tigre de la France«, c'est-à-dire au cardinal, »Tigre enragé, Vipere venimeuse, Sepulcre d'abomination, spectacle de malheur«; en 1561, l'épître est réécrite en vers[23].

En 1562, c'est le duc de Guise qui devient l'ennemi numéro un des protestants. Le massacre par ses hommes de calvinistes réunis pour célébrer la cène à Wassy, le 1er mars 1562, fait événement. Le duc est sanguinaire, c'est un »boucher«. Deux récits principaux, imprimés eux aussi, tentent de figer cette interprétation en se voulant la version officielle d'un massacre prémédité: »La Destrvction et saccagement, exercé cruellement par le Duc de Guise et sa cohorte, en la ville de Vassy, le premier iour de mars 1561«[24] et »Histoire de la cruauté exercée par Françoys de Lorraine, duc de Guyse, et les siens, en la ville de Wassy«[25]. Cette figure médiatique permet en partie de comprendre le passage à l'acte de Poltrot de Méré qui, en embuscade le 18 février 1563, tire sur le duc qui s'apprêtait, avec l'armée royale, à remporter la (première) guerre de Religion.

LES GUISES, PESONNIFICATION POLITIQUE ET MÉDIATIQUE DE LA CRISE

Comment la médiatisation de la figure noire des Guises s'est-elle si vite mise en place après la mort d'Henri II? Quelles implications a-t-elle eues pour la politisation des réformés et leur sentiment identitaire?

Les Guises sont des cibles qui paraissent évidentes. Ils sont, tout d'abord, les seuls Grands à être au pouvoir et sous Henri II et sous François II. Les accusations dont ils font l'objet s'appuient sur leur comportement depuis le changement de règne de juillet 1559. Mais, antérieurement, les Guises sont les artisans du projet de conquête du royaume de Naples; alors que le duc commande l'armée qui descend en Italie en 1557, le connétable de Montmorency est prisonnier à l'issue de la défaite devant Saint-Quentin, contre les Espagnols de Philippe II: les choix des Guises se sont avérés néfastes. De plus, les caisses sont vides par leur faute, alors que le cardinal de Lorraine est déjà à la tête de l'administration et des finances en 1557–1558. Il est également nommé inquisiteur en 1557 et participe à durcir la législation contre le protestantisme.

---

[21] Brieve remonstrance des estats de France (voir n. 10).
[22] L'ambassadeur d'Angleterre à Élisabeth Ire, Amboise, 12 avril 1560 (Joseph STEVENSON [ed.], Calendar of State Papers, Foreign, Reign of Elizabeth I, vol. II, Londres 1865, n° 992).
[23] Epistre envoiée au Tigre de la France, [Strasbourg,] 1560; [Jacques GRÉVIN,] Le tygre. Satyre sur les gestes memorables des Guisards, s.l. 1561.
[24] La Destrvction et saccagement, exercé cruellement par le Duc de Guise et sa cohorte, en la ville de Vassy, le premier iour de mars 1561 [1562], Caen 1562
[25] Histoire de la crvauté exercee par Françoys de Lorraine, Duc de Guyse, et les siens, en la ville de Vassy, le premier iour de mars, [Lyon] 1562.

Selon une autre source calviniste également en circulation en 1560, »[l]a manière d'appaiser les troubles qui sont maintenant en France, & y pourront estre cy apres. A la Roine mere du Roy«[26], un projet pour tuer le cardinal naît précisément en 1557, mais des pasteurs empêchent le passage à l'acte. En juillet 1558, un pasquin est déposé dans la chambre d'Henri II; il énumère les nobles responsables de la politique royale qui mène à la défaite et à la banqueroute, et les Guises sont en tête de liste: »Monsieur le cardinal de Lorrene gaste tout, / Monsieur de Guise pert tout«[27]. Trois mois plus tard, l'ambassadeur ferrarais note que »ces seigneurs de Guise sont très mal voulus. [...] Et en particulier le cardinal de Lorraine est détesté«[28]. Il y aurait donc, derrière la figure officielle du cardinal de Lorraine comme grand mécène, homme de lettres et serviteur du roi, et derrière celle du duc de Guise comme grand capitaine victorieux à Metz (1552) et à Calais (1558), une contestation qui sourde, et que la mort d'Henri II libère brutalement.

Les Guises deviennent les catalyseurs des contestations. En 1560, leur tentative de réduction des dépenses, dont celles afférentes aux offices, augmente les tensions. Mais des contestations plus anciennes, dont ils ne sont pas à l'origine, viennent se greffer: celles contre le caractère absolu de la royauté et celles d'aspirations religieuses en rupture avec l'Église catholique.

Ainsi, attaquer les Guises, c'est revendiquer des changements à la fois gouvernementaux, religieux et fiscaux. La question est donc véritablement politique et elle évite, pour les opposants aux Guises, de se sentir dans une position de criminels de lèsemajesté car les textes publiés veulent libérer le roi de l'emprise des princes étrangers. Les Guises permettent donc, malgré eux, de libérer une parole politique qui n'est plus contrôlée par le pouvoir royal. Se développe clairement, en 1559–1560, une société politique[29] dont les sujets de débat paraissent incarnés par les deux frères.

Leur figure est porteuse de sens pour tous les déçus. Les médias – textes imprimés, relais oraux, jusqu'à la pendaison en effigie du cardinal –, qui fabriquent et véhiculent une opposition cohérente et globale contre les Guises, permettent l'identification. Se retrouvent et se reconnaissent ceux qui ont en possession un libelle, ou qui argumentent leur mécontentement en recourant aux thématiques construites par le »Mémoire d'octobre«. Très probablement, la circulation de ces textes permet à un individu de savoir qu'il n'est pas le seul à être mécontent ou à souffrir, et il peut alors reprendre courage, voire se soulever, comme en Provence et en Dauphiné durant la période de

---

[26] La maniere d'appaiser les troubles qui sont maintenant en France, & y pourront estre cy apres. A la Royne mere du Roy. Avec une Harengue d'un Prince Chrestien, sur les poincts de la Religion, s.l. 1561.

[27] D'après la lettre de Guido Lolgi, agent du cardinal Alexandre Farnèse, adressée à ce dernier, Paris, 19 juillet 1558 (Archivio di Stato di Napoli, pasquin édité par Lucien ROMIER, Les origines politiques des guerres de Religion, Paris, 1913, vol. II, p. 224).

[28] L'ambassadeur ferrarais au duc de Ferrare, Paris, 26 octobre 1558 (Archivio di Stato di Modena, dépêche traduite par ROMIER, ibid., vol. II, p. 223).

[29] Sur ce concept: Philippe CONTAMINE, Le concept de société politique dans la France de la fin du Moyen Âge. Définition, portée et limite, dans: Serge BERSTEIN, Pierre MILZA (dir.), Axes et méthodes de l'histoire politique, Paris 1998, p. 261–271.

Pâques 1560[30]. Les libelles et autres placards participent à forger et à exprimer une »identité protestante«[31] et, sans doute, à déstabiliser des catholiques modérés. Ce sont donc à la fois le contenu (le fond) et les médias (la forme) qui structurent l'opposition aux Guises, par un nouveau réseau social qui s'élargit et qui échappe au pouvoir royal.

Les principaux textes, depuis le »Mémoire« et le »Livret«, se gardent de donner une tonalité trop confessionnelle à leur contenu, pour s'adresser aussi aux catholiques modérés. Leurs effets sont difficilement mesurables, mais nombreuses sont les personnes qui basculent dans l'opposition aux Guises et/ou se convertissent: le meurtrier du duc, Poltrot de Méré, tient en aversion les Guises depuis le tumulte d'Amboise, et le seigneur de Soubise se déclare ouvertement calviniste et entre dans l'opposition condéenne après le massacre de Wassy[32]. Les échos et les interprétations de ces deux violences majeures sont facteurs d'engagement.

Les Guises facilitent donc la politisation d'un mécontentement pluriel mais structuré par des réformés. S'opposer aux Guises, ce n'est plus seulement demander une liberté de conscience et de culte, c'est réclamer le bon gouvernement où le roi est conseillé par les princes du sang et les états généraux, c'est parvenir à clôturer la politique qui a mené au traité du Cateau-Cambrésis en écartant les Guises du gouvernement.

Les deux frères souhaitent endiguer le flot des parutions. Par l'édit de Romorantin (fin mai 1560) est rappelé que »les faiseurs de placarts, cartels ou libelles diffamatoires« encourent la peine de mort. Deux mois plus tard, le libraire Martin Lhomme est exécuté pour avoir eu en sa possession le »Tigre de la France«, et avoir refusé d'en livrer le nom de l'auteur[33]. Des lettres du duc de Guise témoignent de sa volonté de démanteler les réseaux; en 1561, il écrit au sénat de Strasbourg de l'aider à lutter contre la fabrication des »libelles diffamatoires contre moy et ceulx de ma maison«[34].

Mais la priorité pour les Guises est la lutte contre les pasteurs qui sont dénommés par les catholiques comme des »prédicants«. Depuis l'édit de Compiègne (1557), ils sont jugés comme des médias bien plus dangereux encore que les livres religieux interdits. Ces prédicants, formés à Genève pour venir établir un culte en France – l'établissement d'un culte est plus grave encore, pour le pouvoir royal, que la liberté de conscience – sont à l'origine du scandale. Ils sont en réalité, »sous couleur de la

---

[30] DUROT, François de Lorraine (voir n. 2), p. 541–543.
[31] Thierry WANEGFFELEN, La France et les Français. XVIe–milieu XVIIe siècle. La vie religieuse, Gap 1994, p. 51–57, notamment à propos de la »Juste complainte des fideles de France«.
[32] L'interrogatoire de Deposition faicte à ung nommé Jehan de Poltrot soy disant seigneur de Merey, sur la mort de feu monsieur le Duc de Guyse, Paris 1563; Jules BONNET, François VIETE (éd.), Mémoires de la vie de Jean de Parthenay-Larchevêque. Sieur de Soubise, Paris 1879.
[33] Louis RÉGNIER DE LA PLANCHE, Histoire de l'estat de France, tant de la république que de la religion, sous le règne de François II, première édition 1576, ici cité d'après l'édition d'Édouard MENNECHET, 2 vol., Paris 1836, vol. I, p. 274–275; DE THOU, Histoire universelle (voir n. 4), vol. III, p. 512–513.
[34] Le duc de Guise au sénat de Strasbourg, Paris, 6 juillet, et Saint-Germain-en-Laye, 19 octobre 1561 (A. DE KENTZINGER [éd.], Documents historiques relatifs à l'histoire de France. Tirés des archives de la ville de Strasbourg, Strasbourg 1818, vol. I, p. 49–52).

religion«, des séditieux autant que des hérétiques, et les édits répressifs de Compiègne et d'Écouen font d'eux des figures impersonnelles responsables des maux du royaume[35]. En 1560, les Guises renforcent encore l'identité séditieuse du prédicant. Alors que trois édits d'apaisement – d'Amboise le 8 mars, de Loches et de Romorantin fin mai – accordent le pardon pour les auteurs d'offenses faites à la religion catholique, les prédicants sont considérés, au même titre que les »rebelles«, comme des criminels de lèse-majesté, et les tribunaux civils continuent d'instruire leurs procès. Dans les provinces, une véritable traque aux prédicants est menée.

Les Guises paraissent échouer. Durant l'été 1560, ils doivent se résoudre à annoncer la convocation des états généraux, ce qui est comme une réponse à la clameur du peuple que les libelles ont portée; de même, ces textes font parfois appel à la sagesse de Catherine de Médicis, un appel qui la conforte dans sa prudente mais ferme volonté de prendre en main les affaires du royaume, dès le printemps 1560[36]. Mais les Guises sont-ils vraiment dépassés?

LES GUISES, DES MÉDIATEURS AU TRAVAIL DE LEUR MÉDIATISATION

Ni les Guises ni les catholiques exclusivistes ne restent passifs. Ils sont bien présents dans cette »bataille de l'opinion«[37] qui les oppose aux réformés, mais leur implication n'est pas forcément symétrique à celle de leurs adversaires, ni toujours de la même nature. Les Guises se considèrent comme les médiateurs entre Dieu et les hommes.

La question de la médialité pose la question de la culture politique qui est, pour le duc de Guise, celle d'un des personnages nobiliaires les plus importants du royaume. Le duc considère qu'il a une autorité »naturelle«[38], par son lignage et son propre mérite qui s'expriment par les victoires qu'il a remportées sous le règne d'Henri II. Ses grandes réalisations sont d'origine divine et bien supérieures au droit humain que tentent de promouvoir les écrits qui s'appuient sur le »Mémoire d'octobre«. Il sait

---

[35] Éric DUROT, Le prédicant, hérétique et séditieux. De l'édit de Compiègne (1557) à l'édit de janvier (1562), dans: Revue historique 649/1 (2009), p. 39–64.

[36] Au début de l'année 1560, Catherine de Médicis confie à l'amiral de Coligny le soin de mener une enquête sur les mécontentements en Normandie, enquête dont les résultats semblent être ceux qui sont lus devant le roi lors de l'assemblée de Fontainebleau (août 1560) et qui paraissent sous le titre: Deux requestes de la part des fideles de France, qui desirent vivre selon la reformation de l'Evangile..., s.l. 1560.

[37] L'expression »bataille de l'opinion« nous semble adaptée pour rendre compte du combat politique et médiatique qui exprime et forge tout à la fois l'opinion individuelle (exprimée par les »opinions« mentionnées notamment dans les préambules des édits), et des mouvements d'opinion (sous leur forme collective). Nous n'entrons pas ici dans le débat sur l'existence d'une opinion publique au XVIe siècle.

[38] Le »droict naturel« est évoqué pour justifier la répression à Wassy, comme le rapporte et le valide le parlement de Paris dans son arrêt rendu en mai 1562, Bibliothèque nationale de France (BNF), manuscrits français (Ms. fr.) 3176, fol. 110.

aussi se mettre en scène, comme lors de son entrée triomphale dans Paris le jour de la Fête-Dieu 1561: pour les catholiques parisiens, sa popularité dépasse celle de Charles IX et de tous les autres Grands[39]. Le duc est également plus attaché à défendre son honneur vis-à-vis de ses pairs que de rentrer dans la bataille de l'opinion en faisant publier des placards. Ainsi, il prend le soin d'écrire de nombreuses lettres aux princes d'Europe – le duc de Ferrare, le duc de Wurtemberg[40] – pour se défendre des attaques dont il est l'objet en France. Il préfère la lettre personnelle à la lettre ouverte.

Le contexte politique explique bien sûr la réponse dissymétrique des Guises aux attaques dont ils font l'objet. Sous François II, les Guises répondent sous forme d'ordres donnés aux gouverneurs de province, et d'orientations données pour la rédaction des édits. D'ailleurs, les préambules des édits laissent clairement transparaître la politique royale menée par les Guises. La version royale de la conjuration d'Amboise est donnée par l'impression des lettres missives adressées au parlement de Paris le 31 mars 1560, sous le titre: »Lettres du Roy contenans le succint du fait de la conspiration entreprinse contre sa majesté«[41]. Les Guises ne doivent en aucun cas parler en leur nom propre afin de ne pas alimenter les critiques concernant la »captivité« du roi. Ainsi, lorsqu'ils se résolvent eux-aussi à faire publier des textes, ils le font pour défendre François II. Le greffier Jean du Tillet, très proche d'eux, rédige au printemps 1560 un traité intitulé »Pour la majorité du roy tres chrestien, contre les escrits des rebelles«, au titre révélant bien la bataille de l'opinion par l'imprimé. Défendant un roi majeur qui peut donc décider seul du choix de ses conseillers, du Tillet se voit contredit par une »Response au Livre inscrit pour la Majorité du Roy François second«, à laquelle il riposte par une reformulation de ses thèses dans »Pour l'entière majorité du roy tres chrestien«, au mois de septembre[42]. À Pâques 1561, le duc de Guise scelle une association avec les Grands catholiques, dont le connétable de Montmorency et le maréchal de Saint-André, pour défendre la religion catholique. Ce »triumvirat« naît d'un serment entre nobles et ne donne, donc, pas lieu à une forme d'officialisation écrite.

Néanmoins, l'offensive médiatique des réformés oblige les Guises à entrer sur leur terrain, timidement. Tout d'abord, sous François II, ils permettent au poète Guillaume Des Autels de faire paraître la »Harengue au peuple françois contre la rébellion«, après le tumulte d'Amboise. L'auteur, devenu controversiste, prend directement la défense des Guises: »Combien y a il encores aujourd'huy de princes venuz du sang de Charle-

---

[39] Lire en particulier BRANTÔME, M. de Guyze le Grand, François de Lorraine, dans: Vies des grands capitaines françoys, Œuvres complètes de Pierre de Bourdeille, seigneur de Brantôme, éd. par Ludovic LALANNE, 11 vol., Paris 1864–1882, vol. IV, p. 187–281.
[40] Sa correspondance avec le duc de Ferrare est conservée à l'Archivio di Stato di Modena; celle avec le duc de Wurtemberg est éditée: A. MUNTZ (éd.), Correspondance de François de Lorraine, duc de Guise, avec Christophe, duc de Wurtemberg, dans: Bulletin de la Société de l'histoire du protestantisme français 24 (1875), p. 71–83, 113–122, 209–221, 499–513.
[41] Lettres dv Roy contenans le succint du fait de la conspiration entreprinse contre sa maiesté, Et les moyens proposés par icelle pour empescher le chemin de telles entreprinses, Lyon 1560.
[42] Les écrits de du Tillet paraissent notamment chez l'imprimeur Guillaume Morel à Paris; celui de la »Response« est bien sûr anonyme et sans lieu d'impression.

maigne? [...] Maintenant on leur reproche le dernier voyage d'Italie«[43]. Cet exemple reste néanmoins isolé et sans commune mesure avec les dizaines de poésies de circonstance qui ont loué le duc de Guise durant la décennie 1550. Puis, sous Charles IX, les Guises ont une position politique plus fragile mais se sentent plus libres d'agir. Après le massacre de Wassy, le duc de Guise donne sa version de ce qu'il juge comme une »braverie« huguenote et un »accident«, en faisant remanier la lettre qu'il a écrite personnellement au duc de Wurtemberg. Il s'agit du »Discours au vray et en abrege de ce qui est derniereme[n]t aduenu à Vassi, y passant Monseigneur le Duc de Guise«, imprimé par Guillaume Morel au printemps 1562. Enfin, il réagit aux justifications qui paraissent après la prise d'armes du prince de Condé, tels les célèbres »Traité d'association faicte par Monseigneur le Prince de Condé [...]« et la »Seconde declaration de Monsieur le Prince de Condé [...]«, sortis des presses d'Orléans au début du mois d'avril. Le duc de Guise, avec le connétable de Montmorency et le maréchal de Saint-André, écrit une requête le 4 mai, pour »qu'il soit notoire à vos Majestez et à tout le monde [que] nous sommes prests de nous en aller chacun [...] en nos maisons« à condition que les huguenots déposent les armes. Or, cette lettre ouverte ne semble pas être imprimée par l'entourage du triumvirat. Au contraire, c'est Éloi Gibier, l'imprimeur orléanais engagé auprès du prince de Condé, qui s'en charge, en ajoutant »la response faicte par monseigneur le Prince de Condé«[44]. Ce paradoxe illustre le décalage médiatique entre la politique des Guises et celles de leurs opposants calvinistes. Il ne faut pourtant pas en conclure que les Guises sont dépassés au point que seule leur figure noire survit à la fin de la première guerre de Religion.

L'historien peut avoir le sentiment que les Guises ne parviennent pas à être de bons communicants, qu'ils ne parviennent pas à maîtriser le nouveau terrain médiatique aussi bien que les calvinistes. Ils semblent même frileux alors qu'ils comprennent très bien l'importance du média imprimé, ainsi qu'ils le disent à leur sœur Marie, régente d'Écosse, aux prises avec une opposition politico-religieuse menée par les »Lords of the Congregation«: »Et ne seroit point mauvais que, pour mieux disposer et advertir vos peuples, vous fassiez par petits livrets publier que les Anglois ont accordé avec les rebelles de les faire reduire en leur obeissance«[45].

Le cardinal de Lorraine facilite la publication des ouvrages virulents des controversistes catholiques grâce à l'imprimeur Nicolas Bacquenois, qu'il a installé à Reims, cité dont il est l'archevêque. Sont édités, notamment, des travaux de Gentian Hervet, Jean de la Vacquerie et François Le Picart. Le prélat est très soucieux de renforcer la

---

[43] Guillaume DES AUTELS, Harengue au peuple françois contre la rébellion, Paris 1560, fol. 10.
[44] La requête est conservée (BNF, ms. fr. 6611, fol. 27–29); son impression par les calvinistes porte le titre »Requeste présentée au Roy et à la Royne par le triumvirat. Avec la response faicte par monseigneur le Prince de Condé«, [Orléans] 1562 (quatre publications successives).
[45] Lettre interceptée par les Anglais (H. de LA FERRIÈRE [éd.], Le XVIe siècle et les Valois d'après des documents inédits du British Museum et du Record Office, Paris 1879, p. 29); Éric DUROT, Le crépuscule de l'Auld Alliance: la légitimité du pouvoir en question entre Écosse. France et Angleterre (1558–1561), dans: Histoire, économie et société 1 (2007), p. 3–46; ID., François de Lorraine (voir n. 2), p. 583–625.

prédication catholique, média le plus efficace pour atteindre les humbles. Lui-même, s'étant exilé à Reims durant la première moitié de l'année 1561, prend une part active à la prédication[46]. Ainsi, il mêle entièrement son sort avec celui de l'Église catholique. Il peine, malgré ses efforts lors du colloque de Poissy, à devenir la figure du prélat réconciliateur capable de défendre le catholicisme.

En revanche, son frère aîné parvient à être la figure du défenseur des catholiques contre les calvinistes, considérés aussi comme des rebelles. Le duc de Guise réussit à convertir son capital accumulé lors du règne d'Henri II. Il est le parfait capitaine de guerre, toujours victorieux. En s'emparant de Calais, en janvier 1558, il devient le héros d'un événement qui est le dernier moment d'unité nationale avant les guerres de Religion[47]. Au lendemain de la mort de François II, le duc paraît être plus puissant que le nouveau roi. Le 17 décembre 1560, il fait un pèlerinage à pied depuis Orléans jusqu'à Notre-Dame-de-Cléry, accompagné d'une grande partie de la cour et de nombreux soldats vétérans de la guerre d'Écosse (1559–1560). Brantôme, qui suit et qui admire le duc, dit alors qu'il pourrait »se faire visce-roy«[48]. Le prêtre Claude Haton, catholique exclusiviste également proche du duc, écrit: »[S]'il eust volu, [il aurait] esté faict roy de France«[49]. Il dépasse en autorité le connétable de Montmorency et le maréchal de Saint-André au sein du triumvirat[50]. Claude Haton poursuit: »Monsieur de Guyse print gros travail et voluntiers s'employa à recepvoir les plainctes et doleances des catholicques, de quelque lieu qu'ilz fussent, et se rendit leur protecteur envers le roy et ses gouverneurs«[51]. Ensuite, l'épisode de Wassy donne le signal aux catholiques intransigeants que le duc est prêt à en finir avec l'hérésie. L'évêque de Verdun, Nicolas Psaume, lui demande alors d'être le protecteur de l'évêché, et le duc accepte[52]. Lorsque débute la première guerre de Religion, le roi de Navarre est le lieutenant-général mais, de fait, c'est déjà le duc de Guise qui commande l'armée royale, commandement qu'il obtiendra officiellement à la mort du prince du sang au mois de novembre. Le duc remporte ensuite la bataille de Dreux, en décembre 1562: le prince de Condé est son prisonnier.

[46] Le cardinal de Lorraine à Jean Nicot, Reims, 8 mars, et à Sébastien de L'Aubespine, Reims, 9 mars 1561 (BNF, ms. fr. 6609, fol. 10; bibliothèque municipale de Rouen, collection Leber, 5720-2).
[47] Plus de vingt poèmes de circonstance le célèbrent, dont certains sont écrits par des auteurs reconnus: Joachim Du Bellay, Jean Dorat, Michel de L'Hospital…
[48] BRANTÔME, M. de Guyze le Grand (voir n. 39), p. 226.
[49] Laurent BOURQUIN (éd.), Mémoires de Claude Haton, Paris 2001, vol. I, p. 153–154.
[50] Jusqu'en 1561, Philippe II d'Espagne compte davantage sur le connétable pour défendre le catholicisme en France, ensuite il comprend que le duc de Guise devient l'interlocuteur incontournable (d'après la correspondance du duc de Guise et la dépêche de Michele Suriano au doge de Venise, 17 mars 1561 [Henry LAYARD (éd.), Despatches of Michele Suriano and Marc' Antonio Barbaro, Venetian Ambassadors at the Court of France 1560-1563, Lymington 1891, p. 20]).
[51] BOURQUIN (éd.), Mémoires de Claude Haton (voir n. 49), p. 179.
[52] Nicolas Psaume au duc de Guise, Verdun, 2 mars, et réponse positive de ce dernier, Paris, 13 mai 1562 (Nicolas FRIZON [éd.], Petite bibliothèque verdunoise […], Verdun 1886, vol. II, p. 120).

Les actes du duc de Guise sont censés parler pour lui. Cependant, pour qu'il soit reconnu comme le »protecteur« des catholiques, comme le qualifie Claude Haton, il faut bien que des médias le présentent de la sorte, non seulement l'imprimé mais aussi les circuits oraux de l'information, ceux de ses propres réseaux – dont les porteurs de lettres, qui jouent un rôle essentiel et efficace –, ainsi que les personnages qui se rendent à la cour, tel Claude Haton. Ce dernier écrit d'ailleurs que le duc est protecteur envers les gouverneurs: lui-même gouverneur du Dauphiné, François de Guise a gardé ses réseaux du temps d'Henri II et de François II, et sa correspondance montre qu'il les entretient, avant même qu'il succède au roi de Navarre comme lieutenant-général.

Lorsqu'il est assassiné sous les murs d'Orléans, il devient alors la figure du héros et du martyr (catholique). Sa mort révèle au grand jour la figure positive qui vient contredire celle construite par les protestants, elle révèle sa double dimension de grand capitaine de guerre et de défenseur des catholiques et de la Couronne: des lettres consolatoires, poèmes et récits de son enterrement sont abondamment imprimés en 1563, dans ou malgré le contexte de la paix d'Amboise. Les chansons catholiques, lorsqu'elles font référence à un Grand, désignent alors uniquement le duc de Guise, et l'une d'entre elles, »Le convoi du duc de Guise«, serait à l'origine de »Malbrough s'en va-t-en guerre«[53]. La production calviniste loue Poltrot de Méré et exprime sa joie car le tyran est mort et la guerre terminée[54].

Le clivage est total en 1563, comme l'illustre la figure duale de François de Guise, et plus généralement »des Guises« depuis 1559. Sur eux se sont construites deux figures principales[55] qui expriment des interprétations cohérentes: les Guises comme facteurs des troubles et principaux responsables de la crise du royaume; les Guises, surtout le duc, comme sauveur d'un royaume rongé par l'hérésie. Ces figures sont au cœur de la bataille de l'opinion qui éclate en 1560 et qui est fortement structurée par l'imprimé politique, que les calvinistes savent bien utiliser. L'imprimé, en soutien de l'oralité, participe à leur politisation autour de la figure noire des Guises. Au conflit confessionnel, aux traités dogmatiques et aux débats théologiques (depuis 1517), s'agrège, en France, un conflit politique à la tonalité »guisarde«[56]. Ces derniers parviennent néanmoins à médiatiser une figure contradictoire et à mobiliser des catholiques.

Mais deux interrogations subsistent. Tout d'abord, *quid* de la »majorité silencieuse«, qui, restée catholique, est attentiste? Le manichéisme des positions, dont les sources donnent d'abord le point de vue des élites, doit laisser l'historien conscient de la multi-

---

[53] Antoine LE ROUX (éd.), Recueil de chants historiques français depuis le XIIe jusqu'au XVIIIe siècle, Paris 1842; cf. la communication de Tatiana Debbagi Baranova dans ce volume; DUROT, François de Lorraine (voir n. 2); David EL KENZ, La mort de François de Guise: entre l'art de mourir et l'art de subvertir, dans: Joël FOUILLERON, Guy LE THIEC, Henri MICHEL (dir.), Sociétés et idéologies des Temps modernes. Hommage à Arlette Jouanna, Montpellier 1996, vol. II, p. 629–662.
[54] Édouard TRICOTEL (éd.), Poésies protestantes sur Jean Poltrot, Sr de Méré, 1563, Paris 1878.
[55] La figure du cardinal de Lorraine comme »moyenneur« est définitivement morte en 1563.
[56] Adjectif à la connotation négative, employé notamment dans: [GRÉVIN,] Le tygre (voir n. 23).

plicité des réactions des sujets du roi et de leur accommodement[57]. Ensuite, la guerre civile éclaterait-elle sans les Guises? Il est seulement possible de présenter comment le conflit politico-religieux s'est développé avec les Guises et sur leur(s) figure(s). S'il y a un tournant durant les guerres de Religion, il a déjà lieu en février 1563. L'assassinat du duc de Guise empêche l'armée royale de défaire la force militaire des calvinistes enfermés dans Orléans, permet de fabriquer la figure du martyr du duc ainsi que d'appeler à la vengeance contre Gaspard de Coligny, accusé d'avoir armé le bras de Poltrot de Méré[58].

RÉSUMÉ

Le duc de Guise et le cardinal de Lorraine étaient les principales figures médiatiques des années 1559–1563 en France. À l'aide notamment de pamphlets, les calvinistes diabolisaient ces princes étrangers, considérés comme une source de résistance et de politisation, en offrant une interprétation de la crise politico-religieuse du début des guerres de Religion. Les Guises réagirent de manière plurielle, sous François II puis sous Charles IX. Le duc de Guise parvint à être le protecteur des catholiques, puis leur martyr après son assassinat, en 1563. Volontairement et malgré eux, les Guises furent au centre d'une véritable bataille de l'opinion qui fut facteur de bipolarisation des engagements qui structurèrent la première guerre civile (1562–1563) et la décennie qui suivit.

SUMMARY

The duke of Guise and the cardinal of Lorraine are certainly the most emblematic figures in France between 1559 and 1563. With the help of their pamphlets, Calvinists manage to demonize those *prince étrangers* as a source of resistance and politicization, providing at the same time an interpretation of the political and religious crisis of the early Wars of Religion. The Guises react in different ways under the consecutive reigns of Francis II and Charles IX. The duke of Guise will become the protector of the Catholics as well as their martyr after his assassination in 1563. Willingly or not, the Guises remain at the center of a true battle of opinion which appears to be a factor of bipolarization of the commitments structuring the first civil war (1562–1563) and the following decade.

---

[57] Ethan SHAGAN, Popular Politics and the English Reformation, Cambridge 2003, notamment l'excellente introduction.
[58] La ligue catholique constituée par Blaise de Monluc en Guyenne durant l'été 1563 compte obtenir »la veangeanse de la mort de monsieur le duc de Guyse« (serment conservé aux archives du musée Condé au château de Chantilly, cote L 19, fol. 59).

MARK GREENGRASS

Desserrant les nœuds
François Rasse et les premières guerres de Religion

François Rasse des Neux [des Nœuds/Desneux/Desnoé – Franciscus Rassius Noëus/a Nodis, v. 1525–1587] était considéré par ses contemporains comme un chirurgien de renom, ainsi que comme un bibliophile et collectionneur passionné. Son père, également nommé François, était un maître chirurgien d'origine belge qui s'était établi à Paris[1]. L'un des chirurgiens royaux d'Henri II, François II et Charles IX, et déjà réputé pour ses dissections illégales (pour lesquelles il fut traduit devant le parlement de Paris en 1533), François père finit ses jours en 1561, riche propriétaire sur l'Île de la Cité, prévôt du collège des maîtres chirurgiens jurés, salué dans une épitaphe latine (soigneusement gardée par son fils) comme »nobilis in scalpro, manibusque insignis & arte«[2]. Tout comme ses deux cadets, Nicolas et Jean, son fils aîné François suivit la profession de son père. Après des études en chirurgie à Paris (au collège de Beauvais, puis à Saint-Côme), il devint à son tour maître chirurgien juré en 1548, et assistait désormais aux réunions mensuelles des chirurgiens jurés qui se tenaient à la maison familiale des Neux[3]. Ambroise Paré le consulta, lui ou son père, en 1552, au sujet de l'emploi d'une ligature plutôt que d'un cautère pendant les amputations[4]. Bien connu des médecins principaux de la capitale (François et Marc Miron, médecins du roi, François Brigard, doyen de la faculté de médecine en 1558–1559, etc.), son statut de bon bourgeois de Paris semblait assuré à l'aube des guerres civiles.

Rasse savait aussi conjuguer sa compétence professionnelle avec sa passion de bibliophile et collectionneur, pour laquelle sa renommée fut plus répandue encore. Elle

---

[1] Tous les détails biographiques concernant François Rasse des Neux sont rassemblés avec force détails dans Jeanne VEYRIN-FORRER, Un collectionneur engagé. François Rasse des Neux, chirurgien parisien, dans: EAD., La lettre et le texte. Trente années de recherches sur l'histoire du livre, Paris 1987, p. 423–477; cf. EAD., Un collectionneur peu connu. François Rasse Des Neux, chirurgien parisien, dans: Studia Bibliographica in honorem Herman de la Fontaine Verwey, Amsterdam 1967, p. 389–415.

[2] EAD., Un collectionneur engagé (voir n. 1), p. 424; c'est comme prévôt qu'il signe l'imprimatur de Pierre FRANCO, Traité des Hernies. Contenant vne ample declaration de toutes leurs espèces & autres excellentes parties de la chirurgie, Lyon 1561, comme un livre (fol. 2v) »bon et utile à la chose publique, et meritant estre par tout publié par impression« (Paris, 15 avril 1561). Les penchants protestants de Franco, qui avait passé plusieurs années à Berne et à Lausanne avant de revenir à Orange, auraient peut-être attiré l'attention de Rasse. Sur cet ouvrage, voir VEYRIN-FORRER, Un collectionneur engagé (voir n. 1), p. 443. L'épitaphe (»Rassii Noëi Belgæ Clariss. Rariss. Chirurgi Tumulus«, du 1 février 1560[1]) se trouve parmi les manuscrits de son fils: Bibliothèque nationale de France (BNF) Ms. fr. 20560 p. 214, 2ᵉ partie.

[3] VEYRIN-FORRER, Un collectionneur engagé (voir n. 1), p. 428.

[4] Ibid., p. 435.

l'a peut-être préservé de souffrir de son protestantisme qu'il n'aurait caché qu'au cours des dernières années de sa vie, lorsque la Ligue catholique prenait son essor. Il était aussi réputé pour son cabinet de curiosités auquel des contemporains, tel Bernard Palissy, rendaient visite[5]. Il était vraisemblablement connu de Pierre de L'Estoile, qui aurait même développé ses propres talents de collectionneur en prenant Rasse pour modèle[6]. À sa mort, à l'automne 1587, sa fille, Marie Le Prestre, fit estimer sa bibliothèque par deux libraires, amis de Rasse, Gilles Beys et Mathurin Prévost. Bien que leur inventaire ait été perdu, nous savons grâce à l'inventaire après décès qu'il s'agissait d'un catalogue de pas moins de soixante-quatorze folios, qui estimait la valeur de »plusieurs livres de diverses grandeurs et volumes tant en philosophie, théologie, médecine, chirurgie que en humanité« à une somme considérable: 498 écus 45 sols et 6 deniers[7]. Sa collection fut certainement l'une des plus importantes pour un particulier parisien de cette époque.

Rasse avait l'habitude d'inviter des tiers à s'en servir. L'imprimeur parisien Denys du Val en témoigne dans la préface à sa traduction française du »Livre des songes« de Johannes Leunclavius, dédiée à André Wechel. Ce dernier dirigeait l'imprimerie de la rue Saint-Jean-de-Beauvais, où se trouvait l'établissement de Denys du Val avant l'exil de Wechel à Francfort en 1554[8]. Du Val loua Rasse à Wechel en parlant de lui comme

[d'un] homme excellent, et rare en l'art et science de chirurgie, en nostre ville de Paris: Et qui est d'avantage fort curieux d'amasser toutes sortes de bons livres, dont son étude est aussi bien garnie, qu'aucune autre qui soit en Europe et en fait liberalement plaisir à tous ceux qui l'en

---

[5] Bernard PALISSY, Discours admirable de la nature des eaux et fontaines tant naturelles qu'artificielles, Paris 1580, p. 230: »l'ay encores dans mon cabinet une pomme de coing, une figue, & vn naveau [navet?] pétrifiez, tenant la mesme forme qu'ils avoyent avant qu'estre lapifiez. Monsieur Race, chirurgien fameux & excellent m'a monstré vn cancre tout entier petrifié & plusieurs plantes d'une certaine herbe, aussi petrifiée«. L'inventaire après décès de François Rasse ne fit aucune mention spécifique de son cabinet de curiosités (Archives nationales, Minutier central, LXXVIII 154, 9 décembre 1587). Outre les tableaux y spécifiés (presque une centaine) et le contenu de sa droguerie, il y avait plusieurs armoires qui auraient pu fournir l'espace pour ses collections.
[6] L'Estoile connaissait certainement un membre de la famille, peut-être un des frères de François Rasse (Nicolas, Jean, Pierre ou Claude). En décembre 1597, il note dans son journal: »le 21 décembre je receus nouvelles de la mort de M. Des Nœuds, mon ancien ami et compagnon«. Dix ans plus tôt, en mars 1587, il copia une lettre d'un de ses amis en Angleterre à un autre à Bâle concernant la mort toute récente de Marie Stuart, où le correspondant fit référence à »vos deux anciens amis et les miens, le sieur de L... et le sieur des N...«, ce dernier étant très probablement Rasse lui-même. (Gustave BRUNET, Aime-Louis CHAMPOLLION, Eugène HALPHEN [éd.], Pierre de L'Estoile. Mémoires-journaux, Paris 1875–1896, vol. II, p. 216 et vol. VII, p. 110). Je remercie Tom Hamilton de m'avoir fourni ces deux références.
[7] VEYRIN-FORRER, Un collectionneur engagé (voir n. 1), p. 469.
[8] Le libraire Chrétien Wechel, le père d'André, fut un proche ami de François Rasse. Il lui avait offert, peut-être comme cadeau de mariage, un exemplaire de Michael Beuthner, Ephemeris historicae, Paris 1551, dont il se servait pour noter avec des précisions horaires (portant comme objectif des buts astrologiques?) les événements importants dans sa famille au long de neuf années, de 1551 à 1559.

requirent, lesquels il cognoist estre amateurs des bonnes lettres: et principalement à ceux de nostre estat qui sont curieux d'imprimer des livres exquis, pour en faire part au public.

Il n'existe aucune preuve directe de l'existence d'un salon savant autour de Rasse, mais il est fort probable que, si le chirurgien de renom avait une clientèle bourgeoise et noble, il y existait également un groupe d'érudits protestants – humanistes, poètes et écrivains – qui discutaient des débats universitaires et faisaient circuler les dernières nouvelles politiques ou leurs productions littéraires.

C'est parce qu'il avait l'habitude de signer (et parfois de dater et d'annoter) les livres qui lui appartenaient que l'on peut reconstituer une infime partie de sa collection en partant des exemplaires qui nous sont parvenus. Jeanne Veyrin-Forrer, bibliographe chevronnée, a pu recenser pas moins de deux cent dix titres qui portent sa signature[9]. Outre ces recherches, celles du »French Book Project« à l'université de Saint Andrews (Écosse) ont pu ajouter près d'une centaine de titres supplémentaires qui auraient également figuré sur ses rayons[10]. Parmi les trente-cinq titres dont on sait aujourd'hui qu'il les avait acquis avant 1572, on remarque l'absence d'ouvrages de polémique protestante. Les libelles portant sa signature et datant des premières guerres de Religion célébraient plutôt les vertus des dirigeants du parti catholique. Rasse était un »observateur« des événements politiques et militaires des années 1560 – »engagé« à travers l'inventive production littéraire des deux partis.

D'après un recueil de libelles (probablement constitué par Rasse lui-même), il est évident qu'il acheta, peut-être bien lors de son retour à Paris après les premières hostilités en 1563, des exemplaires des nombreux regrets et lamentations qui ont suivi la mort de François de Lorraine, duc de Guise, le 24 février de cette année-là[11]. Ces titres en rejoignaient d'autres qu'il avait collectés à propos de la mort du père du duc de Guise, Claude de Lorraine, en 1550, dont un qu'il avait acquis dix ans plus tard, en 1560, et un autre rappelant la mort de son plus jeune fils, René, marquis d'Elbeuf, en

---

[9] Ces recherches méticuleuses, l'apport essentiel des ouvrages de Jeanne Veyrin-Forrer, fournissent une base de données d'une richesse inattendue pour étudier la vie de Rasse. Cf. aussi Jeanne VEYRIN-FORRER, Provenances italiennes dans la bibliothèque de François Rasse Des Neux, dans: Libri tipografi biblioteche. Ricerche storiche dedicate a Luigi Balsamo. 2 vol., Florence 1998, vol. II, p. 385–398.

[10] Malcolm Walsby poursuit actuellement ces recherches. Je lui suis très reconnaissant d'avoir partagé avec moi ses résultats préliminaires.

[11] Par exemple, Paschal Robin DU FAUX, Monodie sur le trespas du tres vertueux prince François de Lorraine, duc de Guyse, Paris 1563 (l'exemplaire de la bibliothèque municipale [BM] de Rouen, fonds Leber 3981[6], porte l'inscription: »Francois Rasse Des Neux. 1563«); Claude ROILLET, Ode sur le trespas lamentable du tres illustre seigneur monsieur de Guise, Paris 1563 (ibid., fonds Leber 3981[7], avec la même inscription); L.T., Complainte lamentable de la mort de monseigneur François de Lorraine duc de Guyse, Paris 1563 (ibid., fonds Leber 3981[8], avec la même inscription); L. DESMONS, Lamentation de l'église sur le desastre et merveilleux exces des ennemis de nostre fois catholique, Paris 1563 (ibid., fonds Leber 3981[10], avec l'inscription »Francois Rasse Des Neux. C«), etc. Voir aussi M. D. A. WARREN, Les pamphlets de 1563 et l'assassinat du duc de Guise, dans: Bulletin philologique et historique (1967), p. 42–43.

1566[12]. Sa fascination pour les épitaphes et les nécrologies est évidente dans ce qui reste des manuscrits lui ayant appartenu, ainsi que dans son recueil de quarante-six »tombeaux poétiques« et »pièces funèbres« imprimés qui se rapportaient à des individus célèbres (poètes, légistes, médecins et théologiens) décédés entre 1536 et 1584, et qui se trouvent aujourd'hui à la bibliothèque Mazarine[13]. Les nombreuses acquisitions de ce bibliophile reflétaient aussi sa profession médicale et ses préoccupations à l'égard de l'histoire naturelle, la cosmologie et l'astrologie[14]. Sa vocation et son protestantisme se combinaient dans son engagement dans les débats scolastiques de l'époque, notamment autour des propositions pour la réforme de l'université de Paris suggerée par Pierre de La Ramée [Ramus], dont on a gardé – tout comme pour ses recueils manuscrits – les traces de leur achat[15]. Ses engagements »politiques« ne

---

[12] Claude GUILLIAULD, L'oraison funebre declarative des gestes, meurs, vie et trespass du tres illustre prince, Claude de Lorraine, duc de Guyse, Paris 1550. L'exemplaire dans la bibliothèque de l'Arsenal, Paris (8° BL 3255) porte l'inscription: »François Rasse Des Neux, Chirurgis. à Paris 1560«. Pour la »médiatisation« du premier duc de Guise, voir Éric DUROT, François de Lorraine, duc de Guise entre Dieu et le roi, Paris 2012 (Bibliothèque d'histoire de la Renaissance, 1); Rémi BELLEAU, Larmes sur le trespas de monseigneur René de Lorraine et de madame Louyse de Rieux, marquis et marquise d'Elbeuf, Paris 1566 (BM Rouen, fonds Leber 3981[11], avec l'inscription: »François Rasse des Neux chirurgien à Paris. 1566«).

[13] Bibliothèque Mazarine (Maz.), (10694 A Rés); cf. Jeanne VEYRIN-FORRER, François Rasse des Neux et ses tombeaux poétiques, dans: Jean-Eudes GIROT (dir.), Le poète et son œuvre, Genève 2004, p. 37–66. Cette collection ne s'intéressa pas uniquement aux tombeaux dédiés aux protestants. Elle comprenait, par exemple, la description des obsèques de la très sainte Claude de France, morte en 1551, que Rasse acheta en 1559: L'ordre qui fut tenue a l'obseque et funeraille de feu magnanime et tres excellente princesse Claude par la grace de Dieu royne de France, 1521 (l'exemplaire de la BNF [Rés LB30 37] porte l'inscription: »Francois Rasse Des Neux 1559«).

[14] VEYRIN-FORRER, Un collectionneur engagé (voir n. 1), p. 438, avec, en plus, Pierre BRAILLIER, Déclaration des abus et ignorance des médicins (1557) (l'exemplaire à la British Library [BL] 1172 a 4[2] porte la signature: »Francois Rasse des Neux Paris, 156? [coupé]«). Pour ses collections sur l'histoire naturelle et ses contacts avec d'autres naturalistes du XVIe siècle, voir VEYRIN-FORRER, Un collectionneur engagé (voir n. 1), p. 439 et p. 457, avec, en plus, son exemplaire de la traduction française (par Antoine DU PINET) de »L'histoire du monde« de Pline, Lyon 1562, qui se trouve à la BL (1505/82) avec sa signature sur les deux pages de garde. Pour ses collections sur la cosmologie, VEYRIN-FORRER, Un collectionneur engagé (voir n. 1), p. 438–439, tout en ajoutant son achat de la traduction de Gauthier DE METZ, Le Mirouer du monde, Genève 1517. L'exemplaire se trouve à la Maz. (Rés 10835[1]), avec sa signature et la date de son acquisition (1561). Pour celles sur l'astrologie, VEYRIN-FORRER, Un collectionneur engagé (voir n. 1), p. 438 et maintenant aussi son achat d'un vieil exemplaire du »Compost et kalendrier des bergeres«, Paris [1506] en 1561, BNF, Rés 10825(2).

[15] [PETRUS RAMUS], »Harangue touchant ce qu'ont faict les deputez de l'université de Paris envers le roy«, Paris 1557 – l'exemplaire signé par Rasse à la BNF, Rp 10043; Advertisement sur la reformation de l'université de Paris, Paris 1562 – l'exemplaire signé par Rasse à la BNF, (Rés R 47962), et daté »1562«; cf. Lettres patentes touchant l'institution de ses lecteurs en l'université de Paris, Paris 1567 – l'exemplaire de Rasse à la BNF (F 46830[2]) porte la date de son achat comme l'année de sa parution; également celui de la »Harengue faicte au nom de l'université de Paris devant le roy Charles sixiesme«, Paris 1561 que Rasse acheta en 1572 selon son inscription dans l'exemplaire de la Maz. (Rés 35269[1]).

l'empêchaient pas de collecter des pièces imprimées de toutes sortes, y compris des obsèques royales et des exemplaires d'une historiographie monarchique de l'âge d'or des Valois[16]. Sa passion principale pour la langue et son interaction avec l'esprit, le corps et Dieu se trouve représentée également par son acquisition du »Traicté de la grammaire francoise« de Robert Estienne en 1559, ainsi que du »Traité du ris« de Laurent Joubert dans son édition originale de 1560, acquis au moment où se déclencha la première guerre civile en 1562[17]. Ses acquisitions d'hymnes et de poésies imprimés permettent de discerner – outre le sujet ou la source confessionnelle - l'intérêt fondamental de Rasse pour la puissance de la langue et sa capacité à célébrer le divin, ainsi que son pouvoir de mettre l'homme en rapport plus intime et moins formel avec Dieu, au travers d'une parole à la fois porteuse d'une croyance individuelle et porte-parole d'une piété protestante apparaissant[18].

---

[16] Les grandes et solennelles pompes funebres faictes en la ville de Bruxelles, en Brabant, Paris 1559 – l'exemplaire de la BNF (Rés. 8 OC 1679) porte sa signature et la date »1559«; Barnabé DE SALUCES, Oraison chrestienne et funebre faite aux obseques du roy Henry II, Reims [1559] – l'exemplaire de la BNF (Rés LB31 106) porte sa signature et la date »1560«; Jean VEZOU, Deploration sur le trespas de tres-hault, tresexcellent et debonnaire prince Henry second du nom, Paris 1559, l'exemplaire à la BNF (Rés. Lb31 102) porte sa signature et la date »1559«. Cette même année, il acheta également les »Triomphes, pompes et magnificences faits a Lyon pour la paix«, Paris 1559, selon l'exemplaire de la BL (1059 h 24). Il acheta »Des louenges du roy Louis XII, Paris 1508« (écrit par Claude DE SEYSSEL) en 1565 (selon l'exemplaire à la bibliothèque Méjanes, Aix-en-Provence (Rés. O 159), une décennie après son acquisition de »L'histoire contenant les guerres qui ont esté entre les Peloponesiens et les Atheniens«, Paris 1555, dans la traduction également de Claude de Seyssel, en 1555 (selon l'exemplaire à la BM de Châlons-en-Champagne, AF 16251).

[17] Robert ESTIENNE, Traicte de la grammaire francoise, Genève 1558, signé et daté »1559« dans l'exemplaire de la Schweizerische Landesbibliothek, Berne (A 13762[1]); cf. Henri ESTIENNE, Traicte de la conformité du langage françois avec le grec, [Genève 1565], signé par Rasse dans l'exemplaire de la bibliothèque de l'Arsenal, (8° BL 1270); Laurent JOUBERT, Traicté des causes du ris et tous ses accidents, Lyon 1560, signé avec la date »1562« dans l'exemplaire de la BNF (Rés. P R 527).

[18] Outre quelques-uns des textes déjà cités, voir Louis DES MASURES, Hymnes sur la justice de Mets, Paris 1559 dont l'exemplaire au musée Condé (Chantilly, V E 35) porte la signature de Rasse, et la date »1559«. Sur l'importance des traditions de la hymnodie française pendant la renaissance, voir Nicolas LOMBART, Prémices d'une »éthique« de l'hymne français (1500–1560). Renaissance et affirmation d'une ferveur communautaire, dans: Bulletin de l'Association d'études sur l'humanisme, la Réforme et la Renaissance 57 (2003), p. 27–52. Voir également son achat, en 1570, de l'évocation de la providence divine dans l'univers dans les centaines de quatrains: Pierre DU VAL, De la grandeur de Dieu, Paris 1557, acquis en 1570, selon la date sur l'exemplaire portant sa signature (ibid., IX E 12[3]). Sur les traditions de cette poésie, voir Kathryn BANKS, Cosmos and Image in the Renaissance. French Love Lyric and Natural Philosophical Poetry, Oxford 2008, p. 92–95.

I.

Si les rapports précis entre les motivations du bibliophile (dont on ne connaît pas toujours l'origine des acquisitions – il peut s'agir d'achats ou par exemple d'offrandes faites par des imprimeurs) et ses prédilections intellectuelles ou ses orientations religieuses restent souvent difficiles à discerner, ils sont encore plus délicats lorsque l'on essaie d'évaluer ce qui nous reste de ses recueils manuscrits. Ces derniers se trouvent dans six volumes à la Bibliothèque nationale, dont les cinq premiers sont parvenus aux collections royales en 1711 grâce au don du collectionneur Roger de Gaignières, le sixième les rejoignant plus tard au moment de la Révolution, après avoir appartenu à la bibliothèque de l'abbaye de Saint-Victor[19]. Cette collection réunit une quantité de textes que Rasse se mettait à transcrire, jour après jour, sur ses cahiers in–folio, des textes satiriques et polémiques de toutes sortes – sonnets, chansons, épigrammes, inscriptions, énigmes, hymnes, chansons, épitaphes, prophéties, jeux de mots, et pasquils. Sa collection est devenue une sorte de trésor d'exemples illustrant, notamment, le rôle de la poésie protestante dans les premières guerres civiles[20]. Cependant, il n'a jamais été l'objet d'une analyse systématique, encore moins d'une édition savante que son intérêt mérite. Avec cet objectif, je me suis limité, dans cette étude préliminaire, au premier volume des recueils susmentionnés (Ms fr. 20560). Il s'agit vraisemblablement, si l'on suit l'ancienne pagination de la compilation, de deux liasses ou registres que François Rasse ou ses successeurs avaient mis ensemble. Des notes marginales font référence aux anciens registres, probablement dans sa propre collection, de recueils originaux qui ne subsistent plus[21]. Les 1233 pièces satiriques et polémiques qui y sont réunies ne suivent aucun déroulement chronologique à la façon d'un livre de raison ou d'un registre-journal. Rasse semble plutôt avoir recopié sur plusieurs cahiers des textes qu'il avait glanés précédemment. Il est vraisemblable que ses cahiers étaient consultés par ses amis, qui ajoutaient leurs propres exemples. Ils circulaient peut-être parmi ses affidés afin que ceux-ci embellissent ou ajoutent leurs commentaires. Comme d'autres collections manuscrites et des correspondances de cette époque, les recueils de Rasse des Neux nous fournissent la preuve qu'il existait d'importants échanges de manuscrits[22]. Dans la façon dont les textes se suivent dans le volume, on remarque parfois une cohérence thématique, stylistique ou formelle (des *variata* ou des traductions, par exemple, suivent normalement leur original) qu'il faut prendre en compte lorsqu'on étudie le contenu dans son contexte.

---

[19] BNF, ms. fr. 22560–22565.
[20] Antoine LE ROUX DE LINCY, Recueil de chants historiques français depuis le XIIe siècle jusqu'au XVIIIe siècle. Deuxième série. XVIe siècle, Paris 1842; Prosper TARBÉ, Recueil de poésies calvinistes (1550–1566), Reims 1866; Henri-Léonard BORDIER, Le chansonnier huguenot du XVIe siècle, Paris 1870, réimpression Genève 1969.
[21] P.ex. BNF, ms. fr. 22560, p. 7, 1re partie (C.3.T.I.) ou p. 8 (C.p.281.T.I), etc.
[22] Tatiana DEBBAGI BARANOVA, À coups de libelles. Une culture politique au temps des guerres de Religion (1562–1598), Genève 2012 (Cahiers d'humanisme et Renaissance, 104), p. 217.

La plupart des textes ne sont pas datés. Cependant, dans environ 10 % des cas, Rasse a ajouté la date; dans d'autres cas, elle est facile à déduire à partir du contenu de plusieurs autres textes (soit 308 au total, ou 24,97 %):

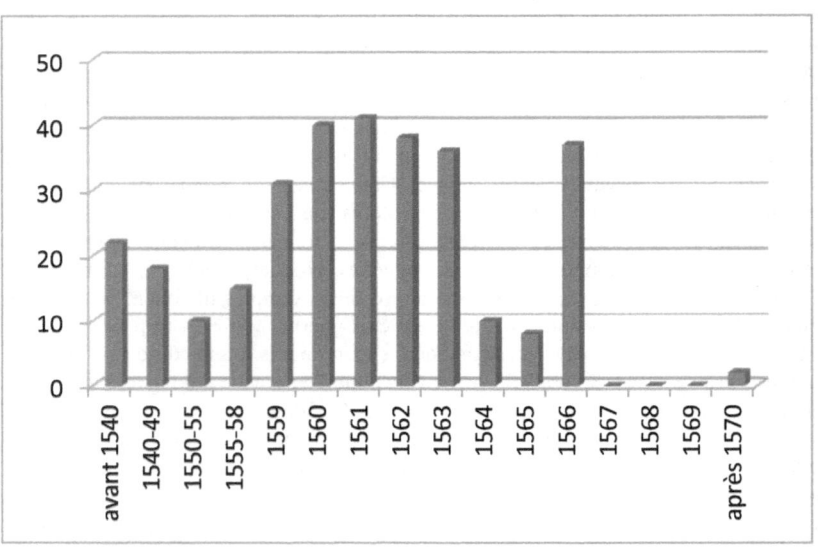

La répartition chronologique des pièces, Bibliothèque nationale de France, ms. fr. 20560

Cette partie de la collection reflète très nettement l'essor et l'amplitude d'une circulation informelle d'éphémères, notamment satiriques et poétiques, juste avant et pendant la première guerre civile (1562–1563). Si la collection enregistre le début d'une deuxième vague en 1566, il est évident qu'elle fut stoppée net par la recrudescence des violences en 1567 lorsque, comme d'autres protestants parisiens, y compris les membres de son cercle érudit, Rasse dut probablement rester caché. Un seul livre de sa bibliothèque subsiste de cette époque – il porte la date »1567«. Il s'agit d'un exemplaire du »Traité de la sphère« (traduit de John de Hollywood) dans lequel Rasse inscrit, en rouge, au milieu d'un rectangle noirci d'encre, les mots suivants: »ex gothico anni D. 1562« – un souvenir des temples protestants détruits pendant les premiers troubles[23].

Les réseaux de circulation des recueils de Rasse – tout comme »l'auditoire« pour leur contenu – étaient réduits à ceux qui étaient instruits en latin. Fiers de leur culture latine, les compagnons littéraires de Rasse appartenaient à un monde ouvert sur l'extérieur. Une partie importante des jeux lexico-poétiques se déroulaient dans cette

---

[23] VEYRIN-FORRER, Un collectionneur engagé (voir n. 1), p. 447–448.

langue. Des cinq cents premières entrées dans le volume Ms. fr. 22560, pas moins de deux cent sept pièces (41,4 %) ne sont pas en vernaculaire:

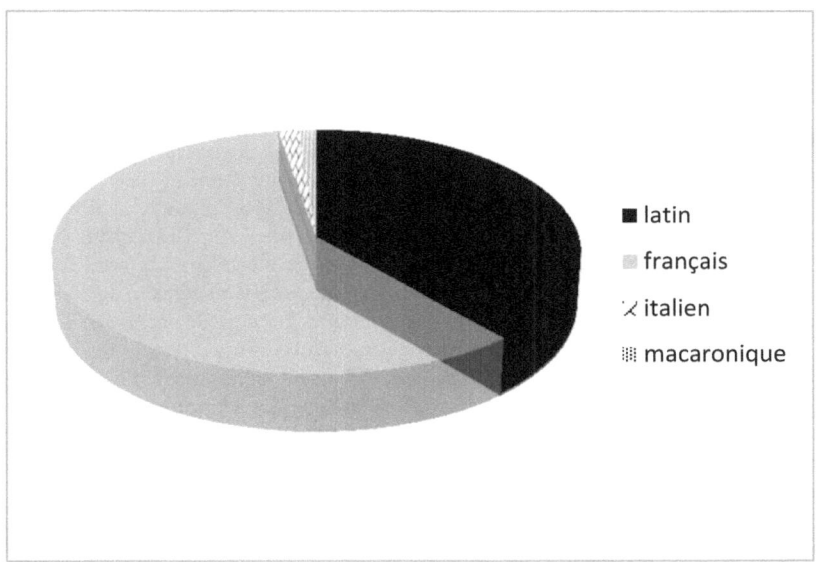

Analyse linguistique, p. 1–228, 1ʳᵉ partie, Bibliothèque nationale de France, ms. fr. 22560

Le rapport dynamique linguistique entre les différentes langues du recueil est révélateur. Le goût de l'adaptation connut, parmi les »marotiques« qui entouraient Rasse, un destin important qui, avec la traduction, franchit la barrière linguistique[24]. Le choix des textes à traduire fut peut-être une décision collective, et sa réutilisation à des buts polémiques appartenait aux métamorphoses considérables d'une culture humaniste à une culture protestante combattante au début des années 1560. Quelques-unes des pièces de la collection abordaient des sujets tellement délicats ou grossiers que la discrétion demandait qu'ils restassent en latin[25]. D'autres semblent avoir eu besoin d'une traduction en français, parfois même de plusieurs traductions. Un distique en latin, par exemple, contenant une devinette (le vers retourné ayant le sens inverse) sur la mort du duc de Guise en février 1563: (»Mille unum servant, unus mille en enecat, / unus servat mille, unus vivere mille facit«) en invita un autre (interpretatio) avec le

---

[24] Voir Verdun-Louis SAULNIER, Autour du colloque de Poissy. Les avatars d'une chanson de Saint-Gelais à Ronsard et Théophile, dans: Bibliothèque d'humanisme et Renaissance 20 (1958), p. 44–75, ici p. 45–48.

[25] P.ex. le quatrain (»Cum sceptrum mulier Gallorum lege tenere«) et le distique (»Ventri vulua subest, Anus pars corporis ima«) portant la date MDLXVI, BNF, ms. fr. 22560, p. 150, 1ʳᵉ partie.

même double sens (»Armis mille hominum & cura seruata fideli / Cogit mille homines en tua vita & mori / Unius illa tamen rapitur telo, vinca quantum / Profuit haec tua mors, vivere mille facit«)[26].

Ces formules avaient évidemment une circulation plus large: on les trouve dans d'autres collections[27]. Dans le recueil de Rasse, deux autres distiques en latin inspirés des deux vers cités précédemment y sont adjoints (»Mille homines servant te, concidis unius ictu« et l'antistrophe »Guisiadem dare te leto mens improba suasit«), suivis de deux quatrains en français qui développent les sentiments de l'antistrophe faisant la louange de Poltrot de Méré, l'assassin du duc (»Francois de Guyse Duc, de la Lorraine issu / Est icy enterré tu en as assez sceu, [Passe outre!] / Point ne faut t'enquerir d'auantaige / Dieu a bien attrapé ce Tyran au passaige« et »Comme David occit le geant Philistin / A Holopherne aussi Judith trencha la teste / Ainsi Merey tua brauement ce Mutin / Qui aux Enfans de Dieu faisoit tant de moleste«). Un »Epitaphium Guisij« en 18 hexamètres sans rime (»Ô cui cadaver penè cernere adhuc«) à propos du même sujet – sans doute datant de 1563 – est suivi d'un autre par le chancelier Michel de L'Hospital (»Hunc belli rabies Ciuilis et abstulit aestus«)[28]. Ce texte – très admiré par ses contemporains – inspira une »réponse«, également en hexamètres latins (»Bellica non virtus Mavortis, sed dolus hostis«)[29]. Ces épitaphes satiriques invitèrent évidemment le distique suivant (»Aureliam dum captat, & in praedam dat Iberis...«) accusant les Guises d'avoir offert la ville d'Orléans aux Espagnols pendant la première guerre[30]. Cet ensemble ouvrit la porte à des réponses en français – un distique (»Autant que sont de Guysarts demeurez / Autant y a en France de Mereiz«) mais aussi une prosopopée satirique du duc de Guise (»A moy qui ay conduit en France tant d'armees«) en seize strophes composées de deux vers rimés, et un poème en latin dont on n'a que la traduction française, peut-être de Rasse lui-même (»Si pour avoir un tyran mis à mort«)[31].

Le plaisir d'avoir fait une bonne traduction semble parfois avoir pris le dessus sur les sentiments de ceux qu'il traduisait. Ainsi, un sonnet en italien (»Del duca di Guysa«) écrit à la suite de la mort du duc de Guise reste ambigu sur sa vertu, mais cela

---

[26] Ibid., p. 213.
[27] P.ex. Jean LE LABOUREUR (éd.), Les mémoires de [...] M. de Castelnau [...] illustrez et augmentez de plusieurs commentaires et monuments [...], 2 vol., Paris 1659–1660, vol. II, p. 218.
[28] BNF, ms. fr. 22560, p. 110, 1re partie. Cf. Pierre-Joseph-Spiridion DUFÉY (éd.), Œuvres complètes de Michel de L'Hospital. [...] ornées de portraits et de vues dessinées et gravées par A. Tardieu, et précédées d'un essai sur sa vie et ses ouvrages, 3 vol., Paris 1824–1825, vol. III, p. 518. La poésie latine de Michel de L'Hospital était très appréciée par Rasse – dès leur parution dans une version imprimée, il l'envoya au ministre d'Élisabeth Ire, sir Francis Walsingham, en février 1586, avec sa recommandation; Sophie CRAWFORD LOMAS (éd.), Calendar of State Papers Foreign, reign of Elizabeth I, vol. XX: September 1585–May 1586, Londres 1921, p. 383.
[29] BNF, ms. fr. 22560, p. 214, 1re partie. Voir également la version imprimée dans LE LABOUREUR (éd.), Les mémoires de [...] M. de Castelnau (voir n. 27), p. 179.
[30] BNF, ms. fr. 22560, p. 214. Cf. TARBÉ, Recueil de poésies calvinistes (voir n. 20), p. 142.
[31] BNF, ms. fr. 22560, p. 215.

n'empêche pas qu'il ait été traduit, probablement par Rasse lui-même, dont les compétences en italien sont attestées maintes fois dans son recueil[32]. De même, le traducteur d'un sizain latin, prenant comme sujet les ambitions du cardinal de Lorraine en »Austrasie« (une évocation de l'ancien empire mérovingien), le rendit dans un dizain français en rimes (»Ses nations voyoient l'Europe toute«) comme si le défi à son savoir-faire l'emportait sur l'importance du sujet qu'il traduisait[33]. Le »Dictum Pasquilli« est le début de deux variantes (»Inversum Pasquilli Dictum«, »Pasquilli valedictio«), une partie de la collection de »pasquillades«, probablement d'origine romaine, dont la plupart ont une portée antipapale[34]. Rasse inclut une traduction française du dernier, rendant un distique par un quatrain rimé (»Rome desia dès long temps esclopee / Et en diuers erreurs enuelopee / En grand ruine à la fin rumbera / Et d'estre chef du Monde cessera«) qui, par la suite, engendre un sizain rimé sur le même sujet (»Si vous voulez scavoir quelle pratiq[ue] meine / La marchande portant nom d'Eglise Romaine /«)[35].

Le rôle du traducteur convenait à ceux du cercle rassemblé autour de Rasse, qui partageaient les jeux littéraires et linguistiques qui lui faisaient plaisir. Les strophes macaroniques participent pleinement de ces jeux[36]. À côté du dizain malicieux à propos du cardinal de Lorraine (»O plus que de Sémiramide / Jadis pompeuse Pyramide«), prenant comme son sujet la pyramide érigée par Charles de Lorraine à Reims devant le palais archiépiscopal pour l'entrée d'Henri II le 25 juillet 1547 et qui portait la devise »Crescam et te stante virebo«, les recueils de Rasse fournissent un petit quatrain macaronique et anagrammatique (»Te stante virebo; / Sire vaten botté. / Cadente peribo: / Robin pete de ça«); c'est là une partie du remaniement et de la circulation de cette image de l'ambition des Guises au début des années 1560[37]. Ces plaisanteries littéraires, tout comme les traductions qui en faisaient partie, peaufinaient les thèmes propagandistes des protestants des années 1560. Peut-être lues à voix haute lors des réunions dans le cabinet de Rasse, elles pouvaient ajouter à la dignité et à l'importance de l'écrit, et à la valeur des sentiments exprimés. La traduction servait à révéler la »vérité cachée« au cœur des paroles ambiguës. Les traducteurs fonctionnaient comme porteurs

---

[32] Ibid., p. 132; cf. LE LABOUREUR (éd.), Les mémoires de [...] M. de Castelnau (voir n. 27), p. 181.

[33] BNF, ms. fr. 22560, p. 159, 1re partie.

[34] Entre autres parties des recueils de Rasse qui ont une origine dans les pasquils de Rome, voir sa collection savoureuse de réactions à la mort des papes, notamment celle de Paul IV, qui commencent p. 201, 1re partie. Aux yeux du cercle autour de Rasse, Rome portait des leçons pour Paris. On citera, par exemple, le bouquet final du sonnet: »Quand Babylon estoit en grandeur florissante« (ibid., p. 235) »Babylon, n'est plus rien: Romme est presque en ruyne / Pren donc garde Paris que Dieu ne t'extermine / Venant executer contre toy ses menasses«.

[35] Ibid., p. 191. Cf. également les traductions des sonnets de Petrarque »contre Romme«, copiées de Vasquin PHILIEUL, Laure d'Avignon, Paris 1548, qui se trouvent p. 198–203, 1re partie. Une collection dont le style avait beaucoup inspiré Rasse et ses collaborateurs.

[36] Selon l'exposé de Fausta GARAVINI, Écriture critique et genre macaronique, dans: Bulletin de l'Association d'étude sur l'humanisme, la Réforme et la Renaissance 15 (1982), p. 40–47; il s'agissait plutôt de strophes »proto-macaroniques« parce qu'on n'affuble pas de terminaisons latines les mots de la langue vulgaire.

[37] Ibid., p. 26, 1re partie; cf. DEBBAGI BARANOVA, À coups de libelles (voir n. 22), p. 211.

et diffuseurs de matériel littéraire envers un public français, pris par les événements politiques qui convulsaient la France depuis 1559.

II.

Rasse lui-même était un poète. Ses recueils en contiennent la preuve – trois dizains en rimes, datés de 1552 (et sans doute plusieurs autres strophes dont il n'avoue pas la paternité, l'anonymat ajoutant à leur caractère mystérieux). Ses prières en poésie, adressées à Dieu lui-même, sont dans un style protestant dévotionnel, encore en cours de formation[38]. Plus généralement, on a l'impression que les mots dans les recueils de Rasse sont une sorte d'oracle, un véhicule pour la vérité qui réside cachée derrière la grammaire de la surface. Les jeux littéraires servaient à démasquer les oracles, à découvrir la vérité cachée, tout en desserrant les nœuds de la langue. Les recueils de Rasse sont comme une activité politique par procuration, par laquelle un groupe littéraire essayait de discerner la providence divine dans la réalité quotidienne d'événements complexes. Les anagrammes, dont Rasse était friand, servaient à révéler la vérité cachée derrière un nom, ou la situation dans laquelle quelqu'un se trouvait[39]. »Comme ton nom pour ta devise porte« finit la strophe en seize vers sur Antoine de Bourbon, roi de Navarre, comme si son anagramme »BON HEVR ABONDE EN TOI« démasquait un destin qui n'avait pas encore vu le jour[40]. D'autres anagrammes décelaient l'accomplissement d'un désir qui restait néanmoins caché. Une strophe en quatre couplets sur le roi Charles IX, écrite peut-être vers 1562, souhaite qu'il achève en France le bouleversement de l'Antéchrist romain prédit dans l'anagramme: »LEUR DOL AY CHASSÉ«[41]. Une autre, probablement de la même époque (1561/1562) prédit un avenir prospère pour Catherine de Médicis (»DAME ICY ES EN CREDIT«). Même la ville de Genève trouve son anagramme dans un appel prophétique à la vengeance (Genève=VENGÉE)[42]. Les nombreuses »personnifications« dans le recueil – les strophes où des individus prennent la parole, parfois sous forme de dialogues mettant à nu leurs propres sentiments (de façon ménippéenne) – sont une autre façon de

---

[38] Ibid., p. 164, 2ᵉ partie, avec la souscription: »F.R.N.P. lecto affixus faciebat. 1552«; cf. Mario RICHTER, Aspetti e orientamenti della poetica protestante francese nel secolo XVI, dans: Studi francesi 11 (1967), p. 223–245; Jacques PINEAUX, La poésie des protestants de langue française du premier synode national jusqu'à la proclamation de l'édit de Nantes (1559-1598), Paris 1971; Françoise BONALI–FIQUET, Les octonaires sur la vanité du monde, Genève 1979.

[39] Voir la collection qui commence p. 122, 1ʳᵉ partie, en quatrains et triolets, sur Henri II (»ROY ES DE NUL HAY«), François II (»ROY FOL EN CAS D'AVIS«), le cardinal de Lorraine (»RACLÉ AS L'OR DE HENRY«), le duc de Guise (»FIN LARRON ES DE CE ROY«), le chancelier François Olivier (»L'OR NE FAVORISE ICY«), Marie Stuart (»TU AS MARTIRE«), etc.

[40] Ibid., p. 129, 1ʳᵉ partie.

[41] Ibid., p. 130.

[42] Ibid., p. 130, 2ᵉ partie (»Mon nom tourné porte ce mot VENGEE / Qui me sied bien & vient à propos«).

charger les mots d'un pouvoir révélateur et découvrant une réalité qui autrement serait restée cachée.

Les »énigmes« poétiques qui se trouvent dans les recueils jouent sur le même registre. Celle »du sacre du Roy Charles IX« (mai 1561) joue sur sa passion de fauconnerie avec l'énigme des faucons et pérégrins qui ne retournent pas ou qui mangent le fauconnier[43]. Celle datée »1565«, en vingt-deux couplets rimés, qui joue sur l'image d'un pot dans la main d'un potier, tout comme Palissy, témoigne du fait que les contestations politico-religieuses de l'époque ne l'emportaient jamais totalement sur les plaisanteries littéraires de Rasse et son cercle[44]. Même la répétition des mots sous la forme d'une incantation, ou les jeux sur l'ordre des mots dans la phrase, ou même les curieuses strophes non vocaliques servent le même but: renforcer l'idée d'une vérité cachée derrière la grammaire de surface des mots[45]. Dans les nombreuses strophes à écho, le refrain en écho joue le rôle de la vérité cachée à l'intérieur du chant. Dans l'»Echo sur la guerre Ciuile de France« (daté de 1565) l'écho est lui-même personnifié[46]:

Dy moy, Echo, de qui l'ambition
En France meit si grande emotion
Qui entre nous le fer sanglant aguise [i.e. aiguise]? – Guyse

Ce fut donc luy qui commence ces maux
Quand son audace outragea les vassaux
De son seigneur & du nostre, à Vvassy. – Sy...

Dans le long »Discours en forme d'Echo sur l'affliction des Fideles« (non daté, mais peut-être écrit vers 1560) la voix d'écho devient l'affirmation (presque l'ainsi-soit-il) des protestants[47]:

O seigneur Dieu qui veoys du haut des Cieux
Tous les vivans bons & pernicieux
En quel estat est le pauvre Fidele
Non simulé, non feint, mais de grand zele
Qui a le cœur d'Amour Diuin espris? – Pris...

---

[43] Ibid., p. 127, 1ʳᵉ partie (»J'ay veu partir de la main«).
[44] Ibid., p. 136, 1ʳᵉ partie (»Homme ne suys, arbre, plante ne beste«), ou (plus grossier) l'énigme, p. 193 (»Celle qui est la putain de son père«).
[45] Parmi les nombreux exemples de répétition, voir l'»Apocalypse du Pasquil« (p. 242–243, 1ʳᵉ partie), datée de 1560 (»J'ay veu le soleil radieux«) avec, comme son apogée: »Je voy en la fin Jesus Christ / Qui de tout ce que i'ay escrit / Il en fera par cas estranges / Ainsi qu'il feit des premiers Anges«). Ou encore, les nombreux jeux de mots sur les noms de personnes, par exemple sur »le carafe« (le pape Paul IV) qui se déverse sur ceux qui l'entourent (p. 131, 1ʳᵉ partie: »Ce pendant que Henry [II] Caraffe a caressé«). Parmi les strophes et épitaphes non vocaliques, voir p. 131, 2ᵉ partie (»D–z—n .gn–r–ne p—rl–«) ou, plus grossier, p. 164 (»Un–m–gn–nn—n l'–g– d– q–nz– –ns«) et sa réponse.
[46] Ibid., p. 135, 1ʳᵉ partie; cf. TARBÉ, Recueil de poésies calvinistes (voir n. 20), p. 151.
[47] Ibid., p. 162.

Les strophes à deux sens obligent une double lecture, par laquelle un vrai expose un faux. Celle portant le titre »Du Rouge Renart« exploite une référence au cardinal de Lorraine comme un »renard« que les jeux littéraires avaient déjà largement implantée dans la conscience publique[48]:

Je n'ayme onc	Renard ton alliance
A te desplaire	Je quiers incessamment
Je ne veux donc	A toy prendre accointance
Ennuy te faire	Est tout mon pensement
Te donner blasme	Est mon ébatement
Je ne pry' ame	A te faire seruice
Le Diable entreine	(il qui est ton amant)
Qui t'a en haine	Tousiours prosperer puisse.

Les rimes sont à la fois une partie essentielle des jeux littéraires de l'époque, mais également une autre façon de découvrir la réalité cachée dans le son des mots par les moyens de l'assonance associée (»pédagogue – synagogue«, etc.). Le groupe autour de Rasse se plaisait à inventer, par exemple, de nouvelles variantes aux lettres »S.P.Q.R.« de façon burlesque ou macaronique. »Stultus Populus Querit Romam« (une variante ayant peut-être son origine dans les pasquils romains) trouva une réponse française en »Si Peu Que Rien«, ou encore »Saint Pierre Quand Reuiendra«, ou en latin: »Sathanas Papam Quaerit Romae«, etc.[49]. Les phrases alphabétiques (par exemple, celle de 1559–1560, à la suite de l'exécution du conseiller au parlement de Paris, Anne du Bourg (»Anna Burgius Christi Discipulus Egregii«)[50], ou le distique contenant les noms des cinq conseillers prisonniers avec du Bourg (»Par Foix De la Porte Du Faur / J'appercoy Du Bourg la Fumee«), ou encore les acrostiches divers (celui de 1566: »Peine: Rancune: Occupation: Chagrin: Enuye: Soucy – l'Etymologie mystique de Procès«) sont des procédés mnémoniques, réutilisant des techniques très répandues parmi les poètes humanistes de la première moitié du XVIe siècle mais employés ici à des buts plus polémiques[51].

Rasse s'intéressait également aux pouvoirs astrologiques qui gouvernent l'univers. Parmi les premiers livres dont on sait qu'il les a achetés, on trouve deux textes d'origine italienne associant la prévision de l'avenir au hasard des jeux (les dés et les cartes)[52]. L'évocation des planètes en poésie, chacune célébrant son pouvoir sur les

---

[48] Ibid., p. 48; cf. TARBÉ, Recueil de poésies calvinistes (voir n. 20), p. 31; pour des strophes évoquant le cardinal de Lorraine comme un »renard«, voir le sonnet »Au renard qui auoit d'une Crosse tortue« (p. 17, 1re partie), l'anagramme sur son nom (»Renard lasche le roy«) (p. 122), etc.
[49] Ibid., p. 203, 1re partie.
[50] Ibid., p. 64, 2e partie.
[51] Ibid., p. 146.
[52] Lorenzo SPIRITO, Libro de la ventura, Venise 1541, et Francesco MARCOLINI, Le Sorti, Venise 1540, acquis en 1551; VEYRIN-FORRER, Un collectionneur engagé (voir n. 1), p. 430.

rois et les grands du monde, est un thème qui lui a beaucoup plu[53]. Des prophéties trouvent également leur place dans les recueils de Rasse, comme celle »de la ruine de la Papauté«, ou celle attribuée à l'Inquisition espagnole et portant la date »1565«[54]. La prophétie attribuée à François Ier au moment de sa mort (»Francois I predit ce point / Que ceux de la maison de Guise / Mettroyent ses enfants en pourpoint / Et son pauure peuple en chemise«) rejoignent une collection d'étrennes satiriques dans la collection de Rasse, datée peut-être de 1561[55]. Ce texte est un des rares dont on peut reconstruire une partie du *cursus litterarum*. Il est rapporté par Louis Régnier de La Planche dans »l'Histoire de l'Estat de France« (1565), et Brantôme y fit également allusion dans »Les grands capitaines«[56]. L'ambassadeur anglais le raconte à Élisabeth Ire en 1576, tandis que les libellistes pour et contre la Ligue s'en servaient[57]. Les références aux événements prodigieux surnaturels ou aux monstres sont certainement moins nombreuses dans les recueils de Rasse que dans ceux de Pierre de L'Estoile[58]. Rasse, le chirurgien, semble préférer des explications naturelles aux événements extranaturels. La naissance et la mort, l'infection et la convalescence sont les moteurs de la vie humaine. Les strophes sur la possession diabolique de Nicole Obry à Lens, en 1566, qui figurent dans sa collection confirment la réaction incrédule du cercle de Rasse à un incident qu'ils croyaient fabriqué contre les protestants.[59] Pour Rasse, le monde reste dans les mains d'un Dieu providentiel[60]:

---

[53] BNF, ms. fr. 22560, p. 122, 1re partie (»Mercure – Je donne aux Roys l'aduis & la prudence«, »Saturne – Je fay longtemps les Royaumes durer«, »Mars – Je fays les Roys vertueux & guerriers«, etc.).

[54] Ibid., p. 203, 1re partie; p. 43, 2e partie (»Tresancienne & tresveritable Prophetie apportée à Bayonne 1565 par la sainte Inquisition d'Hespaigne«). Ce dernier texte étant vraisemblablement recueilli par un membre de la cour française lors de la visite à Bayonne de cette année-là, et transmis au cercle de Rasse par la suite.

[55] Ibid., p. 17, 1re partie; le texte reparaît légèrement modifié une deuxième fois plus tard dans ce recueil. Pour la tradition d'étrennes imprimées, voir la dernière page de la première partie de ce volume du recueil, où il y a un exemplaire annoté de la main de Rasse lui-même.

[56] Œuvres complètes de Pierre de Bourdeille, seigneur de Brantôme, éd. par Ludovic LALANNE, 11 vol., Paris 1864–1882, vol. IV, p. 271; Louis RÉGNIER DE LA PLANCHE, Histoire de l'estat de France, tant de la république que de la religion, sous le règne de François II, première édition 1576, ici cité d'après l'édition d'Édouard MENNECHET, 2 vol., Paris 1836, vol. I, p. 149.

[57] La Légende de Charles de Lorraine, Reims 1579, p. 5; L'Advertissement sur l'intention et but de Messieurs de Guise en la prise des armes, s.l. 1585, p. 3; La Response à un Ligueur, masqué du nom de catholique Anglois. Par un vray catholique bon François, s.l. 1587, p. 32 et passim.

[58] Le »Grand cas aduenu à Romme. 1536« (BNF, ms. fr. 22560, p. 192, 1re partie). Le rapport en vers d'une »grand'beste ayant parolle d'homme«, ou »D'un monstre nouuellement baptizé« (ibid., p. 202) sont des rares exemples dans cette partie de sa collection, et tous les deux appartiennent aux pasquils d'origine italienne que Rasse recueillait.

[59] »De Nicolle et du Diable de Vervins« (ibid., p. 87, 1re partie); »Complainte de Nicolle estant au pied du Mont A la Justice. 1566« (ibid., p. 234, 2e partie).

[60] Ibid., p. 146, 1re partie (une des strophes signées par Rasse lui-même).

Tout ce qui est compris dedans cest univers
A esté du s[ieu]r cree pour nostre usage
C'est luy qui a pouvoir dessus nostre courage
Qui de son bras puissant renuerse princes.

III.

Que peut-on déduire des manuscrits subsistant des réseaux dont Rasse se servait pour recueillir et transmettre ce qu'il collectait? Nous manquons très souvent de preuves concrètes, mais il est toujours possible d'émettre des hypothèses plausibles. On peut discerner les poètes avec lesquels il était régulièrement en contact: les »antironsardistes« et les »marotistes«[61]. On aperçoit de temps en temps les »ramistes« à l'université de Paris auxquels il s'est certainement associé – son recueil inclut la copie d'un placard affiché aux murs des écoles le 28 janvier 1561[2][62]. Il s'occupe à collecter (sans doute avec l'aide de tiers) d'autres affiches qu'il voyait accrochées aux murs. »Aux masquerades faittes en l'hostel de ville le 17. Feburier 1558[9]« il note ce qui était écrit dans »une ovale sur le portail« de l'hôtel[63]. Il s'intéresse aux affiches sur les murs de Calais au moment de l'entrée royale en 1558, sur les portes des écoles d'Amiens, sur le pont d'Orléans, ou aux inscriptions dans la chapelle de Gaillon, aux chartreux de Paris, et à l'abbaye de Sainte-Geneviève, etc.[64]. Ses recueils continnent les réactions immédiates autour des mouvances intellectuelles protestantes au moment des événements dramatiques ayant suivi la mort d'Henri II. Si on connaît, par exemple, le déclenchement de l'iconoclasme à Orléans après l'arrivée de Louis de Condé dans la ville en avril 1562, la réflexion sur ces événements – considérés comme une vengeance divine – dans le poème de douze couplets en rimes (»Des Images abattues a Orleans«) est précieuse[65]. Les formes les plus communes des strophes – les distiques et les quatrains – facilitaient la mémorisation et la répétition orale. Même les sonnets satiriques (également très communs dans ses recueils) – avec leur structure en rime et leurs bouquets finaux pleins de piquant – étaient adaptés à une circulation orale, évocateurs des espoirs et des déceptions contemporains.

Rasse avait certainement à l'esprit un public plus large. Ses recueils constituaient un récepteur de leurs préoccupations. Dans la strophe sur »Des Marchans vendans chants« qu'on trouve dans ses recueils, la satire joue autour de la réalité de l'éphémère qu'ils

---

[61] François CHARBONNIER, Pamphlets protestants contre Ronsard, Paris 1923; plus généralement, ID., La poésie française et les guerres de Religion (1560–1574). Étude historique et littéraire sur la poésie militante depuis la conjuration d'Amboise jusqu'à la mort de Charles IX, Paris 1919.

[62] Un placard en forme d'un syllogisme: »Coelo Musa beat« (BNF, ms. fr. 22560, p. 142, 1re partie).

[63] Ibid., p. 144.

[64] Ibid., p. 158; p. 48, 2e partie; p. 86; p. 137, 1re partie, etc.

[65] Ibid., p. 162, 1re partie (»De l'Eternel la fureur animee / De veoir si peu de nous estre estimee / Sa voix celeste & sainte verité / Qu'en vigueur grande & en severité…«).

vendent[66]. La très répandue »Chanson du franc archer« (1562) fut à la fois une satire burlesque anticléricale mais aussi une évocation d'un stéréotype populaire du franc-archer comme le protecteur des droits communs[67]. Les cantiques à la base des psaumes métriques de Clément Marot, comme le »Cantique sur la mort des Tyrans« (1561), imaginent un grand rassemblement au nom de Dieu afin de vaincre ses ennemis[68]. Le »Vaudeville d'aduenturiers« qui fut chanté au troisième anniversaire de l'assassinat du duc de Guise, le 24 février 1566, était une invitation, en douze versets, au mouvement protestant en général à célébrer, sans arrière-pensée, l'acte d'un libérateur [69]:

Allons jeunes & vieux
Reuisiter le lieu
Auquel ce furieux
Fut attrappé de Dieu –
Attrappé au lieu
Des guets de son armee
Dont fut esteint le feu [répéter]
De la guerre allumee [répéter].

On le voit, par l'évocation de cette idée d'un public plus large, par ses jeux littéraires d'invention, de réutilisation et de traduction, et par l'identification et la popularisation des cibles politiques, les poètes protestants dont la production littéraire nous est fournie par les recueils de Rasse étaient en contact avec le protestantisme plus profond des premières guerres de Religion.

RÉSUMÉ

François Rasse des Neux (env. 1525–1587) fut un chirurgien de renom à Paris ainsi qu'un biblio-phile et collectionneur passionné. Cet article rassemble ce que l'on sait de son cabinet de curiosi-tés et de sa bibliothèque à partir des exemplaires subsistants signés de son nom. Il offre aussi une analyse détaillée des 1233 pièces du premier volume de son recueil des éphémères. Il s'agit de textes satiriques et polémiques de toutes sortes – sonnets, chansons, épigrammes, inscriptions, énigmes, hymnes, épitaphes, prophéties, jeux de mots, et pasquils. Tout en tentant une analyse des recueils de Rasse d'un point de vue chronologique et linguistique – analyse axée sur la décennie qui vit se dérouler les premières guerres de Religion –, l'article propose de voir ces pièces comme

---

[66] »Il ne fut iamais tels Marchands, / Que ceux qui vendent au marc chants«, ibid., p. 133, 2e partie.
[67] »Le Franc Archer à la guerre s'en va / Testamenta comme un Chrestien doit faire. / Il a laissé sa femme à son vicaire / Et au Curé les clefs de ta maison / [refrain]«, ibid., p. 118, 2e partie; cf. La chanson française du XVe au XXe siècle, Paris, 1910, p. 52; cf. également la »Chanson des Corporiaux« (1562), une satire qui évoque le »Sire Girard«, un huguenot »bien armé« pour la guerre, ibid., p. 120, 2e partie; et la »Chanson d'un Capitaine de Pazy« la satire d'un capi-taine huguenot qui »vaillant à la guerre, / Tant par mer que par terre / Crie hault, hola, hola, hau' / Ffola, hau, gros Muriau«, ibid., p. 121, 2e partie.
[68] Ibid., p. 186–187, 1re partie.
[69] Ibid., p. 268, 1re partie.

une activité politique par procuration, un témoignage de l'implication discrète d'un groupe littéraire parisien dans le développement des événements des guerres civiles.

SUMMARY

François Rasse des Neux (c. 1525–1587) was a distinguished surgeon in Paris, and also a dedicated bibliophile and collector. This article reassembles the fragmentary evidence about his cabinet of curiosities and his extensive library, the latter through the surviving books carrying his signature. It also offers a detailed analysis of the 1233 pieces in the first volume of his collection of manuscript ephemera which consists of satirical and polemical texts of all kinds – sonnets, songs, epigrams, inscriptions, enigmas, hymns, epitaphs, prophecies, word-games, and pasquils. It attempts a chronological and linguistic analysis of these pieces, that can be dated to the decade of the first Wars of Religion. At the same time, it proposes an interpretation of the Rasse collection as evidence for the political engagement at a distance of a Parisian literary group in the events of the civil wars around them.

Images, visualité

DAVID EL KENZ

Le massacre de Wassy dans le »Premier volume« de Tortorel et Perrissin (1570). La visualisation du massacre dans les premières guerres de Religion

Le 1er mars 1562, un dimanche matin, éclate dans le bourg de Wassy une échauffourée entre François de Lorraine, duc de Guise, et sa compagnie armée et près de six cents civils réunis dans une grange pour célébrer le culte réformé. La rixe se transforme en une tuerie qui laisse sur le pavé entre vingt-cinq et cinquante fidèles dont cinq femmes et un enfant, auxquels il faut ajouter cent cinquante blessés. Elle devient vite un événement, autrement dit un acte qui produit une rupture parce qu'il provoque du bruit[1].

Dès le 10 mars, Louis Ier de Bourbon-Condé, chef du parti protestant, réclame justice pour les victimes champenoises. Au nom de l'Église de Paris, le prince envoie à toutes les Églises du royaume un »advertissement«, une véritable sommation militaire: »Nous estimons que vous soyez à présent advertis de la cruauté horrible de laquelle M. de Guise a usé envers la pauvre église de Wassy. Vous pouvez penser qu'il n'a pas commandé un fait si excecrable qu'il n'ait délibéré de poursuivre envers les aultres églises sa cruauté. Partant il fault tous diligemment adviser à tous moyens d'y pourvoir«. Avertissement, semble-t-il, entendu si l'on en croit le capitaine protestant François de La Noue qui, dans ses Mémoires, écrit que la noblesse huguenote provinciale »fut par ce bruit merveilleusement resveillée et prompte à se pourvoir d'armes et de chevaux«[2].

Très vite, des textes sont publiés au sujet du massacre: deux du côté de Guise et quatre du côté de Condé[3]. Ce combat par l'imprimé a pour enjeu la légitimité de la

---

[1] Arlette JOUANNA et al., Histoire et dictionnaire des guerres de Religion, Paris 1998, p. 106–110 et p. 1376–1377; Olivia CARPI, Les guerres de Religion (1559–1598). Un conflit franco-français, Paris 2012, p. 150–151. Pour une analyse plus détaillée des enjeux politiques de l'affaire de Wassy, voir Éric DUROT, François de Guise. Entre Dieu et roi, Paris 2012 (Bibliothèque d'histoire de la Renaissance, 1), p. 688–698.

[2] Lucien ROMIER, Catholiques et huguenots à la cour de Charles IX, Paris 1924, p. 323–324.

[3] Les pièces catholiques sont une lettre du duc de Guise adressée au duc de Wurtemberg, datée du 17 mars 1562, publiée ensuite sous le titre de »Discours au vray et en abrege de ce qui est dernièreme[n]t aduenu à Vassi, y passant Monseigneur le Duc de Guise« (Paris 1562) et »Le Discours du duc de Guise au Parlement de Paris« qui a peut-être été diffusé sous forme manuscrite. Les pièces protestantes les plus brèves et les plus précoces sont un texte en latin, »Crudelitas guisiaca in oppido Vasseio commissa calendis«, puis traduit en français sous le titre »Mémoire latin dressé par un huguenot au sujet du tumulte de Wassi«, vraisemblablement publié entre le 7 et le 17 mars et un texte en français connu sous deux versions, »Histoire de la cruauté exercée par François de Lorraine, duc de Guise, et les siens, en la ville de Wassy, le premier jour de mars 1562« (s.l.n.d.), et »La Destrvction et saccagement, exercé cruellement par le Duc de Guise et sa cohorte, en la ville de Vassy, le premier iour de mars 1561 [1562]«

violence exercée à Wassy. Mais comme il perdure au cours de toute l'année 1562, autrement dit durant la première guerre civile, c'est la légitimité des partis bellicistes que les textes informent: du point de vue de Guise, la légitime répression face au soulèvement protestant et, du point de vue huguenot, le droit de résistance face à l'agression catholique. Au terme de la première guerre de Religion, le massacre de Wassy s'avère, au moins pour le parti réformé, l'événement déclencheur de la guerre civile. Pour les catholiques et dans l'historiographie qui s'en réclame, c'est la prise d'Orléans du 2 avril 1562 qui marque le début de la guerre[4]. Néanmoins, la construction médiatique protestante a été un tel succès qu'aujourd'hui encore ce qui se déroula ce 1er mars à Wassy constitue l'événement fondateur des guerres de Religion dans l'historiographie académique.

La dixième gravure intitulée »Le massacre fait à Vassy le premier jour de Mars 1562« du »Premier volume contenant quarante tableaux«, édité à Genève en 1570, gravée par Jean Tortorel et Jacques Perrissin, joua un rôle non négligeable pour la postérité de l'événement[5]. Elle offrit la force du trait aux opuscules de Wassy de l'année 1562. Le spécialiste du recueil Philip Benedict a montré qu'elle constituait un modèle de la »Huguenot victimization«[6]. Les graveurs n'ont-ils pas choisi le mot »massacre« pour titrer la gravure, terme qui n'apparaît pas dans les titres des relations immédiatement contemporaines de l'événement? À l'époque, le mot »massacre« est encore neuf, même s'il devient courant depuis la relation du massacre des Vaudois en

---

(Caen, 1562). Ce dernier texte a été publié très tôt, avant avril, et il semble que Théodore de Bèze n'y fut pas étranger. Enfin, le »Discours entier de la persécution et cruauté exercée en la ville de Vaissy par le Duc de Guise« (s.l.n.d., rééd. dans: Denis-François SECOUSSE [éd.], Mémoires de Condé. Servant d'éclaircissement et de preuves à l'Histoire de M. de Thou, contenant ce qui s'est passé de plus mémorable en Europe [...], 6 vol., Londres 1743–1745, vol. III, p. 124–149). Il est composé de vingt-huit feuillets qui retracent la naissance de l'église de Wassy, puis le massacre et enfin la répression qui suit. Il complète l'événement par une liste de quarante-huit morts (contre vingt-trois noms dans les textes précédents), mais ignore les blessés, à l'exception du pasteur de Wassy, Léonard Morel. C'est ce texte qui est largement reproduit dans l'»Histoire des martyrs« de Jean CRESPIN de l'édition de 1564. Le troyen Nicolas Pithou, voisin du lieu de l'événement, serait peut-être l'auteur de ce texte. Enfin, deux ouvrages ultérieurs, qui se veulent historiques, reprennent la base de ces premiers textes, les reproduisent et ajoutent quelques détails: le »Petit Traitté des guerres civiles advenues en France sous les Roys François II et Charles IX« (1564) et le »Recueil des choses memorables passees et publiees pour le faict de la religion, et estat de la France. Le Tout Depuis la publication de l'Edit du xvii de Janvier 1560 jusques à l'Edit de la pacification des troubles de ce Royaume 1562« (Strasbourg, P. Estiard, 1565); cf. Charles SERFAS, Histoire de l'Église réformée de Wassy en Champagne (1561–1685; 1850–1925), Paris 1928, p. 62–68.

[4] Victor CARRIÈRE, Noël VALOIS, Vassy. La vérité sur le massacre de Vassy, dans: Revue d'histoire de l'Église de France 6/32 (1920), p. 344–350.

[5] Les gravures de Tortorel et Perrissin sont facilement accessibles sur http://gallica.bnf.fr/ark:/12148/btv1b8400502m (consulté le 30/01/2014).

[6] Philip BENEDICT, Graphic History. The »Wars, Massacres and Troubles« of Tortorel and Perrissin, Genève 2007, p. 160.

1556, dans l'»Histoire mémorable de la persécution et saccagement du peuple de Mérindol et Cabrières et autres circonvoisins appelez Vaudois«[7].

La gravure rassemble ainsi les principaux traits de ce qui justifia la rébellion du parti protestant. Elle constitue une somme des stéréotypes de la violence catholique et de la souffrance des réformés avant même les relations du massacre de la Saint-Barthélemy. Toute proportion gardée par ailleurs, elle serait l'équivalent des »images monde« de la guerre du Vietnam ou de l'attentat du 11 septembre 2001[8]. Elle ramasse de manière figurée avec la force propre à l'image les caractères de la victimisation du parti protestant. Cette étude se propose d'étudier les ressorts explicites et implicites de sa mise en scène. Bien que les gravures dussent être vendues initialement comme une série complète, elles furent, en réalité, vendues individuellement ou dans de petites brochures ne rassemblant pas la totalité du corpus, reliées peut-être à la demande de l'acheteur comme bon lui semblait dans la boutique[9]. Voilà pourquoi l'analyse interrogera la gravure pour elle-même, notamment dans son rapport avec les sources scripturaires, mais aussi la fera dialoguer avec les autres gravures du recueil.

LA DRAMATISATION DE LA DÉCENNIE 1559–1570

Le »Premier volume« propose une série de trente-neuf gravures qui retracent les événements français de 1559 à 1569[10]. À la demande de deux marchands-drapiers originaires d'Anvers, Jean Castellin et Pierre Le Vignon, installés à Genève depuis 1568 et reconvertis dans l'édition, les graveurs français Jean Tortorel et Jacques Perrissin, réfugiés également à Genève, publient une série d'images sur les premiers troubles de religion.

UNE VISION CONFLICTUELLE

C'est une innovation car, pour la première fois dans l'histoire iconographique européenne, un recueil qui n'a pas pour objectif de célébrer un souverain représente des événements contemporains[11]. Il a pour ambition de retracer l'histoire des guerres civiles, à la manière d'une chronique historique impartiale. »Retranscrire au vrai« les principaux événements de la période, annonce la préface. Le parti pris se veut donc

---

[7] Mark GREENGRASS, Hidden Transcripts. Secret Histories and Personal Testimonies of Religious Violence in the French Wars of Religion, dans: Mark LEVENE, Penny ROBERTS (dir.), The Massacre in History, New York, Oxford 1999, p. 69–87.
[8] Jean-Jacques COURTINE, Déchiffrer le corps. Penser avec Foucault, Paris 2011, p. 40–42.
[9] BENEDICT, Graphic History (voir n. 6), p. 52.
[10] La première gravure qui correspond à la page de titre n'est pas prise en compte.
[11] Philip BENEDICT et al., Graphic History. What Readers Knew and Where Taught in the Quarante Tableaux of Perrissin and Tortorel, dans: French Historical Studies 28/2 (2005), p. 175–229, ici p. 185.

objectif. D'ailleurs, les éditeurs visent un marché transconfessionnel. Des légendes en français, italien, allemand et latin ont été prévues. Les éditeurs prennent même soin pour le marché italien, donc catholique, de ne pas insérer les gravures de massacres où les huguenots sont les plus victimisés, tel le massacre de Wassy[12].

Le recueil reflète une vision conflictuelle de la décennie. Dix gravures montrent l'intensification des tensions qui conduisirent à la première guerre de Religion: de la Mercuriale du 10 juin 1559 au massacre de Wassy. Quinze gravures ont trait aux massacres, batailles et à l'assassinat de François de Guise durant la 1re guerre civile (avril 1562–mars 1563). Les quatorze dernières traitent une seconde époque, allant du massacre de la Michelade, à Nîmes, le 30 septembre 1567 à la dernière bataille de la troisième guerre de Religion, le 28 mars 1570. Ce sont essentiellement des batailles. Ainsi, les graveurs passent directement de la première à la seconde guerre civile, en occultant la paix d'Amboise qui dura pourtant quatre années, de 1563 à 1567.

Néanmoins, les événements retenus sont assez représentatifs de la perception générale des troubles. Le Politique Étienne Pasquier évoque les mêmes faits dans sa correspondance, par exemple. Certes, ils sont particulièrement guerriers, puisque nous avons quinze batailles, cinq sièges de ville, cinq massacres, trois prises de ville, un assassinat et deux exécutions. Autrement dit, trente et une images sur quarante évoquent les violences, qu'elles soient judiciaires, militaires ou civiles.

En dépit de l'annonce d'impartialité, le volume s'avère partisan. Les dix gravures ajoutées aux trente initiales vont dans le sens non seulement d'une dramatisation de la décennie, mais aussi d'une victimisation des réformés. Les artistes ajoutent parmi elles le massacre de Sens, par exemple, l'un des épisodes les plus dramatiques de l'histoire de la minorité[13]. En le comparant au manuscrit d'un catholique lyonnais, le »De Tritibus Galliae«, qui évoque les événements de 1560 à 1577 et les illustre par quarante dessins, Philip Benedict constate que la suite genevoise omet les émeutes iconoclastes ou bien la surprise de Meaux, en 1567, qui déclencha pourtant la deuxième guerre civile. En outre, à l'exclusion de la Michelade, les massacres sont toujours le fait des catholiques. Les violences protestantes sont toujours singulières (assassinat du gouverneur de Valence le 25 avril 1562 et assassinat de François de Guise le 18 février 1563).

LES MASSACRES

Parmi les quarante gravures, cinq traitent directement des massacres: Cahors (19 novembre 1561); Wassy (1er mars 1562); Sens (avril 1562); Tours (juillet 1562); Nîmes (30 septembre 1567). Les troubles de religion marquent ainsi l'avènement des massacres, tant dans la représentation que dans la réalité des faits. C'est une sensibilité moderne face à eux qui se met en place. Le philosophe Alain Brossat définit cette sensibilité comme »une aversion spontanée et insurmontable à l'endroit de toutes les

---

[12] BENEDICT, Graphic History (voir n. 6), p. 49.
[13] Ibid., p. 50.

manifestations de violence extrême, de cruauté ou de férocité et tout autant à l'endroit du perpétrateur de l'extermination, quel qu'il soit et quelle que soit celle-ci«.[14]

Le massacre désigne définitivement le meurtre en grand nombre de personnes sans défense. Du point de vue de la réalité, avant même la Saint-Barthélemy, la violence massacreuse connaît une première apogée au début de la première guerre civile. Selon le protestant Agrippa d'Aubigné, des massacres de huguenots ont lieu dans trente villes. Selon l'estimation d'Allan A. Tulchin, dix massacres eurent lieu durant le premier conflit, alors qu'il n'y en eut que sept de 1567 à 1570[15].

MASSACRE EN GUERRE ET MASSACRE EN PAIX

Il faut distinguer le massacre dans le contexte de la guerre du massacre en temps de paix. À la mesure de la guerre, le massacre s'avère admissible. Même s'il constitue une violence excessive, il a une rationalité militaire. En 1562, François de Beaumont, baron Des Adrets, lieutenant du prince de Condé, s'illustre à travers des massacres en Provence (Valence, Pierrelatte, Saint-Marcellin, etc.). Le militaire reconnaît, par la suite, avoir commis »quatre mille meurtres de sang-froid« à des fins stratégiques. Il visait la galvanisation de ses troupes, la vengeance contre les forfaits commis par l'ennemi et, enfin, la terreur pour soumettre une population souvent hostile[16].

En revanche, le massacre en temps de paix constitue un scandale. Il est énigmatique. Il a une dimension hystérique dans sa violence. Il met fin à un temps de paix. Et enfin, il a une valeur fondatrice aux yeux des protagonistes, au moins pour les victimes qui l'ont subi[17]. Les réformés connaissent les pertes les plus élevées dans ce type de massacre. Selon François de La Noue, entre 1563 et 1567, trois mille de ses coreligionnaires ont été tués. Le massacre »pur« s'oppose à la guerre. Or le massacre de Wassy est un massacre accompli en temps de paix. À la différence d'une bataille, il n'oppose pas deux adversaires, mais un »perpetrator« (massacreur) et ses victimes.

---

[14] Alain BROSSAT, Massacres et génocides: les conditions du récit, dans: Catherine COQUIO (dir.), Parler des camps, penser les génocides, Paris 1999, p. 161–168, ici p. 162.

[15] Allan A. TULCHIN, Massacres During the French Wars of Religion, dans: Ritual and Violence. Natalie Zemon Davis and Early Modern France. Past and Present (2012), suppl. 7, p. 100–126.

[16] Agrippa D'AUBIGNÉ, Histoire universelle, éd. par André THIERRY, vol. III, Genève 1985, vol. IV, Genève 1987.

[17] Alain CULLIÈRE, La Saint-Barthélemy au théâtre. De Chantelouve à Baculard d'Arnaud, dans: Gérard NAUROY (dir.), L'écriture du massacre en littérature entre histoire et mythe. Des mondes antiques à l'aube du XXIe siècle, Berne 2004, p. 121–152.

LE MASSACRE DES SAINTS INNOCENTS

DU MARTYR AUX »FIDÈLES PERSÉCUTÉS«: LE MASSACRE DE CAHORS

La gravure du massacre de Wassy n'est pas la première du recueil à représenter un massacre. Le massacre de Cahors le précède immédiatement. Il eut lieu le 19 novembre 1561 dans le contexte des troubles du Midi. Les minorités protestantes en position de force dans ces régions revendiquent des lieux de culte, s'emparent d'églises et commettent parfois des actes iconoclastes. À Cahors, les huguenots tiennent conventicule dans la maison du seigneur de Cabrères. Selon les sources protestantes, l'agression a été préméditée, conduite par un universitaire et des religieux locaux. Il y eut entre quarante et cinquante morts chez les réformés. Les catholiques ont justifié leur action au nom d'un massacre préventif, face à un complot préparé par les protestants locaux. Ceux-ci avaient déjà assassiné un sacristain et provoqué la procession funéraire en l'honneur de la victime[18].

Jean Tortorel et Jacques Perrissin, Le Massacre faict à Cahors en Querci le xix. Novemb. 1561, Paris, Bibliothèque nationale de France

---

[18] Cf. la communication de Mark Greengrass dans ce volume.

Pour imager le massacre de Cahors, les artistes choisissent d'exhiber les cadavres. Près d'une trentaine de corps sont exposés au premier plan, dans la rue face à la maison seigneuriale. La lettre clé D indique »pour faire plus belle monstre de leur rage et cruauté«. Les graveurs ajoutent des détails vraisemblablement imaginés[19]. Une église voisine, en premier lieu, d'où les massacreurs fomentèrent leur coup de main. Ceux-ci allument un incendie à trois endroits du conventicule. Enfin, ils exécutent les huguenots à l'entrée de la maison, à la manière d'un supplice collectif. Le dispositif oppose ainsi l'église catholique, lieu d'où sortent les bourreaux, et le conventicule, devenu sépulture des réformés. Une inversion est donc opérée entre un lieu théoriquement saint devenu espace des bourreaux et la maison seigneuriale théoriquement profane qui se meut en lieu macabre, mais que l'on peut interpréter comme un théâtre de sanctification.

L'invention de l'incendie renvoie à une gravure précédente qui présente le bûcher d'Anne du Bourg, un conseiller du parlement de Paris, exécuté à la place de Grève le 23 décembre 1559. Ce magistrat avait osé dénoncer la répression religieuse, alors que le roi Henri II était présent au parlement, le jour solennel de la Mercuriale du 10 juin 1559. Ce défi provoqua son arrestation. Son procès, qui dura près de six mois, devint une affaire d'État. Après avoir dans un premier temps accepté un compromis confessionnel, du Bourg s'en tint à une formulation plus orthodoxe qui le conduisit au supplice. Il devint alors le martyr le plus célèbre des 500 hétérodoxes exécutés entre 1523 et 1560. Son destin dramatique satisfaisait aux exigences de la martyrologie réformée: refus de la rébellion armée; procès officiel et finalement choix délibéré du supplice plutôt que de renier sa foi.

En revanche, le contexte du massacre de Cahors est tout autre. À partir de 1560, le conseil royal décriminalise l'opinion religieuse. Il entame des pourparlers avec les représentants de la Réforme pour la liberté de conscience et l'exercice éventuel du culte. Toutefois des troubles éclatent dans le Midi. Autrement dit, les victimes protestantes ne sont plus aussi »pures« que le martyr Anne du Bourg. Des huguenots tiennent des conventicules toujours interdits, comme à Cahors, manifestent publiquement et parfois attaquent des églises. Les victimes de ces échauffourées, enfin, trouvent la mort sans l'avoir délibérément choisie.

Toutefois, les fidèles demeurent des victimes d'une violence illégale. Les massacreurs ont agi en dehors de tout ordre royal. L'exécution est collective et sommaire, en dehors des règles de droit, et concerne des gens sans défense qui se contentent de prier. Cette manière de mourir correspond à ce que le principal martyrologe réformé, l'»Histoire des martyrs« de Jean Crespin, édité pour la première fois en 1554, puis réédité et augmenté tout au long des guerres de Religion, désigne par »fidèles persécutés«[20].

---

[19] BENEDICT, Graphic History (voir n. 6), p. 260.
[20] Jean CRESPIN, Histoire des martyrs persecutez et mis a mort pour la verité de l'Evangile, depuis le temps des apostres jusques a present (1619), Genève 1619, rééd. par Daniel BENOÎT et accompagnée de notes par Matthieu LELIÈVRE, Toulouse, 1885–1888, vol. III, liv. X, p. 639–640.

LES »SAINTS INNOCENTS« DE WASSY

Pour un artiste de la Renaissance, le massacre des saints Innocents est le moyen le plus évident pour signifier l'innocence des victimes dans un massacre. Hérode, furieux d'avoir été dupé par les mages, ordonne de massacrer tous les enfants de deux ans et au-dessous pour être sûr que le futur roi des juifs ne sera pas épargné. Le nombre des victimes retenues est 144 000, chiffre fabuleux calqué sur celui des Justes de l'»Apocalypse«. Dans la tradition biblique, le thème préfigure le calvaire du Christ. Dans la tradition théologique, la mort des innocents présente le salut des enfants sous la protection divine et cela sans mérite. Dans la tradition iconographique, il ne devient que tardivement un sujet autonome. Au Moyen Âge, il est en général représenté dans les fresques et dans les enluminures au sein du cycle de la naissance du Christ[21].

Puis, à la Renaissance, parce qu'il est désormais un sujet pour lui-même, le massacre des saints Innocents obtient un surcroît de significations. Les artistes italiens insistent sur la théâtralité de la souffrance des victimes dans des décors à l'antique, à l'exemple de celui de Domenico Ghirlandaio dans la fresque de la Santa Maria Novella (1488). Les Flamands cultivent, au contraire, le réalisme. Dans son »Massacre des Innocents« (vers 1567–1568), Pieter Breughel l'Ancien évoque à travers un village enneigé contemporain la répression dans les Pays-Bas espagnols, à la suite de la révolte iconoclaste de l'été 1566.

Représenter les violences des guerres de Religion mobilise cet archétype biblique. Dans le massacre de Cahors, Tortorel et Perrissin soulignent une violence collective indistincte et systématique à travers l'ouverture de la maison du conventicule. De même, ils montrent la panique des fidèles tentant de fuir par les toits. Enfin, ils ajoutent une touche morbide par l'exhibition des cadavres. Les artistes reprennent ce dispositif pour Wassy. Un mur de la grange champenoise est ôté pour que l'observateur puisse assister au massacre[22]. Mais à la différence des quatre autres gravures qui décrivent des massacres, l'espace demeure clos. Les victimes sont donc prisonnières de la violence et n'ont aucun moyen de s'échapper, à l'exception du toit.

VICTIMES COLLECTIVES ET SINGULIÈRES

Le massacre des saints Innocents est, de surcroît, une référence aisément adaptable à la sainteté collective du peuple réformé. Une chanson huguenote sur le massacre de Wassy, non datée, mais vraisemblablement composée peu de temps après l'événement, dit ainsi: »Hélas! qui eust veu à l'heure / Ce pauvre troupeau chassé: / L'un rend l'esprit, l'autre pleure, / L'un s'enfuit, l'autre est blessé, / Le vieillard de main trem-

---

[21] Gérard NAUROY, Des frères Maccabées aux saints Innocents. Aspects et écriture du massacre dans le christianisme des premiers siècles, dans: ID. (dir.), L'écriture du massacre (voir n. 17), p. 71–117.
[22] Catherine BOURDIEU-WEISS, Les massacres des guerres de Religion dans l'art, dans: NAUROY (dir.), L'écriture du massacre (voir n. 17), p. 153–161.

blante / Couvre la plaie sanglante / De l'enfant prêt à mourir, / Et la mère entre les armes / Vient de ses dolentes larmes / Trop tard son filz secourir«[23].

Jean Tortorel et Jacques Perrissin, *Le Massacre fait à Vassy, le premier iour de Mars, 1561*, Paris, Bibliothèque nationale de France

Néanmoins, des trajectoires singulières incarnent le drame de la minorité. À la différence de Cahors, en Champagne des femmes et des enfants sont au nombre des victimes, fait qui associe plus immédiatement le massacre de Wassy à celui des Évangiles. Des femmes tentent de protéger leurs enfants, tandis qu'au premier plan, au centre de la tragédie, un spadassin enfonce une épée dans le corps de l'une d'elles.

Par ailleurs, d'après les sources de 1562, le destin de Léonard Morel, pasteur de Wassy, est relaté au milieu du chaos[24]. La lettre clé C le présente à droite dans la grange, en train de prier dans la chaire. La lettre clé D le présente à gauche, à l'extérieur de la grange. Il est lynché par plusieurs agresseurs, mais échappe à la mort parce qu'une épée se rompt.

---

[23] Chanson sur le massacre de Vassy, Henri-Léonard BORDIER, Le chansonnier huguenot du XVIe siècle, Paris 1870, vol. II, p. 395.
[24] Discours entier (voir n. 3), p. 141–142; CRESPIN, Histoire des martyrs (voir n. 20), vol. III, liv. VIII, p. 203.

Pourquoi une telle focalisation sur le ministre Morel? Le massacre de Wassy est l'agression contre un prêche dont le ministre est l'incarnation. Pour les relations huguenotes de 1562, il est légal, eu égard à l'édit du 17 janvier 1562 qui accordait la liberté de culte aux réformés à condition qu'il soit célébré au-delà des enceintes urbaines. Si la grange était, au contraire, à l'intérieur de la cité ou appartenait aux Guises, le culte s'avérait illégal.

De manière surprenante, dans la gravure, la grange temple est située, de manière ambiguë, à la frontière de l'enceinte de la cité. Certes, en mai 1562, le parlement de Paris avait tranché l'affaire de Wassy en faveur de la »juste cause« du duc[25]. En réalité, en 1570, les graveurs ne sont plus attentifs à la casuistique juridique désormais »réchauffée«. Le scandale du massacre repose sur l'asymétrie visuelle entre le pasteur, sans arme, et François de Guise, noble d'arme à la tête de la furieuse expédition.

»INHUMANITÉ, TYRANNIE ET CRUAUTÉ«

Dans le deuxième opuscule huguenot qui relate l'affaire de Wassy, l'auteur achève son bref récit par ces derniers mots: »Voilà à peu près l'entier discours de ceste inhumanité, tyrannie et cruauté«[26]. Ces termes désignent le massacre, mais renvoient aussi à celui qui est considéré comme son initiateur, François de Guise. Or, rappelons que Wassy a été non seulement le prétexte du soulèvement condéen, mais que celui-ci avait pour objectif la délivrance de la famille royale, captive du Lorrain[27].

LA CULPABILITÉ DE FRANÇOIS DE LORRAINE

Huit années plus tard, la représentation du massacre perpétue cette propagande. Pour les artistes, François de Lorraine est le principal responsable de la tuerie. La culpabilité du duc de Guise ne fait pas de doute. Il est montré dans la grange, l'épée à la main et brandie devant une femme à genoux qui implore la grâce pour elle et son enfant, peut-être? La lettre clé B indique »Monsieur de Guise qui commandait«.

D'autres indices visuels et écrits instruisent à charge la culpabilité du prince. Les trompettes sonnant à deux reprises (lettre clé K), signal du massacre, manifestent la préméditation de l'agression. Dans sa défense, Guise, au contraire, avança qu'il fit sonner les trompettes pour faire cesser les violences. Le vol de la boîte consacrée aux pauvres (lettre clé I), à l'entrée de la grange, ajoute le pillage au massacre. Il renvoie à la pratique militaire traditionnelle de la soldatesque et assombrit ainsi la réputation chevaleresque du capitaine de la troupe.

---

[25] DUROT, François de Guise (voir n. 1), p. 702.
[26] La Destrvction et saccagement (voir n. 3), p. 110.
[27] Cf. la communication de Philip Benedict dans ce volume.

Cependant, Philip Benedict a souligné la modération du »Premier volume«. Pour la gravure de Wassy, les artistes omettent des anecdotes aggravantes pour Guise. Selon le »Discours entier«, le prince avait donné l'ordre de tuer tous les enfants, mais d'épargner les femmes enceintes en raison de la demande de son épouse, Anne d'Este, elle-même enceinte. De même, le duc n'avait pas reconnu la Bible de Morel jetée à terre, au milieu de la panique[28].

La deuxième censure peut s'expliquer pour des raisons iconographiques dans la mesure où l'anecdote est peu spectaculaire. La première anecdote, en revanche, serait aisément représentable. Dans la gravure »Le massacre fait à Tours par la populace au mois de juillet, 1562« du »Premier volume«, la lettre clé H indique qu'un enfant tenu par un soldat dans la Loire est arquebusé. La lettre clé K indique qu'une femme venant d'accoucher a été jetée dans le fleuve, suivant son nouveau-né en train de se noyer. Certes, dans le massacre de Wassy, Guise n'a pas été accusé d'avoir tué directement des enfants. Les graveurs s'en tiennent donc au vraisemblable: on massacre autour du donneur d'ordre.

LE CLAN DES GUISES, TYRAN D'USURPATION

Les graveurs étendent la responsabilité du massacre à l'ensemble de la maison des Guises. Wassy est une ville royale dont le château relève du douaire de Marie Stuart, la nièce du duc de Guise. Repartie en Écosse, la reine a confié son domaine au prince qui estime par conséquent être le maitre de ses gens[29]. En outre, la cité se trouve à quatre lieux des terres de la famille lorraine. Dans la vallée contiguë se trouve Joinville, leur capitale ducale. Enfin, Wassy relève de l'archevêché de Sens, dont le frère cadet, le cardinal Louis de Guise, est alors le titulaire. D'ailleurs, les artistes l'ont représenté sur la gauche de l'image, accoudé sur le mur du cimetière, en spectateur placide du massacre.

Le graveur Franz Hogenberg a puisé dans le fonds du »Premier volume« pour relater à son tour les troubles de religion, à la fin du XVIe siècle. À cette occasion, il a gravé un »Massacre de Wassy«, une duplication inversée de la planche originale. Or, il a introduit une identification erronée en confondant le cardinal Louis de Guise avec le cardinal Charles de Lorraine, frère aîné de François, absent de Wassy[30]. Cette confusion n'est peut-être qu'une simple coquille. Mais elle révèle peut-être aussi l'acrimonie vis-à-vis du chef du clan des Guises, à la suite de la mort de François. Conseiller de la famille royale pendant une bonne partie de la décennie 1560, il est considéré par les huguenots comme le principal responsable de la politique d'État quand elle leur est hostile. D'ailleurs, la légende de la gravure allemande vise Charles de Lorraine: »Le 1ᵉ mars certains de la Religion Réformée de Wassy ont été attaqués et foudroyés mor-

---

[28] Discours entier (voir n. 3), p. 140–142.
[29] Discours au vray (voir n. 3), p. 118.
[30] BENEDICT, Graphic History (voir n. 6), p. 28.

tellement dans une rage frénétique et féroce, homme, femme et enfant sans distinction. Ceci fut conforme à ce que le cardinal de Lorraine désirait. Mars 1 1562«[31].

Durant toute la décennie 1560, la propagande protestante dénonce les Guises comme des tyrans d'usurpation. Ce discours politique se réfère à un modèle littéraire et iconographique très à la mode à la fin des années 1550, le massacre des triumvirs, tiré des »Guerres des Romains« d'Appien[32]. Jean Ehrmann a compté dix-sept tableaux qui représentaient ce massacre, dont le célèbre »Massacres du Triumvirat« (1566), d'Antoine Caron, et un autre plus ancien qui fait directement allusion à la répression des hétérodoxes français, à la fin des années 1550[33].

Mark Greengrass a montré comment le tableau d'Antoine Caron témoignait d'une crise politique dont l'une des virtualités s'avère la destruction de la société politique. Le message serait alors transconfessionnel pouvant convenir à tous les hommes de cour, qu'ils soient réformés ou catholiques[34]. Il s'inscrit dans une jurisprudence qui garantit les droits des sujets. Si l'on reste modéré sur le droit de résistance face au tyran d'exercice, la rébellion contre le tyran d'usurpation s'avère légitime. Or, les pamphlets protestants accusent les Guises de s'être emparés du pouvoir durant le règne de leur neveu François II, puis d'avoir tout fait pour contrôler la reine mère, Catherine de Médicis, et son fils Charles IX au détriment des princes du sang. Ainsi, les Guises sont renvoyés à leur origine lorraine, des étrangers désireux de piller la France et massacrer ses sujets.

DE LA GRANGE AU CHARNIER

À travers la stigmatisation de la tyrannie des Guises, le massacre de Wassy renvoie à un discours politique sur l'ensemble des violences extrêmes de la décennie 1560. Dans »Le massacre fait à Sens en Bourgongne par la populace au mois d'Avril, 1562, avant qu'on prinst les armes«, une autre grange est également présentée. Le contexte est assez proche de celui de Wassy.

---

[31] Cité par BENEDICT, Graphic History (voir n. 6), p. 28.
[32] David EL KENZ, Die mediale Inszenierung der Hugenotten-Massaker zur Zeit der Religionskriege. Theologie oder Politik?, dans: Christine VOGEL (dir.), Bilder des Schreckens. Die mediale Inszenierung von Massakern seit dem 16. Jahrhundert, Francfort/M. 2006, p. 51–73.
[33] Jean EHRMANN, Tableaux de massacres au XVIe siècle, dans: Bulletin de la Société de l'histoire du protestantisme français 118 (1972), p. 445–455 et ID., Antoine Caron, peintre des fêtes et des massacres, Paris 1986, p. 21–26.
[34] Neil COX, Mark GREENGRASS, Painting Power: Antoine Caron's Massacres of the Triumvirate, dans: Ritual and Violence (voir n. 15), p. 241–274.

Jean Tortorel et Jacques Perrissin, *Le Massacre fait à Sens en Bourgogne par la populace au mois d'Avril, 1562, avant qu'on prinst les armes*, Bibliothèque nationale de France

Au début des années 1560, Sens est une petite ville du nord de la Bourgogne, capitale archiépiscopale du cardinal-archevêque Louis de Guise. Le maire de la ville, Robert Hémard, également bailli particulier de Guise, a interdit tout culte dans sa cité, en dépit de l'édit de janvier. Là aussi la violence commence par l'agression des réformés assemblés pour célébrer leur culte. La lettre clé A, la première pour la lisibilité de la gravure, signale »la grange hors la ville ou lon preschoit suyvant l'édit de janvier, est demoli et abbatue et les vignes d'alentour arrachees«. Les graveurs prennent soin de situer la grange temple à l'extérieur de la ville. La version catholique est tout autre. Les violences auraient été déclenchées à la suite de l'agression armée de réformés contre une procession catholique.

Si l'on en croit le titre de la gravure, le massacre aurait été commis avant la guerre, comme à Wassy. Assertion discutable dans la mesure où le prince de Condé s'empare d'Orléans dès le 2 avril; le manifeste justificatif de Condé est publié le 8 avril. Comme le massacre a eu lieu du 12 au 14 avril mais a peut-être duré neuf jours, on peut estimer qu'il s'inscrit dans le début des hostilités.

En revanche, le massacre de Tours, également représenté, a eu lieu en pleine guerre civile. Lors de la surprise protestante du printemps, les huguenots s'emparent de la ville du 2 avril au 10 juillet. Mais, dès le mois de juin, l'armée royale se redresse et reconquiert peu à peu les villes tenues par les réformés. La garnison huguenote tourangelle fuit la cité devant l'avance du lieutenant général Antoine de Bourbon. Elle est capturée par des bandes paysannes et ramenée dans l'église Notre-Dame-le-Riche, dans le faubourg de Tours, puis massacrée, le 10 juillet. La tuerie se transforme en massacre des civils et fait près d'une centaine de victimes.

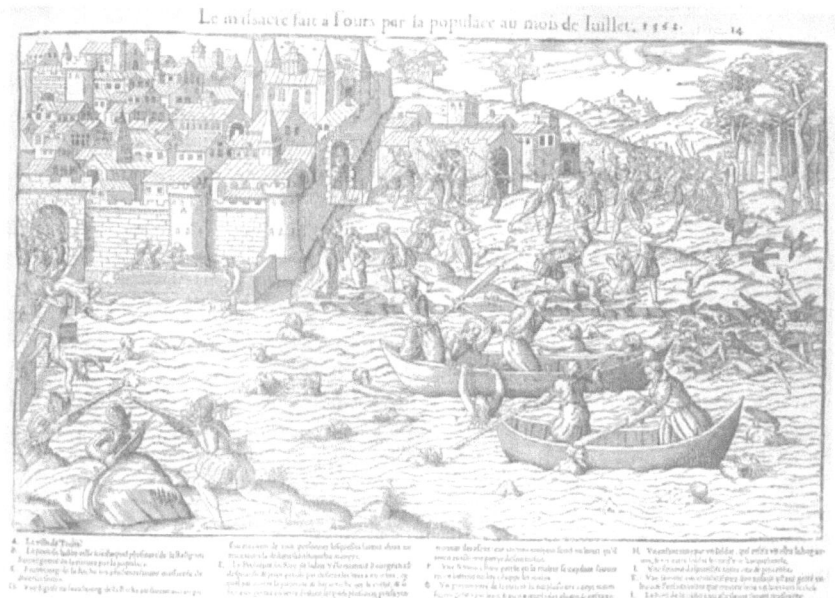

Jean Tortorel et Jacques Perrissin, Le massacre fait à Tours par la populace au mois de Iuillet, 1562, Paris, Bibliothèque nationale de France

Le pillage relie les gravures de Wassy et de Tours. Le vol du tronc des pauvres dans la grange de la première se déplace dans les entrailles d'un huguenot de la seconde. La lettre clé E indique comment les massacreurs ouvrirent le ventre du président Bourgeau pour y chercher de l'argent, puis arrachèrent son cœur et l'arborèrent au bout d'une pique.

Des bêtes se trouvent au milieu d'un charnier dans le coin droit de l'image. Pour l'»Histoire des martyrs« de Jean Crespin, les charognards servent à stigmatiser l'horreur du massacre qui plonge les victimes en deçà du règne animal. Les bêtes s'épouvantaient d'un tel spectacle![35] Pour les graveurs, la lettre clé G indique que les

---

[35] CRESPIN, Histoire des martyrs (voir n. 20), p. 315.

cadavres sont jetés dans l'eau, échoués sur le »gravier« et enfin mangés par les animaux. La saynète renvoie au psaume XXIX: »Ils ont baillé les corps / De tes serviteurs morts, / Aux corbeaux pour les paistre: / La Chair des biens vivans, / Aux animaux suyvans / Bois et pleine champestre«. Or cet extrait est en frontispice de l'un des opuscules de Wassy, »La Destrvction et saccagement, exercé cruellement par le Duc de Guise et sa cohorte, en la ville de Vassy, le premier iour de mars 1561«. Ainsi, la boucle est bouclée. De Wassy à Tours, les protestants agressés, parfois massacrés, finissent dans le charnier de la Loire.

Dans une même logique iconographique des troubles, le tyrannicide à l'endroit du duc de Guise est justifié. Une première gravure illustre l'attentat de Poltrot de Méré devant Orléans le 18 février 1563 et une seconde représente l'exécution du meurtrier. Dans une version de cette dernière, la légende est d'une grande neutralité, se limitant à décrire l'écartèlement de Méré. Mais dans une autre version, la légende salue le »bienfait« du tyrannicide qui »a sauvé a tant de gens la vie«[36].

Dans son »Histoire universelle«, Agrippa d'Aubigné avance que le massacre de Wassy donna pour exemple »aux uns pour tuer impunément, aux autres pour n'esperer point de misericorde. Ceste licence donna le bransle à Cahors, à Sens, à Auxerre et à Tours, de traicter de mesme façon de mille à douze cents personnes«[37]. Pour Denis Crouzet, le massacre de Wassy est, en effet, »la délivrance de l'interdit de violence«[38]. Des incidents se multiplient à l'annonce de la tuerie. À Paris, par exemple, des catholiques déterrent un réformé inhumé à la mode nouvelle au cimetière des Saints-Innocents et traînent le corps dans la rue. Des huguenots veulent récupérer le cadavre et s'ensuit une échauffourée qui fit plusieurs blessés et un mort[39].

Dans l'imaginaire réformé, le massacre de Wassy constitue un modèle qui informa les massacres ultérieurs. Dans »Le massacre de la Saint-Barthélemy« (1573), à gauche d'une tour du Louvre, le peintre François Dubois présente Charles IX tirant à l'arquebuse sur ses sujets huguenots. Cette anecdote inventée par la propagande huguenote est passée à la postérité sous la plume d'Agrippa d'Aubigné, qui signale dans son »Histoire universelle«, que le roi »giboyait de la fenestre du Louvre aux corps passans«[40]. Elle exploite la réputation avérée du roi chasseur pour dénoncer le dévoiement pervers de son art à l'encontre de ses sujets protestants.

Or, dans le »Discours entier«, l'auteur avait déjà utilisé la métaphore cynégétique pour signifier le massacre des huguenots champenois comme on »feroit des pigeons

---

[36] BENEDICT, Graphic History (voir n. 6), p. 324.
[37] D'AUBIGNÉ, Histoire universelle (voir n. 16), vol. II, Genève 1982, p. 11–12.
[38] Denis CROUZET, Les guerriers de Dieu. La violence au temps des troubles de religion. Vers 1525–vers 1610, Seyssel 1990, vol. I, p. 435.
[39] Ibid.
[40] D'AUBIGNÉ, Histoire universelle, vol. III (voir n. 16), p. 346. Cette invention se retrouve aussi chez des chroniqueurs catholiques modérés comme Brantôme et protestants comme l'auteur du »Réveille-matin« (1573). Philippe JOUTARD et al., La Saint-Barthélemy ou les résonances d'un massacre, Neuchâtel 1976, p. 66–68, 110–114.

estans sur un toict«[41]. La gravure la fait sienne. La lettre clé H mentionne que plusieurs des huguenots qui voulaient fuir par le toit de la grange »sont harquebousez«!

RÉSUMÉ

Le massacre de Wassy (1er mars 1562) constitue l'événement fondateur dans l'historiographie académique comme dans la mémoire française des guerres de Religion. François de Guise, responsable de la tuerie aux yeux du parti protestant, s'est pourtant toujours défendu de l'avoir préméditée. Mais, dès 1570, les graveurs Jean Tortorel et Jacques Perrissin font de ce massacre l'estampe qui symbolise, par excellence, la violence catholique contre une minorité réformée sans armes. La gravure marque ainsi un basculement. Quels en sont les ressorts? Les artistes ont puisé dans des archétypes qui étaient à la disposition des contemporains de la décennie 1560, stéréotypes que l'on retrouve dans la polémique au sujet de l'événement. Le massacre des saints Innocents, tout d'abord, qui inscrit les victimes dans la généalogie biblique. Il place aussi les événements de Wassy dans la violence extraordinaire, délégitimant l'adversaire. Le massacre des triumvirs, ensuite, accroche Wassy à la réflexion historique et politique sur la tyrannie par le détour de la violence romaine. Il instruit un procès à charge contre le clan des Guises. Le massacre de Wassy s'affirme donc comme le massacre prototypique qui informe en définitif l'appréhension protestante des violences des guerres de Religion.

SUMMARY

In academic historiography and French memory alike, the massacre of Wassy (1 March 1562) is the event representing the Wars of Religion. Francis of Guise, responsible for the killing in the eyes of the Protestant party, has, however, always defended himself against accusations of premeditation. However, as early as 1570, the engravers Jean Tortorel and Jacques Perrissin create the print of the massacre which is the ultimate symbol for Catholic violence against an unarmed reformed minority. In this way, the engraving is a turning point. Which topics are they concerned with? The artists have drawn on the archetypes available for the contemporaries of the 1560s, stereotypes to be found in the debate about the events. First of all, the massacre of the Holy Innocents fits the victims into the context of biblical genealogy. It also connects the massacre of Wassy to extraordinary violence, delegitimizing the enemy. The massacre of the Triumvirate then pegs Wassy to the historical and political discourse about tyranny by the allusion to Roman violence. It presses charges against the Guise clan. Hence, the massacre of Wassy is acknowledged as the prototypical massacre, irrevocably shaping the Protestant perception of the violence of the Wars of Religion.

---

[41] Discours entier (voir n. 3), p. 141.

ALEXANDRA SCHÄFER

Les guerres de Religion en France dans les imprimés de l'atelier colonais d'Hogenberg

Quand la première traduction allemande des »Quarante tableaux« de Tortorel et Perrissin fut présentée à Francfort à la foire du livre de l'automne 1570, une œuvre concurrente existait déjà: en un laps de temps tres court, l'officine de Franz Hogenberg en avait produit une édition pirate[1]. La version d'Hogenberg était en petit format et pour cela à bas prix[2]. De plus, l'atelier du graveur, imprimeur et éditeur Hogenberg, à Cologne, avait fait quelques changements qui soulignaient encore la valeur de la vente: toutes les images étaient gravées, la partie de textes était standardisée et la construction du cadre était plus claire; ainsi l'œuvre apparaissait plus homogène que son modèle genevois[3]. Apparemment, la publication de l'atelier d'Hogenberg fut un succès car ce dernier présenta à la foire du livre de Francfort suivante une seconde édition élargie[4]. En 1573, une troisième édition fut publiée, avec deux feuilles en addition qui ne faisaient pas partie des »Quarante tableaux«[5].

[1] Le »Messkatalog Georg Willers« pour la foire du livre à Francfort en septembre 1570 cite les »Quarante tableaux« ainsi: »Allerley gedenckwirdiger Sachen / so sich in Franckreich in diesen nechsten jaren her verlauffen haben / in kunstlichen Figuren und vierzig Tafeln verfasset / auff grosse form« (Georg WILLER, Die Messkataloge Georg Willers, réprod. de l'éd. de 1564/1573–1593/1600, Hildesheim 1972–2001, vol. I, p. 323). Immédiatement après, il mentionne une autre édition: »Item auff kleine form/in 22 Tafeln« (ibid.), celle d'Hogenberg. Cf. Philip BENEDICT, Graphic History. The »Wars, Massacres and Troubles« of Tortorel and Perrissin, Genève 2007 (Travaux d'humanisme et Renaissance, 431), p. 26; Ursula MIELKE, Ger LUIJTEN (éd.), Frans Hogenberg. Broadsheets. Plates, Ouderkerk aan den Ijssel 2009 (The New Hollstein Dutch & Flemish Etchings, Engravings and Woodcuts 1450–1700, 21), p. 7.
[2] Cf. BENEDICT, Graphic History (voir n. 1), p. 26; les feuilles des »Quarante tableaux« mesuraient 32 cm de hauteur et 50 cm de largeur (cf. ibid., p. 6), celles d'Hogenberg 21 cm de hauteur et 28 cm de largeur.
[3] Cf. BENEDICT, Graphic History (voir n. 1), p. 189.
[4] Cf. WILLER, Messkataloge (voir n. 1), p. 366; BENEDICT, Graphic History (voir n. 1), p. 27; un épisode décrit par Philip Benedict montre l'influence de la production de cette officine qui pouvait même dépasser celle du modèle genevois: un des propriétaires néerlandais des »Quarante tableaux« possédait aussi la feuille volante d'Hogenberg du »Tournoi où Henri II fut blessé à mort«. Pour attirer une audience néerlandaise, Hogenberg avait ajouté librement les noms de personnes célèbres des Pays-Bas: le duc d'Alba, le comte de Hoorn, le duc de Savoie et le prince d'Orange parmi les cavaliers au bord de la lice. Ce Néerlandais corrigea alors la feuille des »Quarante tableaux« en ajoutant les noms de ces personnalités importantes que Hogenberg avaient nommées dans sa version de l'image; cf. BENEDICT, Graphic History (voir n. 1), p. 178.
[5] Il s'agit des feuilles »Le massacre de la Saint-Barthélemy« et »Le siège royal de La Rochelle«. »Le portrait d'Henri III«, qu'on trouve dans beaucoup d'albums d'Hogenberg, a été ajouté plus tard. Une première version avait été gravée d'après le portrait fameux d'Étienne Dumonstier de

Malgré ce succès apparent, l'officine ne poursuivit pas immédiatement la publication de nouveaux imprimés comme feuilles volantes durant les guerres en France[6]. Entre 1573 et 1586, l'atelier imprima seulement une feuille; celle-ci (datée du 8 décembre 1576) montrait le comte palatin Jean Casimir avec ses troupes auxiliaires venir en aide aux protestants français. À partir de 1587, l'atelier reprit, et ce jusqu'à la fin de la guerre, survenue en 1598, la production des feuilles des guerres de Religion. Quarante imprimés furent ainsi publiés.

Les copies des »Quarante tableaux« furent produites dans une phase décisive de l'officine, quand Hogenberg était encore en train d'établir le programme de son atelier. Mais les feuilles ne montrent pas une dépendance totale. Hogenberg développait son propre style en confrontation avec les »Quarante tableaux«.

Cet article explorera tout d'abord la personne d'Hogenberg et sa situation à Cologne dans les dernières décennies du XVIe siècle, son atelier et le caractère de son œuvre sur les guerres de Religion en France – à travers ses copies, d'après Tortorel et Perrissin, et ensuite le développement de l'œuvre de l'officine.

FRANZ HOGENBERG DANS LE COLOGNE DE LA SECONDE MOITIÉ DU XVIe SIÈCLE

Franz Hogenberg a passé le temps de sa formation à Anvers, où il fit la connaissance du cartographe Abraham Ortelius et de l'éditeur Christoffel Plantijn[7]. Surtout, Hogenberg exécuta des imprimés pour l'éditeur Hieronymus Cock[8]. C'est la raison pour laquelle, après la mort de celui-ci, en 1570, Hogenberg fut confronté à une situation financière délicate[9]. Il semble que non seulement cette situation, mais encore les tensions confessionnelles aient incité Hogenberg à quitter Anvers pour Cologne[10].

1578, alors que l'autre version doit dater d'après 1589 car le distique est un jeu de mots sur l'assassinat d'Henri III (1er août 1589).

[6] Cf. Fritz HELLWIG (éd.), Franz Hogenberg – Abraham Hogenberg. Geschichtsblätter, Nördlingen 1983, p. 9.

[7] Cf. HELLWIG (éd.), Hogenberg. Geschichtsblätter (voir n. 6), p. 12; Leon VOET (éd.): Frans Hogenberg, de 80jarige oorlog in prenten, La Haye 1977, p. 5.

[8] Cf. Stephan FÜSSEL, Natura sola magistra, dans: ID. (éd.), Georg Braun, Franz Hogenberg. Civitates orbis terrarum. Städte der Welt. 363 Kupferstiche revolutionieren das Weltbild. Gesamtausgabe der kolorierten Tafeln 1572–1617, reprod. de l'éd. Cologne 1612–1618, Hong Kong 2008, p. 25; HELLWIG (éd.), Hogenberg. Geschichtsblätter (voir n. 6), p. 12.

[9] Cf. HELLWIG (éd.), Hogenberg. Geschichtsblätter (voir n. 6), p. 14.

[10] Hogenberg apparaissait sur la liste d'expulsion du duc d'Albe en 1568 (cf. Ilja M. VELDMAN, Protestant emigrants. Artists from the Netherlands in Cologne [1567–1612], dans: Thomas W. GAEHTGENS [dir.], Künstlerischer Austausch, Berlin 1993, p. 163–174, ici p. 166 et VOET, Frans Hogenberg [voir n. 7], p. 5). Malheureusement, les documents des archives municipales de Cologne concernant l'atelier sont perdus ou non accessibles en conséquence de l'éboulement de 2009.

Cologne était la ville la plus grande de l'Empire avec 37 000 habitants[11]. La ville profitait de sa position géostratégique au bord du Rhin, de la proximité des Pays-Bas et de l'intégration dans un système infrastructurel des grandes routes[12]. De plus, la métropole rhénane était un des lieux préférés des émigrants qui quittaient leur patrie pendant les guerres confessionnelles, de quelques huguenots et surtout des Wallons catholiques et des protestants néerlandais. Les émigrants francophones utilisaient souvent leur connaissance du français pour faire des traductions professionnelles ou pour donner des cours de langue aux commerçants. Les émigrants français et néerlandais profitaient aussi des contacts qu'ils avaient dans leur patrie, et spécialement de leurs contacts à Anvers qui, à l'époque, était un centre d'information et de communication[13]. Ces différents milieux mercantiles et ceux des imprimeurs éditeurs prenaient part à la réception des nouveautés qui arrivaient en provenance de France[14].

Pour en revenir à Hogenberg disons qu'il existe différentes indications contradictoires sur son changement de domicile[15], mais il est sûr que c'est au plus tard en 1570 qu'il s'installa dans la métropole rhénane. Au commencement, il mena une lutte pour sa survie, mais il put établir son atelier dans les années suivantes malgré la concur-

---

[11] Cf. Susanne RAU, Geschichte und Konfession. Städtische Geschichtsschreibung und Erinnerungskultur im Zeitalter der Reformation und Konfessionalisierung in Bremen, Breslau, Hamburg und Köln, Hambourg 2002, p. 31.
[12] Cf. Wilfried ENDERLE, Die Buchdrucker der Reichsstadt Köln und die katholische Publizistik zwischen 1555 und 1648, dans: Georg MÖLICH, Gerd SCHWERHOFF (dir.), Der Riss im Himmel. Clemens August und seine Epoche, vol. IV: Köln als Kommunikationszentrum. Studien zur frühneuzeitlichen Stadtgeschichte, Cologne 2000, p. 167–182, ici p. 169.
[13] Concernant la situation des exilés réformés néerlandais à Cologne: Heinz SCHILLING, Niederländische Exulanten im 16. Jahrhundert. Ihre Stellung im Sozialgefüge und im religiösen Leben deutscher und englischer Städte, Gütersloh 1972.
[14] Cf. Cornel ZWIERLEIN, Discorso und Lex Dei. Die Entstehung neuer Denkrahmen im 16. Jahrhundert und die Wahrnehmung der französischen Religionskriege in Italien und Deutschland, Göttingen 2006, p. 568; Cornel ZWIERLEIN, Religionskriegsmigration, Französischunterricht, Kulturtransfer und Zeitungsproduktion im Köln des 16. Jahrhunderts, dans: Francia 37 (2010), p. 97–129, spéc. p. 118.
[15] P. ex. un voyage en Angleterre (Ingrid VON KAMPTZ, Civitates orbis terrarum. Ein Städtebuch von Georg Braun und Franz Hogenberg, Cologne 1953, p. 43), une station à Mechelen (Ursula MIELKE, Ger LUIJTEN [éd.], Remigius und Frans Hogenberg, Ouderkerk aan den Ijssel 2009 [The New Hollstein Dutch & Flemish Etchings, Engravings and Woodcuts 1450–1700], p. xxiv) avant l'arrivée à Cologne déjà en 1564 (Joachim DEETERS, Klaus MILITZER [éd.], Belgien in Köln. Catalogue de l'exposition, Cologne 1982, p. 88 et p. 97), une station à Wesel (Walter STEMPEL, Franz Hogenberg und die Stadt Wesel. Mit einem Beitrag zu seiner Biographie, dans: J. PRIEUR [dir.], Karten und Gärten am Niederrhein. Beiträge zur Klever Landesgeschichte, Wesel 1995 [Studien und Quellen zur Geschichte von Wesel 18], p. 45–46, surtout la n. 24), l'expulsion en 1568/la liste d'Albe (cf. VELDMAN, Protestant emigrants [voir n. 10], p. 166), un court séjour à Francfort en 1570 après avoir déjà habité à Cologne quelques mois (Bernadette SCHÖLLER, Kölner Druckgraphik der Gegenreformation. Ein Beitrag zur Geschichte religiöser Bildpropaganda zur Zeit der Glaubenskämpfe mit einem Katalog der Einblattdrucke des Verlages Johann Bussemacher, Cologne 1992 [Veröffentlichungen des kölnischen Stadtmuseums, 11], p. 30; Robert VAN ROOSBROECK, Emigranten. Nederlandse vluchtelingen in Duitsland [1550–1600], Leuven 1968, p. 135–157, ici p. 183).

rence[16]. Grâce à cela, il a pu acheter une maison à Cologne en 1585[17] où il a habité avec sa deuxième femme, Agnes Lomar, et ses six enfants, dont Abraham, qui reprendra plus tard l'officine de son père[18].

Cologne n'était pas seulement une métropole mercantile à cette époque-là, c'était aussi un centre de communication[19]. Grâce à sa connexion avec le système postal Taxis, après 1578, et à des messagers municipaux, la ville prenait part au marché de l'information[20]. Les gazettes autographes (Fugger, Ordinari) passaient régulièrement par Cologne et, dans la seconde moitié des années 1570, la ville devenait un centre de traduction de ces nouveaux autographes[21]. Même si le conseil municipal essayait de contrôler les informations publiées dans les pamphlets, la pratique de la censure n'était que rétrospective[22].

Mais pour travailler légalement et devenir un citoyen avec des droits de participation politique, les habitants devaient rejoindre une *gaffel* (un type spécial des guildes). La condition préalable pour cela était de prouver au conseil municipal sa confession catholique. Cependant, les protestants continuaient à jouir encore d'un rôle considérable dans la vie politique de la ville[23].

Une fois installé dans la métropole rhénane, Hogenberg mettait en œuvre son projet de feuilles volantes qui devaient porter sur les événements aux Pays-Bas et, par la

---

[16] Cf. VELDMAN, Protestant emigrants (voir n. 10), p. 166.
[17] Ibid.
[18] Cf. HELLWIG (éd.), Hogenberg. Geschichtsblätter (voir n. 6), p. 12; MIELKE, LUIJTEN (éd.), Remigius and Frans Hogenberg (voir n. 15), p. xxiii.
[19] Cf. ENDERLE, Buchdrucker der Reichsstadt (voir n. 12), p. 178.
[20] Cf. Wolfgang BEHRINGER, Im Zeichen des Merkur. Reichspost und Kommunikationsrevolution in der Frühen Neuzeit, Göttingen 2003 (Veröffentlichungen des Max-Planck-Instituts für Geschichte, 189), p. 325; Oswald BAUER, Zeitungen vor der Zeitung. Die Fuggerzeitungen (1568–1605) und das frühmoderne Nachrichtensystem, Berlin 2011 (Colloquia Augustana, 28), p. 169.
[21] Cf. ZWIERLEIN, Discorso und Lex Dei (voir n. 14), p. 568 et p. 603; voir l'exemple en détail (incluant Hogenberg) de la diffusion de l'information provenant de Cologne dans l'Empire: Michael SCHILLING, Bildpublizistik der frühen Neuzeit. Aufgaben und Leistungen des illustrierten Flugblatts in Deutschland bis um 1700, Tübingen 1990 (Studien und Texte zur Sozialgeschichte der Literatur, 29), ici p. 98–101.
[22] Cf. V. MUCKEL, Die Entwicklung der Zensur in Köln, Wurtzbourg 1932, p. 34; apparemment, la censure était assez efficace: le conseil municipal avait prohibé une feuille d'Hogenberg en 1586. Quand, malgré tout, le citoyen de Cologne Hermann Weinsberg (connu pour ses notices détaillées autant autobiographiques que concernant les événements contemporains) essaya de voir la feuille, il n'y parvint pas. Il put, toutefois, organiser le texte à partir d'une source anonyme (Hermann WEINSBERG, dans: Die autobiographischen Aufzeichnungen Hermann Weinsbergs. Digitale Gesamtausgabe, http://www.weinsberg.uni-bonn.de/Edition/Liber_Senectutis/Liber_Senectutis.htm [consulté le 19/02/2013], ici liber senectutis, fol. 586v; 15.07.1586).
[23] Cf. RAU, Geschichte und Konfession (voir n. 11), p. 186; Franz BOSBACH, Köln. Erzstift und freie Reichsstadt, dans: Anton SCHINDLING, Walter ZIEGLER (dir.), Die Territorien des Reichs im Zeitalter der Reformation und Konfessionalisierung, vol. III: Der Nordwesten, Münster 1991 (Katholisches Leben und Kirchenreform im Zeitalter der Glaubensspaltung, 51), p. 58–84, ici p. 73.

suite, sur les guerres de Religion en France[24]. Ces imprimés étaient les publications les plus importantes de l'atelier – en dehors de l'atlas topographique »Civitates orbis terrarum«. En outre, les grands ouvrages d'histoire, dans lesquels étaient repris les imprimés sur les événements en France et aux Pays-Bas, dominaient le programme de l'officine[25]. Hogenberg, qui appartenait à la confession d'Augsbourg, parvint même à entrer dans une *gaffel*. Il est probable qu'il se soit converti au catholicisme *pro forma*[26].

À cette époque-là, Cologne était un centre de la vie religieuse catholique, notamment avec l'université et sa faculté de théologie[27]. La ville se vit confrontée à deux tentatives du protestantisme de s'établir, toutes deux initiées par l'archevêque, qui provoquèrent un contre-mouvement[28]. Il y avait trois paroisses réformées à Cologne et une communauté luthérienne, dominée par les émigrants d'Anvers[29]. Parmi eux était probablement Hogenberg. Généralement, les protestants étaient acceptés à Cologne s'ils ne pratiquaient pas leur confession ouvertement[30]. Quand même, le conseil ordonnait de temps en temps des perquisitions et arrêtait des participants des services protestants clandestins[31].

La confession ne posait pas de problème à Hogenberg aussi longtemps qu'il n'essayait pas de la pratiquer manifestement. En 1579, lui et sa femme furent surpris

---

[24] Cf. HELLWIG (éd.), Hogenberg. Geschichtsblätter (voir n. 6), p. 13–14.
[25] Cf. ID., Hogenberg. Geschichtsblätter (voir n. 6), p. 12; VOET, Frans Hogenberg (voir n. 7), p. 6.
[26] HStAK, Zunftakten 88, fasc. 7, p. 587 (cité par VELDMAN, Protestant emigrants [voir n. 10], p. 169, n. 30); SCHÖLLER, Kölner Druckgraphik (voir n. 15), p. 31; Daniel R. Horst indique que Hogenberg était membre de la communauté réformée à Anvers, mais luthérienne à Cologne; quelques-uns parlent de celui-ci comme étant seulement »protestant«, mais la majorité des chercheurs s'accorde à dire qu'il appartenait à la confession d'Augsbourg (»luthérien«) (cf. Daniel R. HORST, De Opstand in zwart-wit. Propagandaprenten uit de Nederlandse Opstand [1566–1584], Zutphen 2003, p. 20; VELDMAN, Protestant emigrants [voir n. 10], p. 166; STEMPEL, Franz Hogenberg [voir n. 15], p. 45, n. 24 et p. 46).
[27] Cf. RAU, Geschichte und Konfession (voir n. 11), p. 180 et 186; SCHÖLLER, Kölner Druckgraphik (voir n. 15), p. 16 et 24; BOSBACH, Köln. Erzstift und freie Reichsstadt (voir n. 23), p. 63.
[28] Le premier essai d'établissement de la réformation: BOSBACH, Köln. Erzstift und freie Reichsstadt (voir n. 23), p. 68–70; RAU, Geschichte und Konfession (voir n. 11), p. 184–185; sur les mouvances réformées à Cologne: BOSBACH, Köln. Erzstift und freie Reichsstadt (voir n. 23), p. 66–68; concernant la deuxième tentative et la guerre de Cologne: Hansgeorg MOLITOR, Gegenreformation und kirchliche Erneuerung im niederen Erzstift Köln zwischen 1583 und 1688, dans: Klaus FLINK (dir.), Kurköln. Land unter dem Krummstab. Essays und Dokumente. Catalogue de l'exposition, Kevelaer 1985, p. 199–214, spéc. p. 202–203; BOSBACH, Köln. Erzstift und freie Reichsstadt (voir n. 23), p. 76.
[29] Cf. SCHILLING, Niederländische Exulanten (voir n. 13), p. 114; RAU, Geschichte und Konfession (voir n. 11), p. 184; après la prise d'Anvers par les Espagnols en 1585, le nombre des immigrés se multiplia.
[30] Cf. BOSBACH, Köln. Erzstift und freie Reichsstadt (voir n. 23), p. 68; SCHILLING, Niederländische Exulanten (voir n. 13), p. 38.
[31] Ibid.; RAU, Geschichte und Konfession (voir n. 11), p. 184; Joachim DEETERS, Hilfe für die Glaubensbrüder. Aus den Protokollen der niederländischen protestantischen Gemeinde, Februar 1572, dans: ID. et al. (dir.), Quellen zur Geschichte der Stadt Köln, vol. II: Spätes Mittelalter und frühe Neuzeit (1396–1794), Cologne 1996, p. 193–198, spéc. p. 193.

pendant qu'ils participaient au service protestant clandestin dans une maison privée de Cologne. Après avoir abjuré formellement, ils furent relâchés[32].

En 1590, Hogenberg mourut et son corps fut enterré au cimetière des protestants à Cologne[33]. L'atelier a continué à imprimer en utilisant son nom. Tout d'abord, la veuve de Franz Hogenberg a dirigé les travaux, puis son fils Abraham reprit l'officine et continua le travail de l'atelier indépendant jusqu'en 1631[34].

L'ATELIER D'HOGENBERG ET SON ŒUVRE

L'atelier était une entreprise familiale qui recrutait ses employés dans les environs de Cologne, fréquemment dans le milieu des émigrants néerlandais. Hogenberg travaillait avec un petit cercle d'employés fixes, parmi lesquels Simon Novellanus[35], et des employés occasionnels pour des projets de plus grande ampleur. Aucun des auteurs des grands ouvrages d'histoire de l'officine d'Hogenberg n'était un employé exclusif de l'atelier, même si tous collaboraient à plusieurs projets comme par exemple Michael Aitzing (le promoteur des »Messrelationen«)[36]. La religion ne jouait qu'un rôle subordonné pour la collaboration. Bien que le caractère des œuvres d'Aitzing et d'Emmanuel Van Meteren – les auteurs des grands ouvrages d'histoire de l'atelier – fût évidemment partial, Hogenberg réutilisait les mêmes clichés pour les deux œuvres[37].

En évitant des polémiques confessionnelles manifestes et excessives, on s'adressait à un grand public d'acheteurs potentiels[38]. Dans les deux cas, si le conseil municipal

---

[32] Hogenberg semble avoir régulièrement visité des services protestants clandestins avec sa femme; apparemment, sa maison servait de lieu pour des rencontres clandestines et des services variés. Selon Veldman, Hogenberg exerçait même les fonctions de diacre, baptisait des enfants et donnait les sacrements (cf. VELDMAN, Protestant emigrants [voir n. 10], p. 166; HORST, De Opstand in zwart–wit [voir n. 26], p. 20).

[33] Cf. VELDMAN, Protestant emigrants (voir n. 10), p. 166; HELLWIG (éd.), Hogenberg. Geschichtsblätter (voir n. 6), p. 13.

[34] Ibid.

[35] Les dédicaces de plusieurs volumes (I, III et IV) de l'œuvre »Civitates« font référence à Simon Novellanus (ou Neuvelt) et la série des feuilles d'Henri IV dans la France de 1596 l'identifiait comme graveur, peu de temps avant sa mort, à Cologne, en 1597 (cf. FÜSSEL, Natura sola magistra [voir n. 8]). Mathias Quad qui travailla aussi quelque temps pour l'atelier loua Novellanus pour sa »lustige, freye, kluge und verstendige Hand zu etzen, wie solches an den Stetten und Niderlandischen Historien in den Hogenbergischen Büchern zu sehen, deßgleichen in den neuen letzt außgegangenen Büchern, so die Bryen (de Bry) publicirt haben«; Mathias Quad, Teutscher Nation Herligkeitt [...], Cologne 1609; cf. J[ohann] J[akob] Merlo, Art. »Novellanus, Simon«, dans: Allgemeine Deutsche Biographie 24 (1887), p. 46–47, [consulté le 22/03/2013]).

[36] Cf. HELLWIG (éd.), Hogenberg. Geschichtsblätter (voir n. 6), p. 23 et 25.

[37] Cf. ibid. Les deux grands ouvrages d'histoire publiés par Hogenberg incorporaient une grande part des images des événements récents, bien que le texte fût masqué au profit d'une présentation beaucoup plus circonstanciée.

[38] Cf. BENEDICT, Graphic History (voir n. 1), p. 190; j'essayerai de spécifier quel était le public des feuilles de l'atelier d'Hogenberg (voir ci-dessous). Pour le débat intense sur »le public« à l'époque moderne – en Allemagne, surtout développé en réaction au modèle de Jürgen Haber-

prohibait des œuvres de l'atelier, c'était pour des raisons politiques afin d'éviter un conflit, surtout avec l'archevêque de Cologne[39].

La plupart des gravures des événements récents étaient fabriquées pour des feuilles volantes (*Einblattdrucke*), mais étaient réutilisées. C'est seulement dans les années 1590 et, donc, après la mort de Franz Hogenberg, que l'officine publia des albums avec les imprimés des événements récents avec des collections individuelles que l'acheteur pouvait grouper lui-même[40]. Ces imprimés se vendaient si bien que plusieurs éditions pirates furent produites, notamment dans la ville de Francfort, laquelle était en train de s'établir comme un centre concurrent des imprimés avec la foire du livre[41].

L'actualité jouait un grand rôle: l'officine était capable de produire une feuille volante entre quatre et six jours seulement après l'événement, s'il s'agissait d'une scène locale[42]. Ces feuilles ne coûtaient pas cher, mais trop encore pour un travailleur non qualifié, comme le révèle un commentaire du citoyen colonais Hermann Weinsberg jusqu'à présent ignoré de la recherche: il payait »32 a current« pour vingt et une

mas (»Strukturwandel der Öffentlichkeit«) – cf., p. ex., le résumé de Susanne Rau avec un paragraphe sur le débat français (Susanne RAU, Orte – Akteure – Netzwerke. Zur Konstitution öffentlicher Räume in einer frühneuzeitlichen Fernhandelsstadt, dans: Gerd SCHWERHOFF [dir.], Stadt und Öffentlichkeit in der Frühen Neuzeit, Cologne 2011, p. 39–63).

[39] Cf. Eva-Maria SCHNURR, Religionskonflikt und Öffentlichkeit. Eine Mediengeschichte des Kölner Kriegs (1582–1590), Cologne 2009 (Rheinisches Archiv, 154), p. 471 et p. 475; Johann Jakob MERLO, Kölnische Künstler in alter und neuer Zeit. Johann Jacob Merlos neu bearbeitete und erweiterte Nachrichten von dem Leben und den Werken Kölner Künstler, éd. par Éduard FIRMENICH-RICHARTZ, Düsseldorf 1895 (Publikationen der Gesellschaft für Rheinische Geschichtskunde, 9), col. 376; HELLWIG (éd.), Hogenberg. Geschichtsblätter (voir n. 6), p. 14; Hermann Weinsberg expliquait qu'il ne comprenait pas cette décision de prohiber la feuille de l'attaque de Junkersdorf car le conseil pratiquait généralement une censure pas du tout austère (»dieweil man alle ander hendel hat drucken laissen«: WEINSBERG [voir n. 22], liber senectutis, fol. 586v; 15.07.1586).

[40] Cf. HELLWIG (éd.), Hogenberg. Geschichtsblätter (voir n. 6), p. 5.

[41] Cf. ibid., p. 27; BENEDICT, Graphic History (voir n. 1), p. 191; déjà, en 1584, Michael von Isselt abrégeait l'histoire de la guerre de Cologne d'Aitzing et la traduisait en latin en utilisant neuf images d'Hogenberg, plus petites et simplifiées, en copie. Aitzing et, probablement, Hogenberg avaient donné leur consentement (cf. HELLWIG [éd.], Hogenberg. Geschichtsblätter [voir n. 6], p. 27; Frederik MULLER, De Nederlandsche geschiedenis in platen. Beredeneerde beschrijving van Nederlandsche historieplaten, zinneprenten en historische kaarten, vol. I: Jaren 100 tot 1702, Amsterdam 1863/1870, p. 41). Après cela, Georg Keller, à Francfort, réutilisait l'imagerie de l'atelier Hogenberg; dans l'œuvre de Nicolaus Bellus »Österreichischer Lorberkrantz« (Francfort, première édition 1625) les feuilles d'Hogenberg étaient copiées; Adrian Huberti le jeune dupliquait des feuilles pour l'»Histoire générale de la guerre de Flandre« (Paris, première édition 1623), repris par Gabriel Schappuijs (cf. HELLWIG [éd.], Hogenberg. Geschichtsblätter [voir n. 6], p. 17). De plus, d'autres feuilles à propos desquelles il est pratiquement impossible de décider si l'exemplaire d'Hogenberg était le modèle ou la copie existaient, parmi elles »La nuit de la Saint-Barthélemy« (1572) de Georg Scharffenberg de Görlitz. Selon Strauss, on retrouve la feuille dans l'édition de la »Cosmographia« de Sebastian Münster (Bâle 1628), à la page 205 (la feuille est reproduite dans: Walter L. STRAUSS, The German Single Leaf Woodcut. 1550–1600, 3 vol., New York 1975, p. 909).

[42] Cf. HELLWIG (éd.), Hogenberg. Geschichtsblätter (voir n. 6), p. 14; BENEDICT, Graphic History (voir n. 1), p. 190.

feuilles de l'atelier⁴³. Cela correspondait à peu près à un tiers voire à la moitié du salaire journalier d'un compagnon ou maître charpentier – qui étaient parmi les artisans les mieux payés – à Cologne à cette époque–là⁴⁴.
 Malheureusement, les auteurs des feuilles volantes sur les événements en France restaient anonymes⁴⁵. Concernant les thèmes et la conception des images, il semble qu'Hogenberg eût décidé du programme de l'atelier ou bien même qu'il gravât lui-même une grande partie des œuvres⁴⁶. Pourtant, George Braun, le cofondateur de l'atlas des topographies »Civitates orbis terrarum«, jugeait: »Est sculptor, non inventor«⁴⁷.
 Mais Hogenberg était certainement un éditeur inventif: il utilisait ses contacts à Anvers, comme par exemple Abraham Ortelius et Christoffel Plantijn, pour organiser la distribution des produits de son atelier. De plus, il édifia un réseau de collègues, amis et mécènes, comme le cartographe Gerhard Mercator à Düsseldorf, le sponsor de l'officine Gerhard Stempel à Cologne, et un membre du conseil municipal de cette même ville, Arnold Mylius, ou encore Heinrich Rantzau, le gouverneur du roi du Danemark dans les duchés de Schleswig et Holstein, pour n'en citer que quelques-uns⁴⁸. On ne sait pas exactement comment Hogenberg et ses employés et collaborateurs s'informaient des événements, mais il y avait différentes possibilités à Cologne de recevoir des nouvelles de France⁴⁹.
 Il semble que l'officine d'Hogenberg produisait des feuilles volantes pour différents cercles de récipiendaires: celles exclusivement en allemand pour un marché local – surtout des événements de la guerre de Cologne – et celles en allemand et français portant sur les guerres de Religion pour gagner les Wallons et les Français comme lecteurs. Quelques-unes étaient écrites en latin et en allemand pour un marché plus large et pas spécifique. La publication continuelle des feuilles bilingues, quelquefois trilingues, prouve que l'exportation des imprimés de l'officine d'Hogenberg était un

---

[43] »21 figuren [von Hogenberg] von deß ertzstifs Coln kreich, und wie der princz van Vranien umbkomen, dar vor 32 a current bezalt« (WEINSBERG [voir n. 22], liber senectutis, fol. 486v).
[44] Pour les chiffres: Hermann KELLENBENZ, Wirtschaftsgeschichte Kölns im 16. und beginnenden 17. Jahrhundert, dans: Hermann KELLENBENZ (dir.), Zwei Jahrtausende Kölner Wirtschaft, vol. I, Cologne 1975, p. 321–429, spéc. p. 403 et p. 417–418; concernant la valeur de la monnaie: Franz IRSIGLER, Getreide- und Brotpreise, Brotgewichte und Getreideverbrauch in Köln vom Spätmittelalter bis zum Ende des Ancien Régime, dans: Hermann KELLENBENZ (dir.), Zwei Jahrtausende Kölner Wirtschaft, vol. I, Cologne 1975, p. 519–539, ici p. 523.
[45] Cf. HELLWIG (éd.), Hogenberg. Geschichtsblätter (voir n. 6), p. 25.
[46] Cf. HORST, De Opstand in zwart-wit (voir n. 26), p. 20; de plus: FÜSSEL, Natura sola magistra (voir n. 8), p. 26.
[47] Cité d'après ibid.
[48] Cf. HELLWIG (éd.), Hogenberg. Geschichtsblätter (voir n. 6), p. 16 et 23–24; On pourrait aussi énumérer l'auteur et théologien luthérien Caspar Enß, le graveur Philipp Gallus, aussi éditeur et commerçant, qui collaborait à Anvers, les fournisseurs des matériaux, surtout des modèles pour l'atlas topographique, comme le graveur Jakob van Deventer et le dessinateur Georg Hoefnagel, le maire de Cologne Constantin von Lyskirchen et beaucoup d'autres (cf. ibid., p. 23–24; FÜSSEL, Natura sola magistra (voir n. 8), p. 12–14 et 25).
[49] Cf. ci-dessus.

succès – y compris dans le pays où les événements décrits avaient eu lieu (malgré un certain retard de l'apparition)[50].

À l'époque, des feuilles détachées et, plus tard, des albums circulaient en France. L'officine produisait, depuis 1610–1613, des albums, assemblages de feuilles volantes sur des événements récents, selon les intérêts des acheteurs individuels, et dont le genre et le prix visaient une clientèle spécifique constituée de collectionneurs[51]. Ces publications éveillaient aussi l'intérêt des acheteurs français. Dans la collection de Michel Begon, intendant à La Rochelle, figurait un album d'Hogenberg, datant de 1635. Il semble que le père de Begon, qui était le receveur des impôts (la taille) en la ville de Blois, l'ait acquis. Cette collection se trouve actuellement dans le cabinet d'estampes de la Bibliothèque nationale[52].

LES GUERRES DE RELIGION DANS L'ŒUVRE DE L'ATELIER LA CONFRONTATION AVEC LES »QUARANTE TABLEAUX«

L'atelier d'Hogenberg se spécialisait dans les topographies et les imprimés des événements récents. Par l'impression de nouvelles qui accompagnaient les grands développements historiques de ce temps, Hogenberg se profilait sur les autres offres contemporaines avec un produit unique. Il semble logique que l'officine ait développé un style ou programme unique et homogène afin de souligner le caractère cohérent de son œuvre, de garantir que les imprimés fussent reconnaissables[53]. Mais il est curieux qu'il manque sur presque toutes les feuilles des indications directes sur l'atelier qui eussent fait figure de »critère de qualité«.

La feuille typique de l'atelier en petit format avait en moyenne vingt-huit centimètres de largeur et vingt et un centimètres de hauteur. Comme le graphique – une gravure d'une haute qualité – dominait la feuille, il restait seulement environ deux centimètres pour le texte au-dessous de l'image. Généralement, il était gravé directement sur le cliché[54]. La quasi-totalité des feuilles informait de l'année ou de la

---

[50] Cf. HELLWIG (éd.), Hogenberg. Geschichtsblätter (voir n. 6), p. 10.

[51] Johann Jacob Merlo, en utilisant Fredrick MULLER, Hogenbergs Historienprenten, dans: De Navorscher 10 (1860), p. 21, énumère quelques collections de feuilles qui apparaissaient tôt comme des albums de l'officine: 112 feuilles en 1583, 142 feuilles en 1585 et 150 feuilles en 1588. Plus tard, les albums étaient beaucoup plus volumineux, avec 246 feuilles en 1596 et 267 feuilles en 1605. Ceux qui portaient des numéros autographes étaient des produits individuels destinés aux clients alors que les albums portant des numéros imprimés après 1610–1613 semblent être les albums fixes produits par l'atelier (cf. MERLO, Kölnische Künstler [voir n. 39], col. 375; HELLWIG (éd.), Hogenberg. Geschichtsblätter [voir n. 6], p. 7–8).

[52] Cf. Nicole VILLA, Les gravures à sujets historiques dites de »François Hogenberg« à la Bibliothèque nationale, dans: Emil VAN DER VEKENE (dir.), Refugium Animae Bibliotheca. Festschrift für Albert Kolb, Wiesbaden 1969, p. 501–510, spéc. p. 501–502.

[53] Cf. MIELKE, LUIJTEN (éd.), Hogenberg. Broadsheets (voir n. 1), p. 7; en plus: BENEDICT, Graphic History (voir n. 1), p. 27.

[54] Cf. HELLWIG (éd.), Hogenberg. Geschichtsblätter (voir n. 6), p. 10.

date exacte de l'événement décrit, tandis que seulement quelques-unes étaient intitulées ou portaient le nom du lieu décrit[55].

Le style de l'officine se développa en confrontation avec les »Quarante tableaux«[56], et tous les deux partageaient quelques caractéristiques. Mais les publications d'Hogenberg montraient des variations et des éléments neufs: typiquement, la scène vue de haut montrait beaucoup de personnes éloignées et petites à cause de la vue panoramique. Pour la plupart des feuilles, une scène centrale était choisie, même s'il s'agissait d'une narration avec plusieurs scènes[57]. La relation de texte et d'image différait des »Quarante tableaux«, car les textes étaient plus courts, agrémentés de polémique mais sans devenir ostentatoirement injurieux[58]. Les imprimés de l'officine avaient du succès, car on réutilisa les clichés, les feuilles furent imitées, et, dans quelques cas, un nouveau cliché fut gravé quand la version existante était usée[59].

Ces feuilles des premières années des guerres de Religion étaient publiées exclusivement en série avec un titre. Celui-ci expliquait que (l'atelier d') Hogenberg jugeait quelques feuilles inutiles et pour cela ne les reproduisait pas. Surtout, il s'agissait de feuilles dont il existait encore une autre description, même si elle était bien différente[60].

De plus, le titre exprime la neutralité, la précision et l'actualité des imprimés par son caractère informatif, sa brièveté et la datation des événements récents (»Kurtzer begriff« et »biß an das Jar 1569«). Le modèle français était nommé explicitement (»zuvorens auff Frantzösisch […] verfasset«) parce que la citation d'une source française signalait l'information comme directe et authentique. Cette indication de l'observation directe fonctionnait comme preuve. L'allusion au fait de percevoir les événements sur-le-champ ou »sur place« soulignait la crédibilité, car une communica-

---

[55] Cf. ibid.
[56] On a – comme dans le cas des feuilles d'Hogenberg – répété le caractère informatif des »Quarante tableaux« et leur renoncement aux polémiques ostentatoires, même si la sélection des événements autant que le réseau protestant de communication dont les producteurs des »Quarante tableaux« s'intégraient prouvaient la tendance politico-confessionnelle. Malgré cela, il faut prendre au sérieux l'intention communiquée de vouloir informer en premier lieu – déjà postulée par Philip Benedict (cf. BENEDICT, Graphic History [voir n. 1], p. 8, p. 11, 147–149). Sur le caractère protestant des »Quarante tableaux«: ibid., p. 151–169.
[57] Cf. HELLWIG (éd.), Hogenberg. Geschichtsblätter (voir n. 6), p. 11.
[58] Cf. BENEDICT, Graphic History (voir n. 1), p. 190; les vers parlaient des réformés de »ceux de la religion (réformée)« (»denen von der [reformierten] Religion«) et qualifiaient les catholiques de »papistes« (»Papisten«) (cf. p. ex. les feuilles suivantes: »L'attaque des protestants à Nîmes«, 1567; »La bataille de Saint-Denis«, 1567; »La levée du siège de Saint-Gilles«, 1562; »La bataille de Dreux, la première attaque«, 1562).
[59] Cf. HELLWIG (éd.), Hogenberg. Geschichtsblätter (voir n. 6), p. 7; dans le cas de la feuille volante qui montre »Le tournoi où Henri II fut blessé à mort«, l'atelier d'Hogenberg a produit une copie assez exacte de la première interprétation – mais inversée latéralement.
[60] Par exemple »La mort d'Henri II sur son lit«; »L'ordonnance des deux armées à Dreux«; »La quatrième charge de la bataille de Dreux«; »La retraite de Dreux«; »Le siège d'Orléans«; »L'ordonnance des deux armées entre Cognac et Château-Neuf« et »La desroute du camp de M. les princes à Montcontour«.

tion interactive ou en présence était le mode traditionnel et dominant de communication[61]. Dans le titre, l'atelier d'Hogenberg listait les événements dans un ordre chronologique, sans commentaire, en utilisant surtout des prépositions temporelles et rarement causales pour établir une relation entre les différentes scènes, à la manière d'une chronique. Bien que l'indication sur Dieu comme acteur ne manquât pas, on se concentrait pour la description concrète sur les affaires temporelles, c'est-à-dire les lieux, les dates et les personnages.

Écrire visuellement l'histoire demandait la présentation plausible (»vraie«) et la contextualisation logique (chronologique ou causale) des événements[62]. Même si les feuilles d'Hogenberg citaient ce concept, elles le confrontaient avec un autre modèle historique qui accentuait la »main de Dieu« dans l'histoire et se distançait des explications logico-rationnelles des événements temporels[63].

Il est remarquable que les feuilles se concentraient – bien sûr parallèlement aux »Quarante tableaux« – sur le commencement du conflit et la première guerre (1559–1563)[64]: les dix-sept feuilles montraient la tendance claire de représenter surtout des actions militaires ou des violences pendant le temps de la paix[65]. Il y eut une pause entre le temps de la paix officielle et la reprise des rapports visuels, quand des actions militaires recommencèrent, en 1567[66]. En comparant les feuilles de l'officine d'Hogenberg de cette période avec les feuilles provenant des Pays-Bas, une plus grande variété se fait remarquer, d'un côté, par l'inclusion de cheminement non militaire (des pétitions, la révolte, l'exécution des sentences, la succession…), d'un autre côté, par l'inté-

---

[61] Cf. Ramon VOGES, Augenzeugenschaft und Evidenz. Die Bildberichte Franz und Abraham Hogenbergs als visuelle Historiographie, dans: Sybille KRÄMER, Sibylle SCHMIDT, Ramon VOGES (dir.), Politik der Zeugenschaft. Zur Kritik einer Wissenspraxis, Bielefeld 2011, p. 159–181, ici p. 167; Gabriele WIMBÖCK, Die Autorität des Bildes. Perspektiven für eine Geschichte vom Bild in der Frühen Neuzeit, dans: Frank BÜTTNER, Gabriele WIMBÖCK (dir.), Das Bild als Autorität. Die normierende Kraft des Bildes, Münster 2004 (Pluralisierung & Autorität, 4), p. 9–41, ici p. 19–22, 28; sur le concept de la communication interactive à l'époque moderne: Rudolf SCHLÖGL, Kommunikation und Vergesellschaftung unter Anwesenden. Formen des Sozialen und ihre Transformation in der Frühen Neuzeit, dans: Geschichte und Gesellschaft 34 (2008), p. 155–224.

[62] Cf. Gabriele WIMBÖCK, Karin LEONHARD, Markus FRIEDRICH, Evidentia. Reichweiten visueller Wahrnehmung in der Frühen Neuzeit, dans: ID. (dir.), Reichweiten visueller Wahrnehmung in der Frühen Neuzeit, Berlin 2007 (Pluralisierung & Autorität, 9), p. 9–38, ici p. 18.

[63] Cf. VOGES, Augenzeugenschaft und Evidenz (voir n. 61), p. 170.

[64] Le registre et la reproduction des feuilles chez Fritz Hellwig étaient la base pour les chiffres quantitatifs (HELLWIG [éd.], Hogenberg. Geschichtsblätter [voir n. 6], p. 32–43 [registre complet et la reproduction des feuilles]). Hellwig classait les feuilles dans les séries II à X (nous ne discuterons pas ici le problème de l'organisation des feuilles dans des séries non authentiques).

[65] Les feuilles traitaient les thèmes suivants: la tenue du parlement (1), l'assemblée des états généraux (1), le colloque religieux (1), la conclusion de la paix (1), le tournoi (1), l'exécution (4), le siège et la prise d'une ville (4), la bataille et l'ordre de bataille (3), le massacre (4).

[66] La concentration sur les actes militaires ou violents devenait – comparée à la diversité relative des thèmes de la période 1559 à 1563 – même plus manifeste dans les douze feuilles de la période 1567 à 1570 dont les sujets étaient: la bataille et l'ordre de bataille (4), le siège et la prise d'une ville (5), la prise de prisonniers (1), l'assassinat (1), le massacre (1).

gration des informations contextuelles (des portraits des protagonistes...). Néanmoins, on observe une accentuation militaire et violente[67].

Malgré les parallèles manifestes avec les »Quarante tableaux«, l'atelier d'Hogenberg mettait dans plusieurs cas l'accent sur d'autres choses que son modèle genevois: dans la feuille de »La prise de prisonniers de Strozzi«, on observe la concentration dans le texte sur le destin d'une personne – avec la tendance de simplification de la feuille – sans que l'atelier d'Hogenberg eût changé l'image des »Quarante tableaux«[68]. En outre, l'atelier ajoutait deux feuilles à la fin qui n'émergeaient pas dans les »Quarante tableaux«: l'une sur »Le massacre de la Saint-Barthélemy« et l'autre sur »Le siège royal de La Rochelle«.

---

[67] De 1555 à 1573 (à peu près à la même période que la série sur les premières guerres de Religion en France), l'atelier d'Hogenberg rapporta sur 52 feuilles des événements survenus aux Pays-Bas: la succession au trône et le conseil de la couronne (2), les pétitions (1), l'iconoclasme, la révolte et la répression (2), la pacification (1), les fêtes et cérémonies: funérailles, tournois, etc. (2), l'entrée, le retrait, l'escorte, le passage militaire (7), le service religieux (1), la bataille et l'ordre de bataille (8), le siège et la prise d'une ville (13), la destruction et le pillage (3), la prise de prisonniers (1), l'exécution (3), l'extradition (1), le plan (1), le portrait (6).

[68] Il y en a d'autres exemples: »La rencontre des deux armées entre Cognac et Château-Neuf« de la version des »Quarante tableaux« montre Condé qui parle (lettre »I«) pendant qu'il est assassiné d'un coup de pistolet (lettre »M«). En revanche, l'atelier d'Hogenberg adapta la conception de l'image tout en se concentrant sur la prise de prisonniers et l'assassinat du prince de Condé (la seule personne dont le nom est gravé sur le cliché), comme l'explique le texte. Il semble que l'atelier d'Hogenberg ait basé sa feuille sur une version allemande de la feuille de Tortorel dont le titre et le texte se concentraient déjà sur la personne de Condé (cf. BENEDICT, Graphic History [voir n. 1], p. 348).

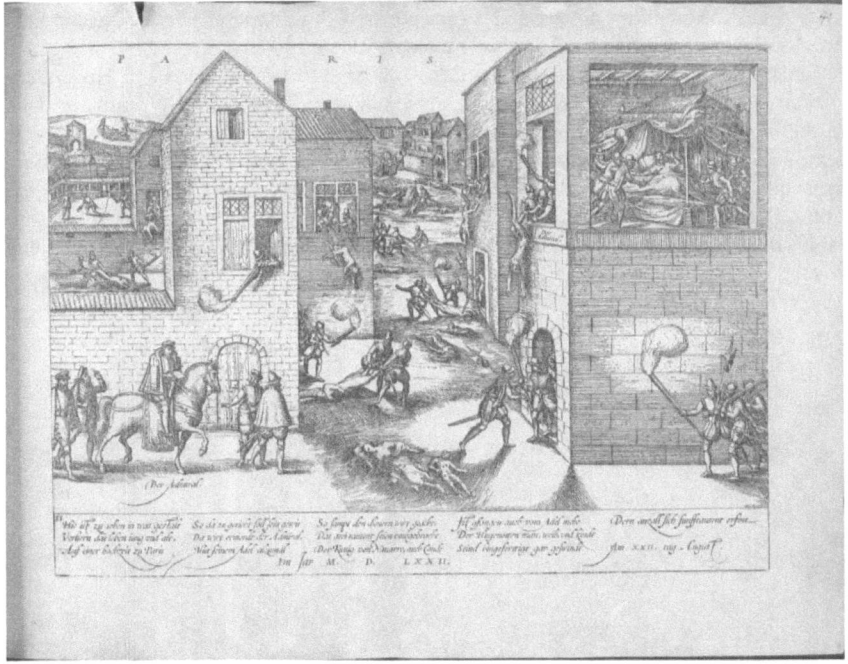

Franz Hogenberg, *Le massacre de la Saint-Barthélemy*, gravure, Wolfenbüttel, Herzog-August-Bibliothek [Hogenberg-Album], p. 80

L'atelier essayait – comme le postulat dans le titre le montre déjà – de convaincre l'acheteur potentiel que leur interprétation de l'événement était vraie, ou plutôt probable. Pour arriver à ce but, on cita des scènes ou personnes connues et se servit de détails comme des vêtements ou des armes typiques[69]. Malgré la fidélité topographique des feuilles des guerres de Cologne ou des Pays-Bas, les coulisses des villes françaises n'étaient pas près de représenter la réalité[70]. Dans certains cas, l'officine classait des

---

[69] La citation des événements centraux était, d'une part, un »marquage« de crédibilité, où des choses déjà connues étaient affirmées et où les informations étaient faciles à contrôler, car tous les médias en parlaient. D'autre part, ces scènes centrales construisaient souvent à partir des éléments isolés un procès historique, incluant l'accélération et la juxtaposition des lieux distants, et comme cela devait nécessairement contredire l'image, aussi réaliste qu'elle fût.

[70] Quelques points reconnaissables étaient choisis, mais il y figurait aussi des éléments curieux comme p. ex. un édifice rond qui était repris plusieurs fois. Ce type d'édifice n'existait pratiquement pas en France. Néanmoins, l'atelier de Cologne utilisait les mêmes modèles, qui étaient faits pour l'atlas topographique, dans les feuilles ultérieures des événements en France: la feuille »Le siège de Rouen« (1591) s'appuie sur l'image de »Civitates«, qui était faite d'après un dessin de Georg Hoefnagel (cf. FÜSSEL, *Natura sola magistra* [voir n. 8], p. 25).

parties de l'image simplement avec le texte au-dessous de l'image et le texte gravé dans l'image sans viser une similitude visuelle. D'autres marques qu'on trouve fréquemment incluaient la position du protagoniste dans une salle (p. ex. élevée ou isolée), la relation avec d'autres personnes ou bien des attributs ou les armoiries comme les lis des rois français.

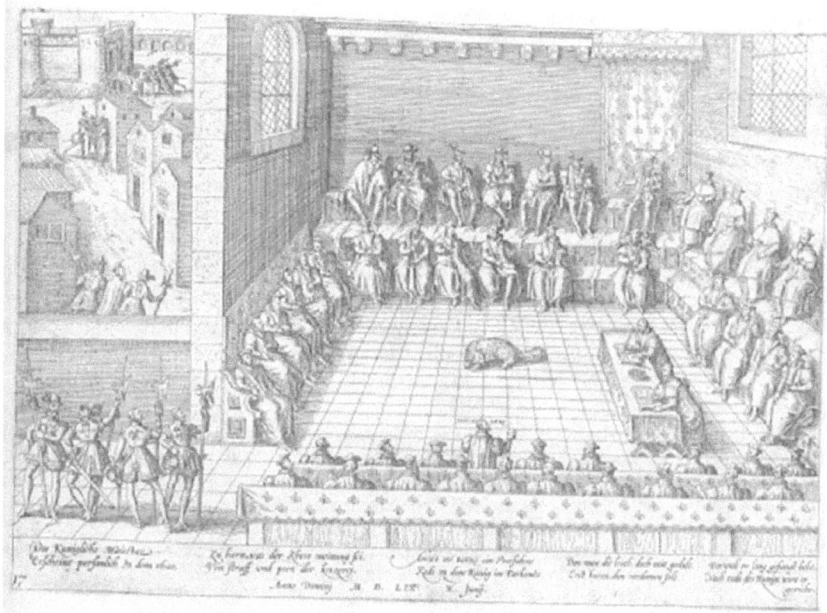

Franz Hogenberg, L'arrestation d'Anne du Bourg, gravure, Wolfenbüttel, Herzog-August-Bibliothek [Hogenberg-Album], n° 17

Un autre moyen qui rendait les images crédibles et satisfaisait l'attente de l'acheteur potentiel était la mixture des éléments typiques pour un certain type d'événement et des détails spécifiques: dans le cas de l'imprimé »Le siège de Saint-Jean-d'Angely«, par exemple, il y a des éléments qu'on trouve dans chaque image d'un siège, comme la coulisse représentative d'une ville, les portes de la ville fermées, des personnes armées sur le mur d'enceinte, l'impression d'encerclement, des tranchées de siège, la mise en place des lignes de canons d'une armée en face du mur, etc. Ces éléments caractéristiques, quasi topiques[71], du siège rendaient la scène reconnaissable à première vue.

---

[71] »Topique« est utilisé ici dans le sens de lieu commun, stéréotypie ou thème récurrent. Il y en a encore d'autres argumentations similaires dans les feuilles de l'atelier: le caractère indéterminé

Mais pour donner un caractère actuel et nouveau, il était nécessaire de donner aussi des détails spécifiques de l'événement concret[72]. On voit, en haut à droite, un détail historique: la sortie des cavaliers et d'une grande troupe des piétailles contre les assiégeants, qui s'emparent des canons et de la poudre à canon[73]. L'utilisation des représentations quasi topiques se répète aussi dans la présentation des massacres et des batailles[74].

Si l'on observe par exemple la feuille de »L'arrestation d'Anne du Bourg«, on remarquera encore quelques traits spécifiques de l'œuvre d'Hogenberg qui le distinguent de son modèle genevois.

Dans les »Quarante tableaux«, il existe deux versions de »L'arrestation d'Anne du Bourg«: Hogenberg reprit la version moins dramatique, qui n'essayait pas explicitement d'héroïser le président du Bourg. À cause de la vue panoramique, les personnages apparaissent distants, alors que la présentation de la scène dans la feuille des »Quarante tableaux« est beaucoup plus proche. La figure d'Anne du Bourg est reprise plusieurs fois, ce qui souligne son rôle de protagoniste, même si sa personne n'apparaît pas au centre de la feuille, mais seulement au bord. Au centre, on découvre un chien assez grand et hirsute, qui se repose. Probablement, il symbolise le caractère galeux de la guerre civile – ou un péril qui sommeille qu'on risque de réveiller? Ce chien est placé dans le carré vide et vaste. Chez Hogenberg, on peut voir des parties qui ne sont pas modelées. Ainsi, il obtient la concentration sur la scène centrale, bien que la ten-

---

de l'Histoire (*Offenheit der Geschichte*) se trouve dans les textes pour indiquer l'actualité du rapport, pour éviter de devoir se positionner politiquement, pour faire remarquer une feuille suivante comme stratégie commerciale ou pour souligner la main de Dieu dans l'Histoire. Dans certaines feuilles, on utilisait aussi le lieu commun de singularité des événements sans précédent, impossible à comparer avec quelque autre événement historique.

[72] L'habitude et l'attente influencent la perception autant que le savoir préalable; on a besoin des catégories pour pouvoir comprendre (cf. Ernst H. GOMBRICH, Kunst und Illusion. Zur Psychologie der bildlichen Darstellung, trad. par Lisbeth GOMBRICH, Stuttgart ⁵1978, p. 110–111, 245).

[73] BENEDICT, Graphic History (voir n. 1), p. 367, a comparé la feuille des »Quarante tableaux« avec deux sources textuelles du siège: pendant que le »Discours au vray de ce qui s'est passé au siège de Sainct Jean d'Angely« (Angoulême. Jean de Minieres, 1569, imprimé dans: »Histoire de Noistre temps«) montre des parallèles plutôt généraux, les lettres de »K« à »M« des »Memoires de la III. guerre civile« sont exactement les mêmes que dans la feuille citée.

[74] Est-ce qu'il y a alors un prototype d'événement comme pour le massacre (Wassy, selon Donald R. Kelley) qui était répété dans les sources et avait peut-être même influencé l'idée de ce qu'est un »massacre« si intensément que les actions, le comportement, l'événement même étaient influencés par la circulation de l'idée? (cf. Donald R. KELLEY, Martyrs, Myths, and the Massacre. The Background of St. Bartholomew, dans: The American Historical Review 77 [1972], p. 1323–1342, spéc. p. 1334–1335, http://www.jstor.org/stable/1861309 [consulté le 22/03/2013]). La relation de »l'événement« et du discours ou plutôt la représentation a été discutée récemment (avec un accent un peu différent) par Jean-Louis FOURNEL, L'annonce, le bruit et le récit des armes. Les mots de la guerre, dans: Jérémie FOA, Paul-Alexis MELLET (dir.), Le bruit des armes. Mises en formes et désinformations en Europe pendant les guerres de Religion (1560–1610), Paris 2012, p. 9–17.

dance dans les »Quarante tableaux« soit de remplir chaque centimètre de l'image avec des personnages ou des détails décoratifs (principe de *horror vacui*) qui n'aident pas nécessairement à raconter l'événement.

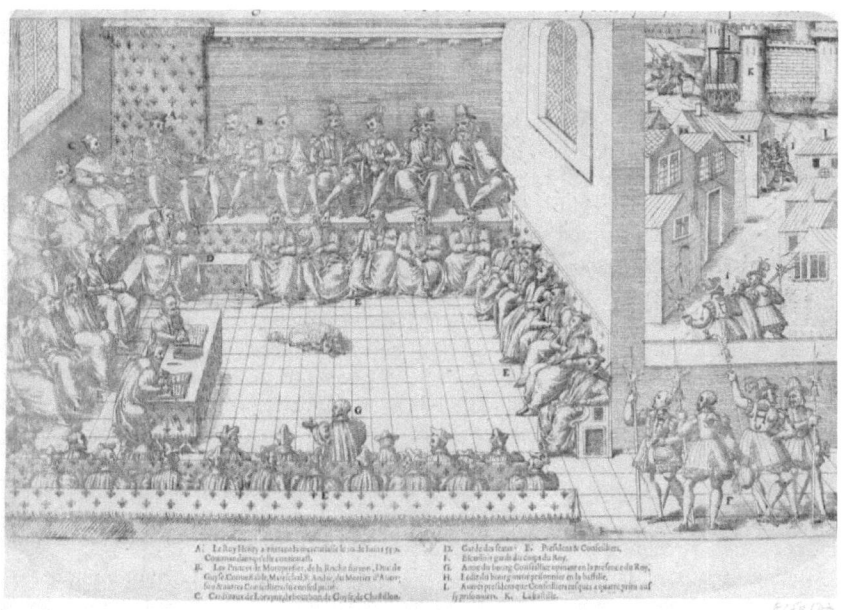

Jean Jacques Perrissin, *La mercurialle tenue aux Augustins à Paris le 10 de juin 1559 où le Roy Henry 2 y fut en personne*, Bibliothèque nationale de France

Du premier coup d'œil, il est apparent que le style de l'atelier d'Hogenberg diffère du modèle genevois. Ses personnages sont plus sveltes que ceux des »Quarante tableaux«. Mais de la clarté résultent aussi une certaine distance et moins d'immédiateté; les spectateurs sont donc à un moindre degré captivés émotionnellement. D'un autre côté, l'image place le spectateur dans la position d'un témoin oculaire. Elle semble montrer une reproduction immédiate et concrète des événements (plus que le texte) et convie le spectateur à se retrouver dans la position de celui qui découvre et révèle la scène[75]. Sur la feuille de »L'arrestation d'Anne du Bourg« (on pourrait aussi prendre l'exemple du »Massacre de la Saint-Barthélemy«), le mur extérieur est interrompu pour connecter ce qui se passe à l'intérieur et à l'extérieur. C'est une stratégie pour générer crédibilité et

---

[75] Cf. Gottfried WILLEMS, Anschaulichkeit. Zur Theorie und Geschichte der Wort-Bild-Beziehungen und des literarischen Darstellungsstils, Tübingen 1989 (Studien zur deutschen Literatur, 103), p. 58–59, 111–112; WIMBÖCK, Die Autorität des Bildes (voir n. 61), p. 20–22, 28.

immédiateté[76]. La connexion de ces deux sphères permet une narration chronologique tant que causale: le résultat du discours d'Anne du Bourg est son emprisonnement à la Bastille.

Bien sûr, ce mode de présentation se développait sur la base des modèles médiévaux: on y trouve notamment la technique d'ouvrir les intérieurs au regard du spectateur (par exemple, dans la présentation biblique de l'Annonciation) ou des scènes simultanées dans un cadre (par exemple, pour représenter la vie des saints) tout comme plusieurs cadres d'images pour raconter une histoire cohérente (vie des saints également). Hogenberg, ou plutôt son atelier, utilisait sûrement des types préexistants et, bien qu'il soit difficile de parler d'une stratégie visuelle, il faisait néanmoins ses choix et préférait un mode de représentation à l'autre[77].

Mais revenons à la feuille de »L'arrestation d'Anne du Bourg«: en regardant le texte, la première chose que l'on constate est que la légende française ne fut pas reprise dans la traduction allemande chez Hogenberg; à la place, il inséra cinq rimes plates au-dessous de l'image et la date de l'événement. De plus, la feuille d'Hogenberg n'était pas intitulée. Le texte nommait explicitement du Bourg comme le défenseur des droits (»Das man die leuth doch mitt gedult, / Erst horen, dan verdamen solt«), tandis que le roi était présenté comme son adversaire qui, par conséquent, ignorait les droits. Selon la feuille, du Bourg avait seulement répondu avec franchise (»ANNA DV BOVRG ein Præsident / Redt zu dem Kunig im Parlamēt«), quand Henri II avait demandé l'avis du conseil (»Zu horn, was der Rheet meinung sei«), mais il fut arrêté à cause de cela. Cette formulation aggravait la critique du comportement royal: Henri II devait apparaître faux et injuste, contre les droits judicieux, ignorant à l'égard du conseil de ses proches, tandis que du Bourg apparaissait comme son antipode.

Bien au contraire, la feuille des »Quarante tableaux« proposait une autre interprétation: Anne du Bourg, »opinant en la présence du Roy« (le receveur de la feuille devait ajouter lui-même: en train de défendre les droits des protestants accusés), n'était pas si clairement idéalisé, bien qu'il y restât à lire en filigrane l'accusation envers ses oppresseurs. Les personnes marquées avec des noms gravés dans l'image n'étaient pas seulement le roi et Anne du Bourg, mais aussi les hauts princes et chanoines, avec parmi eux le duc de Guise et le cardinal de Lorraine, qui apparaissaient assis à côté du roi Henri II en se tournant vers lui. Ils étaient vus comme des protagonistes et jouaient un rôle fondamental pour la narration de l'événement. On pouvait en conclure que l'accusation implicite, beaucoup moins ouvertement articulée que dans la feuille d'Hogenberg, était plutôt adressée aux conseillers du roi qu'au roi lui-même.

---

[76] Dans les feuilles, plus tard, les graveurs (ou les inventeurs) coupaient les personnes et les choses dans l'image par la bordure, ce qui créait un effet d'immédiateté. Ainsi, le spectateur voyait seulement un petit extrait des événements comme un observateur »sur place« au lieu de se désolidariser de la scène présentée d'une vue d'ensemble.

[77] Au lieu d'utiliser plusieurs cadres d'images pour présenter les scènes à l'extérieur et à l'intérieur ou placer quelques scènes derrière une fenêtre pour l'illusion réaliste, il choisissait d'ouvrir les murs pour révéler les événements à l'intérieur au regard du spectateur.

S'agit-il alors d'une réinterprétation consciente d'Hogenberg ou est-ce que cette variante est plutôt le résultat d'une inexactitude en voie de production de l'édition pirate? Même si on ne peut pas donner une réponse définitive, il me semble probable qu'il s'agit d'une réduction de la complexité (typique pour l'atelier) pour gagner de la clarté afin de rendre la feuille plus attractive. Alors, ce fut une décision prise à cause d'une stratégie commerciale et sans l'intention de construire une image destructive d'un roi injuste et coupable[78].

LE CHANGEMENT APRÈS LA PREMIÈRE SÉRIE SUR LES GUERRES DE RELIGION EN FRANCE

Dans les années suivantes, l'officine d'Hogenberg a continué à produire des feuilles avec les coordonnées formelles décrites[79], mais elle semble avoir cessé la production de feuilles rélatives aux guerres de Religion en France pour un certain temps. Entre 1573 et 1586, l'atelier produisit une feuille[80] portant sur »Le support militaire auxiliaire par le comte palatin Jean Casimir« (daté du 8 décembre 1576) et par-là en relation directe avec l'Empire. Les feuilles ne redevinrent une partie fixe du programme de l'atelier qu'en 1587. À compter de cette année-là, les imprimés apparurent régulièrement et successivement non plus en série mais comme feuilles détachées, bien que celles-ci fussent publiées aussi comme album plus tard. Une première collection de onze feuilles était rassemblée en 1590/1591 sous le titre »Historia von der Liga in Frankreich. Darin kuertz / einfeltig / vnparteyisch«[81].

---

[78] La concentration sur des scènes centrales et la réduction de la complexité étaient typiques de l'officine d'Hogenberg. Dans la feuille de »L'assassinat de Condé«, le plus grand cadre de la bataille fut ignoré au profit d'une concentration sur le destin du prince de Condé, bien que l'atelier eût adopté le modèle genevois sans modification pour réduire les frais de production, donc pour des intérêts économiques.

[79] C'est-à-dire le petit format, une gravure de haute qualité, la concentration sur une scène à vue panoramique, la clarté de conception, et des polémiques dans le texte très court en rimes plates. Il y en a encore d'autres marques: on n'observait ni la proportion ni la perspective strictement, on n'organisait pas l'image clairement par les différents plans, on occupait tout l'espace par la présentation centrale et alors on plaçait l'horizon surélevé ou on le supprimait tout à fait (Philip Benedict a fait des observations similaires pour les »Quarante tableaux«).

[80] Des chiffres pour cette période de la production de feuilles sur des événements survenus aux Pays-Bas (1574–1577): le siège et la prise d'une ville (9), la destruction et le pillage (5), la bataille et l'ordre de bataille (6), la pacification (2), l'exécution (1), la révolte/la chute du gouvernement (1), le retour/le retrait (3), la suppression religieuse (l'interdiction de la prédication) (1), le plan (1).

[81] Cf. HELLWIG (éd.), Hogenberg. Geschichtsblätter (voir n. 6), p. 9; Ursula Mielke a noté qu'une collection de cinq feuilles des événements en France précédait l'»Historia von der Liga« et que ces feuilles étaient incorporées dans cette collection de 1590–1591. Malheureusement, elle ne précisait pas cette thèse ni ne donnait d'indication sur le lieu où elle avait vu cet exemplaire; cf. MIELKE, LUIJTEN (éd.), Hogenberg. Broadsheets (voir n. 1), p. 4.

Comme Hogenberg publiait son atlas topographique »Civitates orbis terrarum« avec George Braun depuis 1572, on peut supposer que les capacités de l'atelier se concentraient sur cette œuvre en tant que nouveau thème central de l'officine. Cependant, la production de feuilles relatant des événements récents survenus aux Pays-Bas restait importante et constituait une tâche considérable dans le programme de l'atelier: entre 1574 et 1583, quatre-vingt-six feuilles furent gravées à propos des conflits néerlandais et lorsque ces événements se superposèrent à la guerre de Cologne, cinquante-neuf feuilles apparurent entre 1583 et 1587. Il est impossible de dire alors si, à cause d'un intérêt personnel, les événements des Pays-Bas avaient la préférence d'Hogenberg sur ceux de la France ou si à cette époque-là il ne trouva point à Cologne de public concerné par les conflits outre-Rhin.

En 1587, cela changea encore une fois: la guerre de succession en France devint un sujet traité à répétition dans quarante feuilles jusqu'à l'édit de Nantes, en 1598 (d'ailleurs, l'édit n'y était pas reproduit). En regardant les actions militaires au sens strict (bataille, siège, mouvement de troupes), trois quarts des feuilles (29 sur 40) – ce qui est remarquable – traitent de ce sujet essentiel[82]. Cependant, les périodes de parution n'étaient pas régulières, bien au contraire: en 1588, 1593 et 1594, un seul imprimé parut, tandis qu'en 1590, 1591 et 1596, six feuilles furent produites (le plan n'est pas daté) et, en 1592, il y en eut même sept de publiées. Évidemment, les feuilles sur la dernière guerre réagissaient à l'intérêt du public et ainsi plusieurs parurent portant sur un seul événement, chose que l'officine avait volontairement évité de faire dans les feuilles antérieures sur les premières guerres de Religion (les copies des »Quarante tableaux«)[83].

Sur les feuilles des grandes batailles de 1590, les rimes allemandes courtes sont accompagnées d'un texte français très bref qui donne la date, le lieu et les participants. Seule une partie des feuilles bénéficiaient de la version bilingue[84].

Henri III de Navarre, ou Henri IV de France, était l'acteur central des feuilles de l'atelier d'Hogenberg à cette période, ce qui veut dire qu'il était nommé explicitement dans plus de la moitié des feuilles auxquelles il était ajouté un portrait et un arbre généalogique de Navarre[85]. L'officine présentait non seulement les succès de Navarre (p. ex.

---

[82] C'est-à-dire le siège et la prise d'une ville (18), la bataille et l'ordre de bataille (8), le passage militaire (3), l'exécution (1), le massacre (2), l'attentat/l'assassinat (3), la conversion (1), la légation/la diplomatie (1), l'information contextuelle: portrait, plan, généalogie (3).

[83] La feuille de l'atelier d'Hogenberg avec le »Le plan de Paris«, daté du 19 août 1590, parlait de la marche des troupes du duc de Parme sur Paris, du retrait de Navarre, de l'alimentation de la ville et du retour du duc de Parme aux Pays-Bas. Néanmoins, deux feuilles – l'une datée plus tard (3 septembre 1590), l'autre sans date – reprenaient les événements de l'alimentation et du retour du duc de Parme en détail, encore une fois, en recourant à ce qui était déjà rapporté dans la première feuille. Apparemment, ce sujet n'avait pas encore cessé d'éveiller l'intérêt du public.

[84] »Le lever du siège de Rouen par Henri IV« et »Le passage de la Seine par les troupes de Parme« (tous les deux 1592), »La conversion d'Henri IV« (1593), »L'attaque de Chastel sur le roi« (1594), »Le siège de Cambrai« (1595) et »La prise d'Amiens par les troupes espagnole« (1597).

[85] 1587 (1), 1590 (5), 1591 (3), 1592 (4), 1593 (1), 1594 (1), 1595 (3), 1596 (2), 1597 (1).

»La prise de La Fère«, daté du 20 mai 1596), mais aussi ses défaites, comme »Le ratage de l'armée de Navarre à Calais« (avril 1596). En outre, on voyait la conversion et la légation au pape bien que celles-ci fussent des sujets souvent étouffés par les protestants[86]. De plus, les feuilles se concentraient sur les grands chefs d'armée des deux parties[87]. Néanmoins, plusieurs éléments indiquent la bienveillance pour Navarre et la tentative d'influencer et de canaliser la sympathie du spectateur: les armées catholiques faisant des ravages, elles étaient présentées fréquemment (voir »La prise de Saint-Valéry-sur-Somme«, 12 janvier 1592, ou »Les Espagnols à Ham au bord de la Somme«, juin 1595). Ces gravures étaient souvent accompagnées par des textes qui prenaient parti pour critiquer la violence exagérée, disproportionnée, des actions des Espagnols et de la Ligue[88]. En riposte, Henri de Navarre apparaissait comme »der Nauarrisch helt« qui se battait pour son droit légal à la couronne[89]. Mais ce n'était pas du tout la totalité des feuilles qui se prononçait si clairement pour les protestants: »L'alimentation de Paris par le duc de Parme« (datée du 3 septembre 1590) autant que le »Retour triomphal du duc de Parme« présentaient le chef de l'armée espagnole de façon clairement favorable.

Dans les feuilles parues à partir de la seconde moitié des années 1580, plusieurs scènes simultanées dominaient les images et l'officine s'essaya avec un autre type de narration: des éléments architecturaux structuraient l'image en plusieurs cadres, un pour chaque scène[90]. On trouve aussi une feuille avec une allégorie et une structure complexe qui proposait plusieurs types d'argumentation sur différents plans. Le mode de représentation développé en confrontation avec les »Quarante tableaux« qui

---

[86] C'est vrai pour la réception des événements français en Angleterre: Alexandra SCHÄFER, Die französischen Religionskriege als Medienereignisse: Vermittlung und Rezeption am Beispiel Gabriel Harveys, dans: Europäische Geschichte Online (EGO), [consulté le 05/06/2014]

[87] Jusqu'à la mort du duc de Parme, en 1592, celui-ci appartenait aux chefs d'armée mentionnés assez souvent (1590 [3], 1591 [1], 1592 [4]), probablement à cause de sa connexion avec le conflit aux Pays-Bas. Dans une feuille de 1590, il (»dess Edlen Princen«) était même loué comme héros de la guerre qui célébrait son retour triomphal (»Retour triomphal du duc de Parme«, 1590). Ernst von Mansfeld, le maréchal de la couronne espagnole et gouverneur, au contraire, n'apparaissait que rarement (1595 [2]). Parmi les protagonistes de la Ligue, le duc de Mayenne semblait avoir la préférence (1590 [3], 1591 [1], 1595 [1]), tandis que les autres acteurs émergeaient seulement sporadiquement (p. ex., le duc de Guise: 1595 [1], 1596 [1]). Il semble que les Espagnols étaient plus présents dans les feuilles que l'opposition française d'Henri IV. Excepté Navarre, son chef d'armée Charles de Gontaut, le duc de Biron, était la personne la plus fréquemment représentée (nommé dans le texte d'accompagnement ou la légende): 1591 (2), 1595 (2). Le rôle central que l'officine d'Hogenberg attribuait au duc de Biron se révélait aussi dans la feuille qui traitait de sa prise de prisonniers et de son exécution avec un texte assez détaillé, ce qui n'était pas du tout typique du travail de l'atelier.

[88] P. ex. »La punition de Brison à Paris«, 19 décembre 1591, ou »La prise de Saint-Valéry-sur-Somme«: »Wurgen morden nach ihre weyss / Wass sie finden, iunck, altt vnnd greyss«.

[89] »der n[ae]chst vom blut«, »La conversion à Saint-Denis«, 25 juillet 1593 et »La bataille de Coutras« (nommé »Momgon« par Hogenberg), 20 octobre 1587.

[90] Cf. HELLWIG (éd.), Hogenberg. Geschichtsblätter (voir n. 6), p. 11.

jusqu'alors assurait le succès et cet air homogène qui domina les feuilles pendant environ deux décennies étaient en train de disparaître[91].

Après 1598, l'atelier ne continua à publier des feuilles sur les événements en France que de manière irrégulière: en 1602, deux parutions traitèrent de »La prise de prisonniers de Biron« et de »L'exécution du duc de Biron«, accompagnées d'une feuille avec explication textuelle, ce qui était une nouvelle dans l'œuvre de l'atelier. »Le siège de Genève par le duc de Savoie«, en 1602, devint aussi le sujet d'une feuille. Après cela, plus rien ne fut produit jusqu'à 1610 avec »L'assassinat d'Henri IV« (daté du 14 mai 1610) et puis »L'exécution de Jacques Ravaillac«. Des imprimés isolés des événements survenus en France parurent jusqu'en 1627 (»Le plan de La Rochelle et de ses environs«, lors du siège de la ville).

CONCLUSION

Les feuilles de l'atelier de Franz Hogenberg à Cologne représentaient, pour une bonne part, les guerres de Religion. Cologne était à cette époque-là l'un des lieux préférés par les émigrants, notamment à cause de son statut de centre de commerce et de communication. Les émigrants profitaient de leurs connaissances des langues et, comme Hogenberg, de leurs contacts dans leur patrie d'origine pour échanger des informations et des imprimés. Immédiatement après son déménagement pour Cologne, le Néerlandais Franz Hogenberg ouvrit son atelier, une entreprise familiale, qui travaillait tant avec un petit cercle d'employés fixes qu'avec des employés occasionnels pour des projets de la plus grande envergure, comme l'atlas topographique ou les grands ouvrages d'histoire. Des feuilles volantes sur les événements contemporains aux Pays-Bas et sur les guerres de Religion en France figuraient parmi ses premiers projets. L'officine produisait des feuilles pour l'exportation, ce qui semble avoir été un succès en France où circulaient les imprimés d'Hogenberg et, plus tard, des albums de l'atelier colonais. Très efficace, Hogenberg établit un vaste réseau qui s'étalait sur Anvers, Düsseldorf et Cologne, et s'étendait à d'autres éditeurs imprimeurs, des cartographes, des responsables politiques locaux et au gouverneur du roi du Danemark dans les duchés de Schleswig et Holstein. Pour ses collaborations, la religion jouait un rôle de second ordre et ne semble pas avoir été un obstacle pour Hogenberg – qui appartenait à la confession d'Augsbourg – dans la ville réputée être le centre du catholicisme du nord du Saint-Empire. Les deux fois qu'il se vit confronté avec la censure municipale, ce n'était pas pour des raisons confessionnelles.

Bien qu'il soit difficile de parler d'une stratégie visuelle de l'atelier d'Hogenberg, l'officine sélectionnait et préférait en tout cas un mode de représentation à l'autre.

---

[91] Ma thèse de doctorat sur les années 1588–1589 des guerres de Religion en France dans les *Flugschriften* et *Flugblätter* de l'Empire analysera et expliquera entre autres les trois feuilles de l'atelier d'Hogenberg des années 1588–1589 (»L'assassinat de Guise«, »L'arbre généalogique de Navarre« et »L'assassinat d'Henri III«).

Comme le style de l'officine se développait en confrontation avec les »Quarante tableaux«, ils partageaient quelques particularités, bien que les feuilles d'Hogenberg montrassent aussi des caractéristiques neuves (p. ex. la clarté et l'homogénéité du style). Ces premières feuilles montrent des traits communs, typiques de l'atelier de l'époque: un pragmatisme selon des critères commerciaux (reprendre l'image même si le contenu diffère), une neutralité considérable (sélection et langage apparaissent à peine partiaux), la description détaillée et en même temps la réduction (concentration sur une scène). J'ai montré comment la décision commerciale de simplification dans le cas de la feuille sur »L'arrestation d'Anne du Bourg« eut une réinterprétation décisive pour résultat (roi tyrannique). Mais la plupart des caractéristiques aidaient à diriger le spectateur: la scène visée occupait le centre de l'illustration, la réduction des éléments illustratifs, la position des sujets et leur relation, le point de vue distant comme vue d'ensemble. Ce choix conceptuel correspondait au contenu préféré d'Hogenberg: des actions militaires ou des actes violents en temps de paix et la concentration sur le destin des personnes ›d'État‹.

L'officine ambitionnait une représentation convaincante et pour y arriver optait pour différents moyens d'authentification: la référence à la source (titre de la série), ce qui donnait une impression d'observation immédiate et, par là, lui donnait de la crédibilité; l'exposition de scènes ou personnes connues, etc. De plus, l'atelier liait des éléments topiques qui rendaient la scène reconnaissable à première vue avec des détails spécifiques d'un événement concret. Pour contrebalancer les effets de la distance et le manque d'immédiateté émotionnelle, on employait des éléments intégratifs comme la perspective du spectateur qui est celle d'un témoin oculaire. Dans ses feuilles, l'officine argumentait avec deux modèles concurrents: des explications plausibles et logiques pour rationaliser et contextualiser des événements temporels d'une part, et de l'autre la référence à Dieu et l'impossibilité de connaître la fin de l'Histoire.

Puis, en 1573, il y eut une brisure, et l'officine ne reprit la production à grande échelle des imprimés sur les guerres de Religion en France qu'en 1587: quarante feuilles apparurent successivement, mais de façon non systématique, jusqu'à l'édit de Nantes, en 1598. Les actions militaires continuaient à dominer les feuilles autant que les personnes ›d'État‹, en particulier Henri III de Navarre/Henri IV de France et ses batailles – mais pas exclusivement ses succès, bien qu'il y eût une tendance vers un héroïsme protestant. À cette période-là, l'atelier réagit plus qu'auparavant à l'intérêt du public et expérimenta dans la seconde moitié des années 1580 avec d'autres types de narration, différents formats et styles (p. ex. plusieurs cadres dans une image, plus de portraits et de plans, une généalogie). Ainsi, le format développé en confrontation avec les »Quarante tableaux« étaient en train de disparaître au profit d'un programme plus hétérogène et, à partir de 1598, les feuilles sur les événements en France n'étaient produites qu'irrégulièrement.

RÉSUMÉ

L'article examine la dimension transnationale de la médialité des guerres de Religion en analysant les publications, les réseaux et le fonctionnement de l'officine de Franz Hogenberg, à Cologne. Hogenberg se distingua des imprimeurs éditeurs allemands de son temps en publiant une série de tableaux gravés sur les guerres de Religion françaises. Partant des »Quarante tableaux« de Tortorel et Perissin, qu'il copia d'abord, il développa son style, son argumentation et sa stratégie d'authentification spécifique. Malgré le succès de la série, son atelier en interrompit la production en 1573 et ne la reprit – dans un style nettement différent – qu'en 1587.

SUMMARY

This article examines the transnational dimension by analysing the broadsheets on the early Wars of Religion of the Hogenberg workshop in Cologne, its network and its mode of operation. Frans Hogenberg set himself apart from the contemporary German productions by publishing a series of broadsheets on the French conflicts. Taking into account the »Quarante tableaux« of Tortorel and Perissin which he copied at first, Hogenberg developed his own stylistic criteria, lines of argumentation and strategies of authentication. Despite the success of this series, the workshop stopped its production in 1573 and only resumed the printing of broadsheets on the Wars of Religion in 1587. The focus in these later prints had shifted, however.

Médialité et pratique corporelle

JÉRÉMIE FOA

Banalité du corps
La prison, l'exil et la marche comme communauté d'expériences huguenotes au temps des guerres de Religion

L'hypothèse que cette réflexion entend ici défendre peut se résumer en quelques mots: l'identité huguenote s'est avant tout constituée et consolidée par le biais des expériences corporelles auxquelles les huguenots ont été quotidiennement soumis au temps des guerres de Religion. En d'autres termes, je tenterai d'étudier un processus de socialisation corporelle, c'est-à-dire de mettre en lumière les mécanismes essentiels d'engendrement de l'habitus huguenot. Il s'agit de montrer que le média par excellence par lequel se sont intériorisées les identités confessionnelles, en l'occurrence l'identité huguenote, est moins le livre, la Bible, le pamphlet que le corps. Celui-ci sera étudié ici dans ses expériences quotidiennes. Je laisserai donc de côté la question des massacres et des violences (qui s'adressent pourtant bien aux corps)[1] pour m'intéresser aux routines, aux expériences répétées que subissent les corps, au moyen d'une *Alltagsgeschichte* du temps des troubles[2]. À rebours de la philosophie politique qui fait de la guerre civile le »mal extrême«, on privilégiera ici la »banalité du mal«[3].

Ballotés par les vents de l'histoire, les corps huguenots sont sans cesse enfermés, affamés, arrêtés, déplacés, expulsés, exilés; quotidiennement, fouillés, suspectés, dépouillés mais aussi identifiés, reconnus, sentis et vus. Les corps sont de la sorte quotidiennement soumis à des »épreuves de vérité« dont la multiplication conduit à la fixation et à la reproduction des identités confessionnelles[4]: comment traverser sans encombre un quartier catholique lorsqu'on est un piéton protestant? Où se rendre pour faire baptiser ses enfants ou inhumer ses proches? Qu'est-ce que passer des semaines voire des mois en prison siginifie-t-il pour »le faict de sa conscience«? Il y a là, dans la

---

[1] Denis CROUZET, Les guerriers de Dieu. La violence au temps des guerres de Religion, vol. II, Seyssel 1991.
[2] Carola LIPP, Histoire sociale et »Alltagsgeschichte«, dans: Actes de la recherche en sciences sociales 106–107 (1995), p. 53–66.
[3] Nicolas DUBOS, Le mal extrême. La guerre civile vue par les philosophes des origines à nos jours, Paris 2010. Je reprends ici, en le détournant, le titre d'une célèbre étude d'Hannah ARENDT, Eichmann à Jérusalem. Rapport sur la banalité du mal, Paris, ²1991.
[4] Voir les réflexions sur une guerre civile contemporaine menées par Natalia SUAREZ BONILLA, La compétence du savoir-(sur)vivre. Épreuves d'identité dans la guerre civile colombienne, thèse de l'EHESS (2010) sous la direction de Luc Boltanski. Voir aussi les critiques adressées par Joan STAVO-DEBAUGE à Luc Boltanski quant à sa lecture de la guerre civile, dans: De la critique, une critique. Sur le geste »radical« de Luc Boltanski, EspacesTemps.net (http://www.espacestemps.net/en/articles/de-la-critique-une-critique-sur-le-geste-radical-de-luc-boltanski-2-en/ [consulté le 02/01/2014]).

lignée de propositions avancées par Maurice Merleau-Ponty, une perspective de microhistoire sensorielle des guerres de Religion, une optique volontairement anti-intellectualiste, qui postule que les cachots, les exils mais aussi les marches répétées pour se rendre au temple dans les faubourgs ont autant fait pour la construction de l'identité huguenote que les textes de Calvin. Il s'agit donc d'inverser la perspective culturaliste. Non pas partir d'une identité toute faite qui aurait jeté ces hommes dans des expériences similaires, mais au contraire partir des épreuves vécues pour entrevoir la construction de l'identité. À défaut de connaître une expérience de la communauté, qui leur était de fait interdite, les protestants français ont d'abord vécu une communauté d'expériences dont le corps (privé de liberté ou soumis à d'interminables marches) a été le média privilégié.

PRISES DE CORPS: LA BANALITÉ DES FERS

> Voilà comment de nous la verité bannie,
> Meurtrie et deschirée, est aux prisons, aux fers,
> Ou esgare ses pas parmi les lieux deserts[5].

L'emprisonnement est sans doute l'expérience la mieux partagée par les protestants français. Bien que l'incarcération ne soit en théorie pas une peine mais le temps d'une attente de jugement[6], elle est, dans les faits, très souvent utilisée comme une mesure tout à la fois punitive et préventive à l'encontre des huguenots. Quelques exemples permettront d'illustrer ce propos. La détention des protestants en temps de guerre est, dans les villes catholiques, une mesure courante et fréquemment employée pour se prémunir contre d'éventuels »ennemis de l'intérieur«. Les listes de »suspects« que confectionnent patiemment les gouverneurs servent, une fois l'urgence venue, à se saisir au plus vite des réformés sur le pas de leur porte. En juillet 1570, au cours de la troisième guerre civile, François Porchier, avocat réformé au bailliage de Mâcon, est jeté en prison »où il auroit demeuré avec les aultres de la religion sept sepmaines entieres, sans pouvoir estre eslargys, encores qu'ils n'ussent en rien forfaict et delinqué et qu'ils heussent présenté plusieurs requestes pour l'elargissement de leurs personnes«[7]. Si les villes ayant massacré leurs concitoyens protestants lors de la Saint-Barthélemy sont relativement rares (à l'échelle du royaume), très nombreuses sont en revanche celles qui, à cette occasion, ont mis les huguenots sous les verrous, tout à la fois pour s'en préserver et pour les protéger. À Lisieux, le gouverneur Carrouges ordonne dès le 28 août 1572 l'emprisonnement de tous les réformés[8]. Le comte de Charny enjoint au maire de Dijon »de se saisir des personnes de ceulx de ladicte religion et

---

[5] Agrippa D'AUBIGNÉ, Les Tragiques, s.l. 1616: Princes, vers 162–164, p. 52.
[6] Camille DÉGEZ, Un univers carcéral (XVIe–XVIIe siècle) la prison de la Conciergerie et sa société, thèse de l'École des chartes (2005) sous la direction de Denis Crouzet.
[7] Archives municipales (AM) Mâcon, GG 123, pièce 13.
[8] AM Lisieux, BB 7, fol. 342.

habitans de la ville, mesmes des plus apparentz, qui ont faict faction et exercice d'icelle religion, donné aide, conseil faveur, presté argent pour leur faction«[9]. Même protocole à Issoire, Montferrand ou Clermont en Auvergne. Dans ces dernières villes, comme dans de très nombreuses autres, l'emprisonnement sauve la vie des huguenots en les défendant contre la furie des massacreurs. À Chalon-sur-Saône, les habitants catholiques vont jusqu'à assurer »que ceux de la nouvelle religion se sont vouluntairement renduz prisonniers sans aucune emotyon ny difficulté, tellement que quelques ung ont estés receus à tenir prison ès maisons d'aucungs catholicques, gens de bien, qui en respondront au peril de leurs vyes«[10]. Pourtant, dans d'autres villes, l'emprisonnement préventif des huguenots fonctionne comme une souricière pour ces derniers et les »massacres aux prisons«, comme l'a montré Denis Crouzet, constituent bien souvent la »troisième phase« des tueries[11]. À Meaux, Rouen, Lyon ou Gaillac, c'est aux prisons que se commettent les violences. Privés de liberté, de cachettes et d'armes, les corps huguenots sont des proies d'autant plus vulnérables.

Caractéristique de la »petite guerre«, la pratique de l'emprisonnement des ennemis est loin de cesser avec la paix. En janvier 1571, six mois après l'édit de Saint-Germain, Henri de Navarre doit encore écrire au gouverneur de Guyenne pour lui demander la libération d'Hélye Granger, prisonnier »pour le fait de la religion«[12]. Le cas du parlement de Paris, au cœur de mes recherches récentes, le montre bien. Il y a bien là une expérience durable des huguenots sur le temps long des dernières décennies du XVIe siècle. À l'heure de la paix, nombre de réformés sont toujours derrière les fers. À défaut de faire exécuter les réformés, comme il le faisait quelques années auparavant, faute de pouvoir les jeter en prison, le parlement de Paris les y maintient bien après la conclusion des édits de pacification. Autrement dit, mauvaise volonté et lenteur administrative se conjuguent pour retenir des centaines de huguenots derrière les barreaux plusieurs mois après la paix. Ainsi, nonobstant l'édit d'Amboise (enregistré par la cour parisienne le 27 mars 1563), on trouve encore de nombreux protestants engeôlés. Quelques exemples suffiront à le montrer. Ce n'est que le 8 mai 1563 que le premier prisonnier huguenot inculpé pour »fait de religion« est libéré. Encore doit-il subir une véritable humiliation, contraire au texte de l'édit de paix: Nicolas Letellier, orfèvre de Porcy »prisonnier ès prisons de la conciergerie du Palais à Paris pour le fait de la nouvelle secte et opinion [...] auroit déclaré qu'il vouloit aller à la messe, vivre et se gouverner selon les institutions de l'église catholique et romayne«. Il est élargi à condition de »faire profession de sa foy catholique«[13]. Retenu plus longtemps que la loi ne le demandait, le corps du protestant est ici assujetti, par une institution royale, à l'effectuation d'un rituel d'abjuration contraire à la loi royale. Letellier n'est en rien

---

[9] AM Dijon, B 208, fol. 15v.
[10] AM Chalon-sur-Saône, EE 1 (6 septembre 1572).
[11] CROUZET, Les guerriers de Dieu (voir n. 1), p. 110.
[12] Recueil de lettres missives d'Henri IV, éd. par M. BERGER DE XIVREY, Paris 1843, vol. I, p. 14
[13] Archives nationales (AN), X2a 31, fol. 21; 8 mai 1563 (Parlement criminel, registre d'arrêts transcrits).

une exception. Tous les huguenots emprisonnés pour »fait de conscience« – certains ne seront libérés qu'en 1564 (!) – doivent se soumettre à la même palinodie de papier.

Le vocabulaire utilisé par la cour pour dire son opposition au protestantisme est tout aussi révélateur: en cette même date du 8 mai 1563, le parlement libère Jehan Millet, porcher natif de Tours, qu'il dit être touché de la »nouvelle secte et hérésie«. Lui aussi n'est élargi qu'à condition de se faire absoudre des »excommuniemens qu'il a encourus«[14]. En ces heures où la défense de l'honneur conduit souvent à la rixe mortelle[15], le choix des mots par le parlement n'est pas anodin – il s'agit bien de blesser par l'usage des mots[16]. Ce vocabulaire injurieux, contraire à toute la nomenclature officielle que la cour est pourtant censée distribuer (religion prétendue réformée) n'est abandonné par le parlement qu'au mois de juillet 1563.

Quelques exemples ne prétendant nullement à l'exhaustivité permettent de montrer que ces cas ne sont en rien isolés mais se répètent, rendant l'expérience de l'emprisonnement (légal comme illégal) commune aux huguenots du royaume. Le 8 mai 1563, quelques heures après les faits cités précédemment, six huguenots sont de nouveau libérés, avec les mêmes exigences de se »conserver« en la religion catholique, apostolique et romaine. Le 12 mai, la cour élargit Pierre Dathie, prisonnier en la conciergerie »à la charge de se faire absoudre des censures par luy encourues [...] et de faire profession de sa foy par devant l'evesque de Senlis [...] et de vivre catholiquement«[17]. Tout au long de l'année 1563, c'est ainsi une petite centaine de prisonniers huguenots qui est relâchée au compte-goutte, toujours à condition de faire profession de foi catholique. À Bordeaux, des réformés emprisonnés pour fait de religion présentent encore requête aux commissaires de l'édit pour obtenir leur libération le 6 septembre 1563[18] – soit six mois après la conclusion de la paix d'Amboise. L'emprisonnement est ce faisant une expérience corporelle, fréquente pour les huguenots du temps des troubles.

Puisqu'il est difficile de les incarcérer pour des faits de conscience, en théorie protégés par les édits, la violation de l'édit est un prétexte aisé pour les expédier en prison. En mai 1572, plusieurs dizaines de réformés de Troyes sont emprisonnés »pour avoir esté au presche audict Ysle«, c'est-à-dire hors du lieu de culte qu'il leur a été officiellement octroyé[19]. La prison, on le sait, est un univers difficile pour ceux qui y séjournent. Les plus riches peuvent aisément acheter les éléments d'un confort spartiate auprès de leurs geôliers pour qui la prison est un métier, ou mieux, une »affaire« comme une autre. Mais pour les plus humbles, la faim et le froid harcèlent sans répit les corps. À Chalon-sur-Saône, les habitants catholiques se demandent que faire de

---

[14] Ibid., fol. 21.
[15] Michel NASSIET (éd.), Les lettres de pardon du voyage de Charles IX (1565–1566), Paris 2010.
[16] AN, X2a 131, fol. 21.
[17] AN, X2a 31, fol. 33 (12 mai 1563).
[18] Bibliothèque nationale de France (BNF), Manuscrits français (Ms. fr.) 15878, fol. 130.
[19] AM Tours, BB 14, pièce 43; 29 mai 1572 (Lettre du duc de Guise à la municipalité de Tours). Sur la question des prêches, Jérémie FOA, An Unequal Apportionment. The Conflict over Space Between Protestants and Catholics at the Beginning of the Wars of Religion, dans: French History 20 (2006), p. 369–386.

»plusieurs de ladicte nouvelle religion qu'ilz sont si pauvres et necessiteux qu'ilz meurent de faim en prison, n'ayant de quoy vivre, sinon au jour la journée«[20]. L'incarcération participe ce faisant à la construction d'un stock de souffrances partagées; épreuve initiatique, blessure de guerre ou marque des braves, elle contribue à forger un ensemble d'expériences communes que ni des conditions sociales hétéroclites, ni une origine géographique, ni même des croyances religieuses encore flottantes (en 1560) ne fournissaient aux huguenots du royaume. Le »protestant français«, s'il fallait l'essentialiser, est un ancien détenu ou un futur captif. »La communauté d'expérience se substitue à l'expérience de la communauté«[21].

Non moins fréquent, l'exil est la deuxième »prise« sur le corps que cet article entend analyser, en ceci qu'il est un vecteur décisif d'intériorisation d'une identité dominée.

EXILS

Pendant les guerres, parfois longtemps après la conclusion de la paix, les huguenots sont nombreux à éprouver en leur corps l'expérience de l'exil. La grande variété des mots témoigne de la fréquence de l'épreuve du déracinement. Le vocabulaire pour désigner les exilés dépend pour l'essentiel du point de vue adopté et de la façon dont sont considérés les protestants: le roi parle pudiquement des »absentz«[22]; les textes mentionnent joliment les »forissites«. Fourquevaux dit de Vieilleville qu'il a remis »les fuitifz de Provence en leurs maisons«[23]; l'intransigeante mairie de Dijon parle quant à elle des »expulsez«[24]. À l'inverse, les protestants de Carcassonne se présentent comme »bannis et chassez«[25]. Les commissaires évitent presque toujours de parler de »fuitifs« et préfèrent aussi parler d'expulsés. C'est le cas d'Anthoine Fumée et de Jacques Viart, qui écrivent au roi avoir réintégré dans la ville de Moissac »ceux de la religion qu'on dict reformée, qui en avoyent esté expulsez«[26].

Partout, les conséquences spatiales des guerres de Religion se lisent dans l'homogénéisation confessionnelle et la fermeture des villes qu'elle entraîne: presque partout, les minorités religieuses sont exclues et entament la ronde des exils, l'appropriation des uns passant par l'expropriation des autres. En juillet 1562, les échevins de Cler-

---

[20] AM Chalon-sur-Saône, EE 1, pièce non numérotée (septembre 1572). Sur ce point, Jérémie FOA, »Bien unis et paisibles«? Une »non Saint-Barthélemy« à Chalon-sur-Saône (septembre 1572), dans: Véronique CASTAGNET, Olivier CHRISTIN, Naïma GHERMANI (dir.), Les affrontements religieux en Europe, du début du XVIe au milieu du XVIIe siècle, Lille 2008, p. 217–229.

[21] Pierre BOURDIEU, Abdelmalek SAYAD, Le déracinement. La crise de l'agriculture traditionnelle en Algérie, Paris ²2002, p. 136.

[22] AM Aix, BB 59, fol. 48 (1563).

[23] Edmond CABIÉ (éd.), Guerres de Religion dans le Sud-Ouest de la France et principalement dans le Quercy, d'après les papiers des seigneurs de Saint-Sulpice de 1561 à 1590, Albi, Paris 1908, p. 29.

[24] AM Dijon, D 63, pièce non paginée.

[25] Archives départementales (AD) Gard, C 925, pièce 1 (automne 1563).

[26] BNF, ms. fr. 15879, fol. 57 (21 février 1564).

mont ordonnent »à tous seditieux et toutes personnes qui sont de la nouvelle secte et religion« de »vuider« la ville dans les trois jours[27]. Ailleurs, dans un chassé-croisé de la proscription, les catholiques chassés de la ville de Blaye occupent à Bordeaux les maisons des protestants expulsés[28]. Par la suite, le retour huguenot n'a rien d'un long fleuve tranquille et les »absents«, comme on les appelle pudiquement, doivent attendre des mois l'arrivée des commissaires du roi pour pouvoir regagner leurs foyers. À Moissac, ce n'est qu'en février 1564, onze mois après la conclusion de la paix d'Amboise, que les commissaires de l'édit réintègrent »ceux de la religion qu'on dict reformée, qui en avoyent esté expulsez«[29]. Les protestants de Mâcon, expulsés en février 1562, ne se présentent aux portes de leur ville que le 8 juin 1563, plusieurs mois après la paix. Encore ne sont-ils pas reçus immédiatement, la municipalité catholique faisant les plus grandes difficultés à les laisser entrer: les gardes verrouillent les portes et veillent au loin sur la troupe des exilés, qui se résout à camper pour lors dans la »prayerie«[30]. À Langres, les catholiques épaulés par le chapitre déploient une inentamable énergie à entraver le retour des huguenots dans la ville entre 1562 et 1566[31].

Loin du confort de la ville, de la routine du foyer et de la chaleur des familles, les huguenots bannis, et parmi eux les plus notables, font ainsi en leur corps l'expérience de la dramatique réversibilité de l'ordre social[32]. Le retour d'exil ne signe en rien l'effacement du traumatisme. De fait, »on« ne rentre jamais et c'est toujours un autre qui rentre, changé, bouleversé[33]. S'il rentre, car certains ne reviennent jamais et s'installent tout bonnement ailleurs, quand ils le peuvent, espérant trouver là des cieux plus accueillants. Anthoine Gairard, »maistre cousturyer de la ville de Cordes en Albigeoys«, s'installe à Albi avec »sa femme et enfens«. Mais ailleurs, on n'est rarement bien reçu. Les consuls d'Albi tentent de l'expulser, avec d'autant moins de scrupules que l'»estrangier« qu'il est se double d'un huguenot[34]. En outre, le »lieu« qu'on retrouve n'est demeuré intact que dans les souvenirs de l'exilé. Pendant le temps de l'absence, la ville ou le village ont changé, certains ont prospéré, d'autres ont fui ou sont morts. Il est fréquent, de retour d'exil, de trouver ses proches déguerpis ou, plus souvent encore, sa maison occupée, son office usurpé. Les huguenots de Toulouse poursuivent pendant des années la récupération de leurs maisons, vendues à l'occasion de leur exil au temps des premiers troubles[35]. Les huguenots Jehan Le Normant et

---

[27] AM Clermont(-Ferrand), BB 33; 8 juillet 1562.
[28] Archives historiques du département de la Gironde, XII, 1870, p. 62.
[29] BNF, ms. fr. 15879, fol. 57 (21 février 1564).
[30] BNF, ms. fr. 4048, fol. 147 (8 juin 1563). Sur Mâcon, pendant les guerres de Religion, Ami BOST, Histoire de l'Église protestante de Mâcon, Mâcon 1977.
[31] AD Haute-Marne, 2 G 136, quatre pièces (1562-1566).
[32] Sur la question de la »réversibilité de l'ordre social«, Cyril LEMIEUX, De la théorie de l'habitus à la sociologie des épreuves. Relire »L'expérience concentrationnaire«, dans: Liora ISRAËL, Danièle VOLDMAN (dir.), Michael Pollak. De l'identité blessée à une sociologie des possibles, Paris 2008, p. 179–205.
[33] Günther ANDERS, Journaux de l'exil et du retour, Paris 2012.
[34] AM Albi, GG 79, pièce non paginée.
[35] AM Toulouse, AA 15, fol. 139 (février 1571).

Jehan Chartier, au lendemain de l'édit d'Amboise »seroient retournez en leurs maisons pour faire l'exercice de leurs estats et vivre en pais«. Mais de retour chez eux, ils trouvent leurs biens dispersés, leurs maisons gardées par des hommes d'armes et leurs »estats« usurpés[36].

Au travers de cette expérience d'exil, le corps quitte les repères familiers et les certitudes rassurantes qui l'accompagnent. Les huguenots de Mâcon se décrivent comme ayant erré des mois parmi des »terres étrangères«. Sur qui compter quand amis et familles sont restés au pays? Comment manger loin de son métier? Le corps acquiert alors d'autres compétences, celles qui permettent de survivre en milieu inconnu, il change ses habitudes, modifie ses projets. La guerre civile engendre un savoir-(sur)vivre. Certains réformés expulsés de Mâcon sont devenus brigands, tant la rupture avec »l'allant de soi«, avec les normes sociales hier approuvées, a été radicale. Il s'ensuit une modification durable des manières d'être et des sensibilités. C'est souvent l'occasion d'une prise de conscience des protestants comme collectif. Dans plusieurs villes, c'est le cas à Mâcon, le retour en groupe des huguenots permet la maturation d'une conscience collective: en rentrant ensemble, on fait masse, on se compte, on se voit, on parle et l'on prie ensemble. Des corps rentrant d'exil forment à cette occasion un corps. Pourtant, dans de nombreux cas, cette communauté d'expériences ne forge pas une expérience de la communauté. Très souvent en effet, le »départ« et le »retour« relèvent de décisions individuelles. Les mieux informés, les plus aisés aussi n'attendent pas l'arrêté d'expulsion collectif pour fuir et comprenent d'eux-mêmes qu'il est temps de partir: à Lyon, la protestante Isabel Moreaux a tôt l'intuition qu'avec le déclenchement de la troisième guerre civile, les équilibres ont basculé à Lyon et qu'il faut s'exiler[37]. Jehan Chastel »belotier et passementier« de Toulouse[38], s'est »retiré« à Paris lors des derniers troubles »parce que les habitants de Thoulouse le menassoient de le massacrer et tuer parce qu'il est de la religion nouvelle«[39]. Bien que vécues par plusieurs, ces épreuves sont avant tout celles d'un individu ou d'une famille.

Surtout, dans de très nombreux cas, les villes catholiques n'acceptent le retour des huguenots qu'à condition que celui-ci se fasse au goutte à goutte et non massivement. À Aix-en-Provence, le commissaire royal décide que les réformés »seront conduictz en leursdictes maisons par petites troupes, en nombre de vingt, trente, quarente ou autre plus petit nombre par gens notables qui seront par [lui] pour ce commis et deputez«[40].

---

[36] AN, X2a 131, fol. 29 (11 mai 1563).
[37] AD Rhône, BP 318, Audiences de la sénéchaussée (décembre 1568–octobre 1569), non folioté.
[38] Joan DAVIES, Persecution and Protestantism: Toulouse 1562–1575, dans: Historical Journal 22 (1979), p. 121–134.
[39] AM Toulouse, BB 113 (police des capitouls), non folioté, à la date (23 janvier 1571).
[40] AD Bouches-du-Rhône (Annexe d'Aix), B 3648, fol. 1169, »faict au conseil tenu à Aix le huictiesme aoust MDLXIII [1563]«. Une chronique contemporaine rapporte ainsi l'ordre de Vieilleville »que les réformés qui avoient quitté leurs maysons pour cause de religion, seroient restablis et réintégrés dans leurs biens, offices et estats; qu'ils seroient pour cela reconduits par petites troupes chez eux, pour y demourer sous la saulvegarde de l'auctorité publique, qui leur garantiroit, avec la sûreté personnelle, la liberté de conscience«, dans Gustave LAMBERT, Histoire des guerres de Religion en Provence, vol. I, Nyons 1972, p. 203.

Non seulement les protestants ne peuvent, comme le font les ecclésiastiques qui reviennent dans les villes protestantes, occuper symboliquement lors de leur rentrée l'espace dont on les avait chassés mais encore sont-ils reconduits gardés et flanqués par quelque notable local. S'agit-il de les contrôler ou de les protéger? De s'assurer qu'ils ne sortiront pas du rang ou qu'on ne leur fera aucun mal? De la sorte, on interdit précisément ce qu'on avait permis aux ecclésiastiques: faire de leur marche de rapatriement une manifestation de triomphe, c'est-à-dire transformer en prise de possession urbaine la fin d'une expulsion humiliante. Si l'on considère les regroupements (ou leur absence) comme des projections dans l'espace de réalités sociales, l'incapacité huguenote à faire groupe vient signifier leur incapacité politique à faire corps, c'est-à-dire à être représentés au niveau des instances urbaines – leur émiettement spatial dit alors leur dispersion, leur seule existence individuelle, et partant leur inexistence corporative et politique.

De fait, ces expulsions répétées impliquent une surveillance particulière des huguenots, des dispositifs moins policiers qu'administratifs qui enserrent les huguenots dans des réseaux de papiers, autant de »fils invisibles« (Karl Marx) qui se transforment en chaînes véritables une fois la guerre revenue. Ils relient entre eux et malgré eux des huguenots qui souvent ne se connaissent pas mais sont unis en une communauté de destins. Ces fils invisibles apparaissent à partir de 1562 et se généralisent en 1568: il s'agit des listes de »suspects de la nouvelle religion« qui sont établies dans de très nombreux villes et villages du royaume. Elles permettent en temps voulu de savoir qui est huguenot et de le mettre rapidement hors d'état de nuire[41]. Elles serviront du reste lors des massacres de la Saint-Barthélemy. Ainsi, à Clermont en Auvergne, dès 1567, une première liste de protestants, pointant les hommes qui avaient pris les armes contre le roi, comportait vingt-trois noms[42]. Elle est réactualisée en 1574[43]. On trouve des listes similaires à Riom, mais aussi à Toulouse en 1568[44] ou à Dijon à la même date[45]. Elles facilitent l'expulsion, le massacre (on marque d'une croix les maisons des hommes à liquider), mais aussi l'enfermement à domicile. Elles précipitent une prise de conscience, matérialisent en la couchant sur le papier l'existence d'un groupe insé-

---

[41] Le sujet des listes sous l'Ancien Régime est une thématique encore trop méconnue, pour laquelle je renvoie aux résultats à venir du programme collaboratif »Pour une histoire des listes« dirigé par Grégoire Salinero et Christine Lebeau (EA 127-CRHM).

[42] AM Clermont, BB 40, non folioté (30 janvier 1574). Cette liste, reprise en 1574, avait été dressée sur ordre du gouverneur, Saint-Hérem, en décembre 1567 (AM Clermont, BB 36, non folioté, 18 décembre 1567 »a esté exposé avoir reçeu commandement de Monseigneur de Sainct Heran [lieutenant général d'Auvergne] de fere rolle de tous les suspectz de la religion nouvelle de la present ville; affin que lesdits suspectz ne soyent employés par cy après à la garde des portes«).

[43] Georges ROUCHON, Listes des protestants de Clermont (Auvergne) 1567–1574, dans: Revue d'Auvergne XXXVIII (1921), p. 145–158.

[44] Paul ROMANE-MUSCULUS, Les protestants de Toulouse en 1568, dans: Bulletin de la Société de l'histoire du protestantisme français 107 (1961), p. 77.

[45] Edmond BELLE, Études sur la Réforme et les guerres de Religion en Bourgogne. La Réforme à Dijon des origines à la fin de la lieutenance générale de Gaspard de Saulx-Tavannes (1530–1570), Paris 1911.

parable du danger qu'il charrie. Elles relient entre elles, par leur matérialité même, papier ou parchemin, des individus qui n'étaient pas forcément rattachés. En même temps, l'objectivation des noms permet l'accumulation du savoir sur les suspects hors des corps de leurs voisins; loin d'être exclusivement manipulables par les autochtones, ces listes peuvent ce faisant être mobilisées par des hommes extérieurs au village. Elles signalent donc quelque chose qui est en train d'échapper à la communauté dans la mesure où elles trahissent l'impossibilité de connaître *par cœur* (ou par corps) tous les hérétiques du quartier: à quoi bon sinon coucher sur le papier la litanie des noms de suspects s'il est si facile de s'en souvenir? La liste signale donc ce point de bascule où tout le monde ne connaît plus tout le monde, c'est-à-dire le passage de la communauté à la société[46]. Elle précipite une autonomisation du savoir sur les suspects que n'accompagne pas encore, au temps des guerres de Religion, un processus d'autonomisation des institutions en charge de la répression. Le moment venu, il revient encore aux voisins, aux divers capitaines, penons, quarteniers et dizainiers de se saisir de leurs prochains protestants[47].

En juin 1568, les échevins de Clermont menacent de »harquebouzer« tous les protestants qui »seroient trouvés hors de leur domicile«. Autant d'obstacles à la liberté de circulation des corps huguenots qui freinent la constitution des collectifs protestants, d'autant plus qu'il leur est interdit de s'assembler. Dans le même sens, il est relativement rare de rencontrer des quartiers proprement huguenots dans la France des guerres de Religion, alors qu'il y a des quartiers ouvertement catholiques. Pour l'essentiel, l'expérience de la communauté et la prise de conscience de l'existence d'un corps huguenot vont se faire à travers les déplacements répétés auxquels les corps huguenots sont soumis pour se rendre sur leurs lieux de culte. Il y a là sans doute l'expérience fondamentale du corps protestant comme média d'intériorisation d'une identité dominée.

LA MARCHE AU TEMPLE

Les édits de pacification (notamment celui d'Amboise en mars 1563 et celui de Saint-Germain en août 1570) sont en effet loin de régler l'ensemble des questions posées par la coexistence confessionnelle. Si la loi précise que les huguenots doivent être mis en possession des faubourgs d'une ville par bailliage pour y faire leur culte, elle ne précise pas laquelle: s'agira-t-il de la ville principale? Au lendemain des conflits, en 1563 et 1570, après consultation, et sans doute négociation, est établie une première liste de villes aux faubourgs desquels le culte huguenot est autorisé. Dans ces listes, la ville

---

[46] Les développements qui suivent s'inspirent de Robert DESCIMON, Qui étaient les Seize? Étude sociale de 225 cadres de la Ligue radicale parisienne (1585-1594), Paris 1983 (Mémoires publiés par la Fédération des sociétés historiques et archéologiques de Paris et de l'Île-de-France, 34), p. 264.
[47] Jack GOODY, La logique de l'écriture. Aux origines des sociétés humaines, Paris 1986 p. 172.

principale du bailliage ou du gouvernement est rarement choisie. Il suffit pour s'en convaincre d'évoquer les villes prévues en Normandie: Pont-Audemer, Caudebec, Vire, Conches, Gisors, Carentan, Alençon. En 1564, les huguenots du bailliage de Senlis, doivent se rendre aux faubourgs de la ville d'Allonne (à 58 km de distance) pour faire leur culte public[48]. Il y a bien là une expérience corporelle, pédestre, décisive pour les protestants français. Des raisons stratégiques et militaires sont certes à l'œuvre mais les raisons symboliques paraissent plus fortes encore. En parcourant de manière quotidienne ou hebdomadaire la distance physique qui les sépare de leur prêche, les corps huguenots parcourent la distance sociale et religieuse qui les sépare de l'ordre légitime. L'incorporation par les huguenots de leur exclusion s'accomplit ainsi pas à pas, au ras du sol, la distance spatiale traduisant directement une distance sociale et religieuse[49]. Le corps en est le média privilégié.

Au demeurant, rien n'étant moins fixe que l'attribution de ces lieux, leur localisation est soumise à de fréquentes pressions, à de multiples suppliques et pétitions, qui occasionnent de nombreux »changements d'adresse« et témoignent de l'inégale capacité des deux confessions à mobiliser des appuis en leur faveur. Si le conseil royal tranche en dernier ressort, de nombreuses instances – gouverneurs, nobles, commissaires royaux, municipalité, clergé – peuvent être mobilisées pour faire pencher la balance au profit de l'un ou de l'autre groupe, c'est-à-dire éloigner ou rapprocher le prêche. Mais ici encore, protestants et catholiques sont inégalement armés, en particulier à cause de l'intercession presque systématique des gouverneurs, très hostiles aux protestants dans leur majorité. En Champagne, alors que le roi avait proposé la ville de Chaumont en Bassigny pour y faire le culte, le gouverneur, un Guise, choisit une localité »à l'extrémité du gouvernement dedans les Ardennes à quatorze grandes lieuës de la ville de Chaumont«[50]. En revanche, à Montdidier, où les protestants ont un puissant protecteur en la personne de Louis de Condé, gouverneur de Picardie, qui par mariage possède de nombreuses terres dans les environs, ils obtiennent le culte aux faubourgs[51].

Aussi l'importance des réseaux conditionne-t-elle pour beaucoup l'attribution des lieux de culte huguenots. Par cette voie, les catholiques s'assurent la désignation des villes aux faubourgs desquelles le culte réformé est autorisé. À l'inverse, les protestants se plaignent de n'avoir été »receus à en nommer aucune«[52]. En outre, la nécessaire maîtrise des outils juridiques et l'indispensable dotation en moyens financiers redoublent la dépossession des huguenots. À la différence des catholiques en effet, et

---

[48] Pasteur BONET-MAURY, Les origines de la Réforme à Beauvais, dans: Bulletin de la Société de l'histoire du protestantisme français 23 (1874): n° 1, p. 73–88; n° 2, p. 124–137, 217–232, ici p. 134.
[49] Pierre BOURDIEU, Effets de lieu, dans: ID. (dir.), La misère du monde, Paris, 1993, p. 249–262, ici. p. 260.
[50] Lettre de Monseigneur le Prince de Condé à la Roine mere du Roy, dans: Denis-François SECOUSSE (éd.), Mémoires de Condé. Servant d'éclaircissement et de preuves à l'Histoire de M. de Thou, contenant ce qui s'est passé de plus mémorable en Europe [...], 6 vol., Londres 1743–1745, vol. IV, p. 275.
[51] Victor DE BEAUVILLÉ, Histoire de la ville de Montdidier, vol. II, Paris ²1875, p. 200.
[52] Lettre de Monseigneur le Prince de Condé (voir n. 50), p. 275.

particulièrement là où ils sont minoritaires, ils ne peuvent mobiliser les ressources juridiques et financières que procure par exemple la mainmise sur un échevinage, le contrôle d'un présidial ou d'un parlement. C'est manifeste à Dijon où le parlement délègue en la personne de Bégat un de ses plus brillants représentants pour s'opposer à l'édit d'Amboise[53]. C'est évident à Tours où les échevins paient des avocats, envoient des délégués en cour ou ailleurs pour refuser la création d'un prêche dans les faubourgs de leur ville. En 1564, ils paient par exemple douze écus à Gilles du Vierger, avocat, pour avoir tenté d'»empescher l'establissement des presches que ceulx de la nouvelle religion demandoient en l'un des forsbours de cestedite ville, [et avoir] faict et redigé par escript plusieurs plaidoiez remonstrances et memoires«[54]. En 1570, ils délèguent deux hommes à La Rochelle auprès du maréchal de Cossé, en charge de l'application de l'édit, »pour assister à l'establissement qui se debvoit faire pour ledict seigneur du presche general de ceux de la nouvelle religion du gouvernement de Touraine et pour luy nommer lyeu propre et plus élongné de la ville de Tours que fayre se pouvoir«[55].

Ainsi, la capacité d'un groupe à obtenir un lieu de culte proche (c'est-à-dire à maîtriser la localisation de l'espace qui est attribué à son corps) tout autant que son pouvoir de tenir à distance les personnes indésirables et les constructions qui les accompagnent (temples, cimetières), dépendent fortement de la dotation de ce groupe en capital, social, symbolique mais aussi financier. Autrement dit, la distribution inégalitaire des lieux de culte trahit l'inégale dotation en capital des différents groupes religieux et peut être lue comme la traduction spatiale de cette inégalité. Là où les protestants sont nombreux, sont riches, ont des appuis ou tiennent un consulat, ils peuvent rapprocher leur lieu de culte. À l'inverse, là où ils sont faiblement dotés, leur prêche est éloigné et implanté dans des espaces stigmatisés où se concentrent les propriétés négatives. À Troyes par exemple, les huguenots doivent se contenter du lieu de Séant en Othe[56], »meschante petite ville« selon Pithou. Les huguenots s'assemblent dans une grange à Gaillac, un grenier à Angers, à l'hôpital des pestiférés à Carcassonne[57]. À Lyon, les protestants qualifient le bourg de Quincieu qui leur a été attribué de »vieille motte de terre«[58]. Des espaces sans identité accueillent une identité sans espace. Ce faisant, les luttes pour la maîtrise de l'espace sont loin de n'être que des disputes insignifiantes ou des simples querelles de préséance. Elles engagent au contraire des questions vitales, à

---

[53] Jean Agnault BÉGAT, Remonstrances au Roy des députez des trois Estats de son duché de Bourgoigne sur l'édict de la pacification, par où se monstre qu'en un royaume deux religions ne se peuvent soustenir, et les maulx qui ordinairement adviennent aux roys et provinces ou les hérétiques sont permis et tolérez, Anvers 1563.

[54] AM Tours, CC 79, fol. 69.

[55] AM Tours, CC 88, fol. 111 (27 septembre 1570).

[56] Séant-en-Othe, aujourd'hui Bérulle, à 38 km à l'est de Troyes.

[57] R. P. BOUGES, Histoire ecclésiastique et civile de la ville et diocèse de Carcassonne. Avec les pièces justificatives et une notice ancienne et moderne de ce diocèse, Péronnas 1994 (1re éd. 1741).

[58] AM Lyon, GG 77, pièce non paginée.

proprement parler, puisqu'il y va à la fois de la sauvegarde terrestre et de la survie dans l'au-delà mais aussi de la reproduction sociale du groupe.

CONCLUSION

Loin d'affadir les identités religieuses, la cohabitation de deux confessions distinctes dans l'espace tend à exacerber les signes extérieurs de distinction entre protestants et catholiques[59]. Les corps sont le théâtre de ces stratégies d'affrontement: mise en prison, exil et marches façonnent les consciences en sculptant les corps. La coexistence confessionnelle, c'est-à-dire la cohabitation quotidienne, suscite une comparaison et une compétition permanente dont les clercs sont loin d'être les seuls acteurs et la théologie loin d'être le seul champ. Le corps est en effet le *moyen* par excellence des stratégies de distinction. Dans son usage de l'espace urbain, le corps ennemi est soumis à des épreuves de vérité à travers lesquelles il est sans cesse assigné à sa confession: ouvrira-t-il sa boutique les jours fériés? Sortira-t-il de la ville le dimanche pour aller au prêche? Tapissera-t-il sa façade? L'intériorisation d'une identité confessionnelle passe donc par son extériorisation, à travers les multiples épreuves spatiales auxquelles les esprits mais surtout les corps (qu'on pense aux déplacements mais aussi à l'injonction de chanter à voix basse ou à celle de manger de la viande à Carême en secret) sont soumis quotidiennement et qui, répétées indéfiniment, finissent par devenir une habitude voire une identité. Cet usage des marqueurs spatiaux et corporels dans un but distinctif ou apologétique montre qu'on ne saurait oublier l'espace comme instrument essentiel du processus d'intériorisation et de solidification des identités religieuses. Autrement dit, le corps, comme sujet que l'on montre ou comme objet que l'on exhibe, constitue une dimension fondamentale du processus de construction confessionnelle.

RÉSUMÉ

L'hypothèse que cette réflexion entend défendre ici peut se résumer en quelques mots: l'identité huguenote s'est avant tout constituée et consolidée par le biais des expériences corporelles auxquelles les huguenots ont été quotidiennement soumis au temps des guerres de Religion. En d'autres termes, cet article étudie un processus de socialisation corporelle, c'est-à-dire qu'il met en lumière les mécanismes essentiels d'engendrement de l'habitus huguenot. Il s'agit de montrer que le média par lequel se sont intériorisées les identités confessionnelles, en l'occurrence l'identité huguenote, est moins le livre, la Bible ou le pamphlet que le corps. Celui-ci est étudié ici dans ses expériences quotidiennes. La question des massacres et des violences (qui s'adressent pourtant bien aux corps) est donc laissée de côté. Nous nous intéresserons aux routines, aux expériences répétées que subissent les corps, au moyen d'une *Alltagsgeschichte* du temps des troubles: exils, emprisonnements, éloignements, détours, marches au temple, cimetières déplacés,

---

[59] Cf. les conclusions d'Étienne FRANÇOIS, Protestants et catholiques en Allemagne. Identités et pluralisme, Augsbourg, 1648–1806, Paris 1993, p. 243.

rues interdites, portes fermées, etc. À rebours de la philosophie politique qui fait de la guerre civile le »mal extrême«, nous privilégierons ici la »banalité du mal«.

SUMMARY

The hypothesis the present article intends to defend can be summed up as follows: Huguenot identity is generated and stabilised first and foremost by means of the physical experiences to which the Huguenots have been subjected on a daily basis in the times of the Wars of Religion. In other words, this article examines a process of physical socialization, which means bringing to light the main mechanisms by which Huguenot habitus is created. It seeks to show that the prime medium whereby confessional identities, in this case Huguenot identity, have been internalized is the body rather than the book, the bible, or the pamphlet. The body will be studied here in the ways it is experienced in daily life. The question of massacres and violence (though aimed at bodies) is thus left out in favour of routines, the repeated experiences to which bodies are subjected, by means of an »Alltagsgeschichte« (history of everyday life) of troubled times: exile, imprisonment, expulsion, detours, walks to the Temple, displaced cemeteries, prohibited roads, closed gates, etc. The term »banality of evil« is preferred here, inverting political philosophy which makes the civil war the »ultimate evil«.

TATIANA DEBBAGI BARANOVA

Combat d'un bourgeois parisien Christophe de Bordeaux et son »Beau recueil de plusieurs belles chansons spirituelles« (vers 1569–1570)

Les historiens des guerres de Religion ont accordé beaucoup d'importance au rôle des disputes, de la prédication ou encore des imprimés dans les luttes interconfessionnelles[1]. Ces modes d'affrontement étaient surtout réservés aux professionnels: prêtres, prédicateurs ou ministres. Les recherches sur les disputes religieuses montrent comment les non-spécialistes furent progressivement écartés de la participation aux discussions sur la doctrine, même si leur adhésion restait l'un des enjeux de ces affrontements[2].

Et pourtant, certains laïcs souhaitaient aussi prendre part au combat pour l'honneur de Dieu, comme le bourgeois parisien Christophe de Bordeaux (vers 1537–après 1613), auteur de plusieurs recueils de chansons, de récits de miracles et d'occasionnels. Nous ne savons que peu de choses sur ce personnage. Un acte notarié de 1606 indique qu'à cette date il vivait dans la paroisse Saint-Séverin avec sa troisième femme, Ursula Rousseau, et que son fils issu du deuxième mariage, Jean de Bordeaux, était devenu imprimeur[3]. Christophe était donc probablement lié à la famille des imprimeurs portant le même nom[4]. Si nous ne connaissons rien sur son activité professionnelle, sa chanson sur le siège de Chartres par l'armée du prince de Condé affirme qu'il s'était engagé dans l'armée royale pour défendre la religion catholique et qu'il avait participé à la défense de la ville lors de cet événement. Christophe commença à écrire vers 1559, à l'âge de vingt-deux ans. En 1569–1570, parut la somme de son œuvre poétique, le

---

[1] Voir, p. ex., Olivier CHRISTIN, Confesser sa foi. Conflits confessionnels et identités religieuses dans l'Europe moderne (XVIe–XVIIe siècle), Paris 2009; Tatiana DEBBAGI BARANOVA, À coups de libelles. Une culture politique au temps des guerres de Religion (1562–1598), Genève 2012 (Cahiers d'humanisme et Renaissance, 104); Luc RACAUT, Hatred in Print. Catholic Propaganda and Protestant Identity During the French Wars of Religion, Aldershot 2002.
[2] Jérémie FOA, Plus de Dieu l'on dispute et moins l'on en fait croire. Les conférences théologiques entre catholiques et réformés au début des guerres de Religion, dans: Piroska NAGY, Michel-Yves PERRIN, Pierre RAGON (dir.), Les controverses religieuses entre débats savants et mobilisations populaires, Rouen 2011, p. 79–101.
[3] Archives nationales de France, Y 151, Registres d'insinuation tenus au greffe du Châtelet, fol. 725, donation de Christophe de Bourdeaux.
[4] Un marchand libraire, Jean de Bourdeaulx, est installé à Paris à la fin du XVe siècle (acte notarié du 14 novembre 1488). Jean II de Bordeaux exerce entre 1560 et 1583. Le fils de Christophe de Bordeaux est certainement le libraire imprimeur Jean III de Bordeaux, qui exerce au début du XVIIe siècle. Voir Paul RENOUARD, Répertoire des imprimeurs parisiens. Libraires, fondeurs de caractères et caractères d'imprimerie. Depuis l'introduction de l'imprimerie à Paris (1470) jusqu'à la fin du XVIe siècle, Paris 1965, p. 46.

»Beau recueil de plusieurs belles chansons spirituelles, avec celles des Huguenots heretiques & ennemis de Dieu, & de nostre mère sainte Eglise«[5]. Publié à Paris, chez Madeleine Berthelin, ce recueil regroupe soixante-douze chansons relatives aux événements allant de 1559 à 1569. C'est un ouvrage de petit format, l'in-duodécimo, facile à glisser dans une poche de vêtement. Les caractères sont minuscules car la page comporte environ vingt-huit lignes. Les caractéristiques du recueil ne correspondent donc pas à celles que les historiens considèrent comme typiques pour les éditions dites populaires: de gros caractères et un petit nombre de pages. Il semble donc destiné au lecteur aisé, pour lequel la lecture ne présente pas de difficulté majeure, et conçu pour pouvoir accompagner partout son propriétaire. Mais au-delà de ce support éditorial qui, habituellement, reprend des chansons à succès, ce genre est avant tout oral et donc accessible à tous les publics.

Au milieu du recueil, sont insérées douze poésies du frère bénédictin Léger de Bontemps. Il serait logique de s'attendre à ce que les deux auteurs se partagent les thématiques: des chansons sur les sujets politiques pour Christophe de Bordeaux et des chansons spirituelles pour Léger de Bontemps. Or, il n'en est rien, car Christophe est l'auteur des chansons sur les points doctrinaux en controverse, malgré sa condition de laïc. Ce personnage énigmatique de bourgeois poète apparaît comme l'un des principaux auteurs parisiens qui, aux côtés des prédicateurs et des curés, proposaient à la population des analphabètes et des »demi-lettrés«, selon l'expression de Roger Chartier, des grilles de lecture des événements religieux et politiques[6]. Afin de comprendre quel sens Christophe de Bordeaux donnait-il à son action d'écriture, il serait intéressant de s'interroger sur ses choix thématiques et sa façon d'adapter l'information politico-religieuse à ce genre poétique avant d'analyser la posture revendiquée par l'auteur, qui semble être celle d'un poète consolateur de ses concitoyens et frères en Christ.

Le »Beau recueil« porte l'empreinte d'une volonté d'instruire par la chanson aussi bien dans le domaine de la bonne doctrine et des pratiques dévotionnelles que dans celui, politique, de la vie de la cité et du royaume. Or, dans le feu du combat pour préserver l'autorité de l'Église, il n'était pas évident, pour un laïc, de toucher aux sujets en lien avec les querelles doctrinales. Pour légitimer sa démarche, Christophe de Bordeaux insère au milieu du recueil douze chansons de Léger de Bontemps, moine bénédictin de Saint-Bénigne de Dijon et auteur de nombreux ouvrages contre l'hérésie[7]. Elles affirment le rôle central de l'Église et des sacrements dans le salut et

---

[5] Beau recueil de plusieurs belles chansons spirituelles, auec ceux des Huguenots heretiques & ennemis de Dieu & de nostre mere saincte Eglise. Faictes & composees par maistre Christofle de Bourdeaux, Paris s.d, fol. 61–62v.
[6] Roger CHARTIER, Lectures et lecteurs de l'Ancien Régime, Paris 1987, p.118.
[7] Le catalogue »French Vernacular Books« compte vingt-trois éditions pour environ dix-sept titres d'ouvrages composés par Léger de Bontemps: Andrew PETTEGREE, French Vernacular Books. Books Published in the French Language before 1601, Leyde 2007. Ce sont surtout des ouvrages de polémique contre les protestants, comme le traité »De la Puissance et authorité du pape [...] contre ceulx du jour d'huy qui par mocquerie appellent les bons chrestiens papistes« (Paris 1565).

l'autorité de ses docteurs, assistés du Saint-Esprit, conformément à la promesse du Christ. Léger de Bontemps utilise des mélodies composées pour les poésies amoureuses de Clément Marot par Claudin de Sermisy[8]. Ses chansons sont regroupées en bloc, précédées d'une adresse »Au lecteur chrétien« et suivies par un »Huictain au lecteur«[9]. Ce dispositif semble indiquer la reprise d'un recueil déjà imprimé. Cette insertion permet d'apporter à l'entreprise de Christophe de Bordeaux la caution spirituelle d'un homme d'Église. Au moment de la publication du »Beau recueil«, Léger de Bontemps est mort depuis déjà quatre ans. Notre auteur bénéficie donc d'une totale liberté dans l'utilisation de sa production.

Ainsi armé, non seulement il propose des chansons de dévotion à l'honneur de Marie, de Jésus Christ et des saints, mais aussi aborde des points de controverse avec les protestants. Sa »Chanson contre les Huguenots sur les articles de la foy« permet de mémoriser les différences entre le catholique et l'hérétique. Après avoir résumé l'histoire de la résurrection de Jésus Christ, il insiste sur la présence réelle du corps et du sang dans les espèces consacrées[10]. Il apprend à son auditoire les signes distinctifs des protestants: ils ne reconnaissent pas la confession, le purgatoire, les offices pour les trépassés, le culte marial et le culte des images. La chanson s'achève sur une note victorieuse: les hérétiques iront à la messe ou seront pendus ou brûlés »comme pourceaux«. La chanson laisse apparaître l'influence discrète des »Disputes de Guillot le porcher et de la bergère de Saint-Denis en France« d'Artus Désiré. Cet auteur introduit, en effet, la comparaison entre les hérétiques et les porcs, car Guillot vient à Genève chercher ses pourceaux pour les brûler. De plus, ce poème explique le passage de la »Chanson contre les Huguenots« qui signale comme trait distinctif d'un hérétique le fait qu'il n'ose appeler le Sauveur »Jésus«. La bergère d'Artus Désiré qui polémique avec Calvin accuse ce dernier de dire »Seigneur« au lieu de »notre Seigneur« et »Christ« au lieu de »Jésus Christ«, ce qui, d'après elle, serait un signe de la non-appartenance de Calvin et des calvinistes à la communauté des chrétiens[11]. Malgré cette influence, Christophe de Bordeaux apparaît comme un auteur original particulièrement doué pour l'adaptation de l'information aux lecteurs ou auditeurs peu instruits. Aucun des textes d'Artus Désiré ne récapitule de façon simple l'ensemble des différences de doctrine et de pratique entre les confessions. Léger de Bontemps avait publié, en 1560, à Lyon, une »Chanson spirituelle contre les Lutheriens & Calvinistes, heretiques de nostre temps«[12] qui résumait les points de la controverse, mais elle était

---

[8] P. ex., la »Premiere chanson spirituelle en la personne du ferme catholique« se chante sur l'air de »Vous perdez temps de me dire mal d'elle« et la »Chanson en la personne de l'Eglise« se chante sur »Secourez moi ma Dame par amour«.
[9] Beau recueil (voir n. 5), fol. 64–78.
[10] Ibid., fol. 24–25v: »son corps nous a laissé / soubs pain & vin caché / le mistère est trop haut / pour ses fins huguenots«.
[11] Arthus DÉSIRÉ, Les disputes de Guillot le porcher et de la Bergère de S. Denis en France contre Jehan Calvin prédicant de Genesve. Sur la vérité de nostre saincte foy catholicque et religion chrestienne, Paris 1559, fol. 3–4.
[12] Léger de Bontemps, Chanson Spirituelle. Contre les Lutheriens & Caluinistes, heretiques de nostre temps, Lyon 1560.

deux fois plus longue et beaucoup plus complexe que celle de notre auteur. Léger de Bontemps cite, par exemple, les noms des docteurs de l'Église, de saint Jérôme à saint Chrysostome, dont les écrits font autorité pour les catholiques. Rien de tel chez notre chansonnier parisien: ses chansons sont courtes et claires, épurées d'allusions. Plusieurs d'entre elles sont consacrées au récit des événements emblématiques cités par les polémistes mais parfois peu connus de la population. Alors que Léger de Bontemps et Artus Désiré évoquent au passage la victoire des rois de France sur l'hérésie albigeoise pour rassurer les fidèles et prouver l'invincibilité de l'Église, Christophe de Bordeaux consacre une chanson entière à l'histoire de la lutte contre les cathares[13].

Il faut peut-être chercher la raison de cette capacité d'adaptation dans le caractère très circonstanciel de cette production destinée à répondre aux besoins immédiats de la population. Si le »Beau recueil« réédite l'ensemble des chansons à succès, l'existence de quelques impressions séparées prouve qu'à l'origine la composition, la publication et peut-être la commercialisation d'une chanson intervenaient à la suite d'un événement précis. Ainsi, Christophe de Bordeaux écrivit la chanson sur l'histoire de la sainte larme en été 1562, après l'arrivée, à Paris, de cette relique de Vendôme qu'il fallait protéger des actes iconoclastes fréquents dans la région. Elle était exposée dans l'abbaye Saint-Germain-des-Prés et attirait les foules[14]. Le petit opuscule racontant son histoire sous une forme simplifiée et mise en musique devait certainement avoir beaucoup de succès. La création de la chanson sur le saint Roch correspond vraisemblablement à l'épidémie de peste qui sévissait dans la capitale à l'automne 1562, car ce saint était réputé pour son pouvoir de protection contre cette maladie[15].

L'écriture de Christophe de Bordeaux est donc étroitement liée à la vie de la ville de Paris. Son histoire immédiate est présentée, dans le »Beau recueil«, comme celle du peuple de Dieu. Dans cette optique, la connaissance des événements du conflit religieux apparaît indispensable. À l'instar de l'histoire de l'hérésie albigeoise, elle permet de rassurer les catholiques sur le caractère indestructible de l'Église. Le bourgeois poète chante essentiellement les victoires catholiques. Ainsi, en 1562, l'événement le plus célébré est la fuite des protestants de Paris au début de la première guerre de Religion. En effet, à la mi-avril, une déclaration royale interdit le culte protestant dans la capitale et, le 26 mai 1562, le roi de Navarre, gouverneur de Paris, enjoint aux protestants de quitter Paris dans les quarante-huit heures[16]. Ces mesures provoquent le

---

[13] Chansons nouvelles des bons Roys de France qui ont régné par cy-devant, soustenant la querelle de Dieu, & de nostre mère saincte Eglise, sur le chant: Je suis fâché contre mon Capitaine, Beau recueil (voir n. 5), fol. 2–3v.

[14] Les miracles de nostre Sauueur Iesus Christ. Faict à la resurrection du Lazare & de sainte Larme. Sur le chant de la Turterelle, ibid., fol. 17–18v. J. BOUILLART, Histoire de l'abbaye royale de Saint-Germain-des-Prés, Paris 1724, p. 192.

[15] Cette chanson fut imprimée en plaquette, sans nom d'auteur, sous le titre »La vie et légende de monseigneur saint Roch«, Paris 1562.

[16] Déclaration du roy sur le faict et police de la religion portant défense de faire presches & conveticules en la ville, faulbourg et banlieux de Paris, Paris 1562; Barbara B. DIEFENDORF, Beneath the Cross. Catholic and Huguenots in Sixteenth-Century Paris, New York, Oxford, 1991, p. 65.

départ de la communauté protestante. Au moins huit chansons ont pour sujet la fuite des calvinistes et de leurs ministres. L'»Autre chanson qui se chante à plaisir sur le chant Te rogamus, audi nos« raille les »apostats«: Calvin, »chanoine renié«, Perrocelli qui a jeté le froc aux orties, de Bèze, souffrant de la vérole, Malo »l'essorillé« et Jean de la Rivière[17]. Tous, sauf Jean Calvin, ont prêché à Paris. Les chansons qui diffament les ministres autrefois redoutés pour leur pouvoir de séduction cherchent à fixer leurs noms dans la mémoire des Parisiens pour leur infliger symboliquement une punition infamante faute d'un châtiment réel. Les refrains »Et huguenots, retirez-vous, / ou vous serez pendus trestous« ou encore »ils ont perdu / dessus dessus / qui soyent pendus« affirment haut et fort qu'ils ont mérité la peine de mort. Ces chansons rappellent les scandales qui ont secoué Paris pendant les deux ans de sa »captivité«, c'est-à-dire pendant la politique de tolérance de la monarchie. Ainsi, à deux reprises, il rappelle que l'impunité des hérétiques était telle qu'ils avaient même osé présenter une requête pour demander la construction d'un temple près de Paris. Les temps ont changé car maintenant ils doivent quitter la ville[18]. D'autres chansons célèbrent l'exécution des hérétiques reconnus coupables de sédition, de trahison et d'assassinat: Nez d'Argent et Gabaston, acteurs de la sédition de Saint-Médard à Paris, le bailli de Pontoise, convaincu d'avoir tenté de livrer cette ville aux huguenots, Poltrot de Méré, assassin du duc François de Guise. Christophe de Bordeaux raconte les aventures macabres de leurs corps tombés entre les mains de la population parisienne, célébrant ainsi la participation de la communauté de Paris à l'exercice de la justice royale. Chanter une chanson sur le corps de l'ennemi trainé par la ville signifie participer à cette exécution et prolonger l'infamie des criminels bien au-delà de leur mort et de l'existence physique de leur corps. Dans la même logique de communion, la chanson sur la procession expiatoire du 9 juillet 1562 permet à tous d'y participer symboliquement et de demander pardon à Dieu pour l'acte iconoclaste perpétré sur la statue de la Vierge à la porte Saint-Honoré. Ces chansons délivrent donc des informations immédiatement utiles pour la communauté à la recherche de son salut. Le chant doit exprimer l'engagement du côté de Dieu et s'apparente à une œuvre pieuse. La plupart des chansons relatives à l'année 1562 ont probablement été imprimées en 1563, sous le titre »Les tenebres et regrets des predicans«, l'opuscule mentionnée par Brunet mais qui reste introuvable aujourd'hui[19].

Les chansons écrites pendant les deux guerres suivantes, entre 1567 et 1570, changent d'optique en témoignant de la politisation du conflit. Christophe de Bordeaux se met à dénoncer les protecteurs de l'hérésie, les chefs nobiliaires protestants. Le prince de Condé, l'amiral de Coligny, Gabriel de Lorges, comte de Montgomery, et François, duc de la Rochefoucauld, sont désignés comme les principaux ennemis de la commu-

---

[17] Beau recueil (voir n. 5), fol. 3–4v.
[18] Chanson nouvelle contre les adversaires de la foy catholique, qui se chante sur le chant, Nous avons un nouveau Roy en nostre pays de France et Autre chanson sur le chant, L'autre jour me acheminois mon chemin à Nanterre, Beau recueil (voir n. 5), fol. 26–27v et 31–32.
[19] Jacques-Charles BRUNET, Manuel du libraire et de l'amateur de livres, Paris 1860, vol. II, p. 1111.

nauté catholique. Les chansons relatives à cette période privilégient la célébration des victoires militaires des catholiques. On peut citer la bataille de Saint-Denis (10 novembre 1567), la défense de Chartres, à laquelle Christophe de Bordeaux affirme avoir participé (24 février–15 mars 1568), les batailles de Jazeneuil (1568), de Jarnac (13 mars 1569) et de Moncontour (3 octobre 1570). L'histoire immédiate de ces guerres est avant tout celle des victoires du peuple de Dieu guidé par le roi et la noblesse chrétienne, destinée à rassurer et à encourager les catholiques.

Le »Beau recueil« regroupe donc des chansons sur les questions doctrinales, les pratiques dévotionnelles et les victoires catholiques. Publié à la fin de 1569 ou au début de 1570, au moment où le roi est entièrement engagé dans la guerre et où le triomphe sur les protestants paraît possible, il se présente comme un manuel d'éducation civique à l'usage du bon catholique parisien et qui livre les connaissances nécessaires pour son engagement dans la lutte contre l'hérésie, connaissances présentées sous une forme très accessible.

En effet, le principal apport de Christophe de Bordeaux consiste dans l'adaptation de l'information politico-religieuse. Au moins cinq chansons du recueil ont été identifiées avec certitude comme composées à partir de libelles imprimés. Tel est le cas de la première pièce du recueil, »Chanson nouvelle des bons Roys de France qui ont régné par cy-devant«. Elle raconte la lutte de Philippe Auguste et de saint Louis contre les cathares en traduisant en forme poétique et orale »L'histoire des schismes et hérésies des Albigeois, conforme à celle du présent«[20]. De même, la chanson sur la relique de la sainte larme de Jésus Christ a été composée à partir d'un texte anonyme déjà versifié, datant du début du siècle, »Le discours comme la saincte Larme fut apportée en l'abbaye de Vendosme par le noble Comte Geoffroy Martel«[21]. Cette plaquette était destinée, à l'origine, aux pratiques dévotionnelles des pèlerins, car elle comportait des extraits de l'office en latin. Rééditée à Paris à l'occasion de l'exposition de la relique en 1562[22], la poésie fut reprise par Christophe de Bordeaux qui raccourcit l'histoire, simplifia sa trame événementielle et la mit en musique[23]. Les chansons sur les dernières paroles du duc François de Guise, sur la procession parisienne lors de ses funérailles ou encore sur la bataille de Moncontour furent également composées à partir des relations imprimées. La mise en chanson de libelles permet aux informations de passer de la sphère de l'écrit à la sphère de l'oral et les rend accessibles à l'ensemble de la population.

---

[20] J. GAY, L'histoire des schismes et hérésies des Albigeois, conforme à celle de présent, Paris 1561.
[21] S'ensuit le Mistère de la saincte Larme, comment elle fut apporté de Constantinople à Vendosme, s.l.n.d, Anatole de MONTAIGLON (éd.), Recueil de poésies françoises des XVe et XVIe siècles, Paris 1855, vol. I, p. 43–54.
[22] Le discours comme la saincte Larme fut apportée en l'abbaye de Vendosme par le noble Comte Geoffroy Martel, avec les miracles, oraisons et messe de ladicte saincte Larme, Paris 1562, Bibliothèque nationale de France (Richelieu), ms. lat. 12700, fol. 306–318.
[23] Les miracles de nostre Saueuur Iesus Christ (voir n. 14), fol. 17–18v.

Cette proximité avec les imprimés permet d'analyser le travail d'adaptation du texte. La »Chanson nouvelle de madame de Guise et la remonstrance que luy faict monsieur son mary« est composée à partir du libelle »Recueil des derniers propos que dit et tient feu tresillustre Prince, Messire Françoys de Lorraine, duc de Guyse«. Les deux textes mettent en scène la mort exemplaire du duc, champion de la cause catholique, mortellement blessé par un gentilhomme protestant, Jean Poltrot de Méré, le 18 février 1563. Leur parenté ne fait pas de doute. Voici comment François de Guise s'adresse à son fils aîné, Henri:

CHANSON NOUVELLE	*RECUEIL DES DERNIERS PROPOS*
Et mon filz, ici présent,	[Le duc recommande ses enfants à son épouse]: Je vous prie de tout mon cœur les avoir tous pour recommandez, et principallement mon fils icy présent. Qui estant le plus avancé d'aage pourra servir de guyde & d'exemple aux autres [...] Mon filz, tu as ouy ce que j'ai dit à ta mere, que Dieu te laisse pour tenir ma place. Je te commande de luy estre obéissant, & de luy rendre tousjours honneur & reverance, suyvant les bons conseilz & prudentes instructions qu'elle te donnera. Aye mon mignon, mon amy, l'amour & la crainte de Dieu, principalement devant tes yeulx & dedans ton cœur, chemine selon ses voyes [suivent des conseils pour éviter les erreurs de jeunesse]. Employe entierement ton pouvoir, & ta vie, pour t'en acquiter selon ton devoir, à l'honneur de Dieu & au contentement de ton Roy: lequel tu doibs recongnoistre apres Dieu, pour souverain maistre & seigneur, du tout luy dediant tes services[25].
Le plus avancé en âge,	
Sois au Roy obéissant	
Luy rendent foy & hommage.	
Or, mon filz, as-tu ouy	
Ce que j'ay dict à ta mère,	
Que Dieu te laisse aujourd'huy	
Pour te regir comme père.	
Il te la fault honorer	
Et luy rendre obéissance	
Et sainctement reverer	
Car c'est de Dieu l'ordonnance.	
Aye mon filz, mon amy,	
L'amour de Dieu & la crainte	
Et de ton pervers ennemy	
La force sera estainte[24].	

La proximité de plusieurs expressions et tournures de phrase montre que Christophe de Bordeaux a traduit le libelle en chanson avec un véritable souci de rester fidèle aux paroles du duc. Mais les aménagements effectués sont très importants. Il opère de nombreuses coupes pour alléger le texte. Il enlève des paroles que François de Guise adresse à ses frères cardinaux et à l'assistance, aussi bien que des passages sur l'état déplorable de la France. Il ne garde que des recommandations laissées à son épouse et à son fils ainé et l'oraison finale par laquelle le mourant remet son âme entre les mains de Dieu. Christophe de Bordeaux omet également des passages qui risquent d'atténuer la perfection du duc. Dans l'imprimé, celui-ci demande pardon à son épouse pour les offenses passées, quoiqu'il ne se tienne pas »des plus grands pécheurs en cest endroit«. Il l'exhorte, ensuite, devant Dieu, à s'appliquer à la bonne éducation de leurs enfants et prie le Seigneur de la punir si elle devait oublier ses recommandations et se rendre trop

---

[24] Chanson nouvelle de madame de Guyse, et de la remonstrance que luy faict monsieur son mary, sur le chant. Delaissez la verde couleur, ibid., fol. 10–11.

[25] Recueil des derniers propos que dit et teint feu tresillustre Prince, Messire Françoys de Lorraine, duc de Guyse prononcez par luy peu devant son trespas a Madame la Duchesse sa femme, Monsieur son filz, Messieurs les Cardinaulx ses freres, & a plusieurs assistans a l'heure de son trespas, Paris 1563, fol. 3–5v.

sévère ou trop nonchalante à leur égard[26]. Notre auteur évite ces allusions aux fautes passées ou possibles dans l'avenir car elles nuiraient au caractère idyllique de la scène. En revanche, il introduit un élément narratif et fictionnel. Alors que l'imprimé commence directement par les paroles de François de Guise, Christophe de Bordeaux débute la chanson par la description de l'épouse éplorée au chevet de son mari, main dans la main, le priant de lui confier sa pensée. Cette scène est appelée à émouvoir le chanteur et son auditoire, d'autant plus que la chanson se chante sur un air très connu et très apprécié à l'époque, »Laissez la verde couleur«, qui a été composé pour une poésie de Mellin de Saint-Gelais décrivant la mort d'Adonis.

La narration des libelles est donc romancée, débarrassée des détails jugés superflus par rapport à l'objectif revendiqué du chansonnier, celui de la consolation des chrétiens. Ainsi, la chanson sur la bataille de Moncontour rejette le récit des manœuvres des armées avant la bataille, celui de multiples revirements de l'action militaire et la liste des tués et des blessés pour mettre en avant l'élan des troupes inspirées de Dieu, sous la conduite de la noblesse chrétienne, un élan auquel rien ni personne ne saurait résister[27]. La plupart des chansons s'achèvent par un appel à la prière collective. Christophe de Bordeaux cherche à dégager dans l'événement son »essence« chrétienne et à l'agrémenter par une éthique et une esthétique chevaleresques. Soldat lui-même à un moment de sa vie, il est très sensible aux valeurs guerrières. Ainsi, si le courage du peuple chrétien – des soldats ou des habitants de la ville – est toujours souligné, les nobles catholiques se présentent sous les traits de preux chevaliers. Christophe de Bordeaux appréciait la chanson de Roland à laquelle il fait référence dans une épitaphe de Jean de Hans. Selon lui, la vaillance de ce prédicateur parisien qui combattait l'hérésie avec des armes spirituelles dépassait celle du »preux Roland«[28]. Il utilise beaucoup les airs et la métrique des chansons sur les campagnes italiennes de François Ier et d'Henri II, comme c'est le cas de »Quand Bourbon vit Marseille«[29] ou de »Les Bourguignons ont mis le camp devant la ville de Péronne«. Christophe de Bor-

---

[26] »Et s'il advient que vous vous oubliez en ce dont je vous prie, vous rendant trop rigoureuse ou nonchalante en vostre debvoir envers eux, Je prie mon dieu qu'il vous en donne une forte punition pour vous faire recongnoistre vostre faulte. Je ne dictz pas cecy, mamye, pour aucune deffiance que j'ay de vous [...] Mais l'amour paternelle & le grand desir que j'ay que vous suyviez ma volunté me faict parler en ceste sorte«, ibid., fol. 3v–4.

[27] Discours de la bataille du lundy troisieme iour d'Octobre 1569, en laquelle il a pleu à Dieu donner tres memorable victoire au Roy treschrestien par la bonne, heureuse, et vertueuse conduicte de monseigneur Duc d'Anjou son frere, & Lieutenant general, Paris 1569; Beau recueil (voir n. 5), fol. 75–77v.

[28] Christophe DE BORDEAUX, Déploration sur la mort et trespas de deffunct de bonne mémoire frère Iehan de Ham, Religieulx de l'ordre des Minimes. Qui en son viuant a tousiours repulsez les faulces opinions, qu'auoient les faulx Prophetes & ministres de l'Antechrist, contre les Sacremens de l'Eglise, pensant la ruiner, Paris 1562.

[29] Pour le texte de la chanson, voir: LE ROUX DE LINCY (éd.), Recueil de chants historiques français, 2e série, Paris 1842, p. 96. Christophe de Bordeaux a mis sur cet air la »Chanson nouvelle de la deffaite de l'armée des Huguenots, rebelles & seditieux, par Monseigneur le Duc d'Anjou frere du Roy & les Princes Catholiques« et »O, la folle entreprise du prince de Condé«, Beau recueil (voir n. 5), fol. 75–78 et 61–64.

deaux puise donc son inspiration non seulement dans la production récente mais aussi dans sa connaissance de la tradition des chansons de guerre.

Notre bourgeois chansonnier se revendique, en effet, comme un poète de la cité combattante, poète qui prend en charge l'ensemble de ses aspirations spirituelles et temporelles. À la fin de nombreuses chansons, il se présente comme »un jeune garçon, enfant de cette ville«. La cité est donc sa référence de légitimation. Comme Artus Désiré, il fait partie de ces écrivains qui n'ont pas besoin, pour écrire, de l'appui d'un grand. Il recherche plutôt un succès commercial et symbolique auprès du public parisien. Son écriture échappe à la logique du jeu nobiliaire qui détermine, à cette époque, le discours d'un bon nombre de libelles. Mais Artus Désiré s'adresse à la communauté de la hauteur de sa position de prêtre, voire de prophète. Christophe de Bordeaux interpelle ses concitoyens en tant que l'un des leurs; il partage leurs joies et leurs craintes et prétend traduire leur sagesse et leur voix morale. Ce type de posture se rencontre chez quelques poètes mineurs de l'époque, comme, par exemple, Thomas Gay, poète protestant de Die[30]. Néanmoins, Christophe de Bordeaux prétend instruire et consoler. Il semble, en effet, fasciné par le modèle de prédicateur, comme le montre son épitaphe du minime Jean de Hans. Il l'admire pour le courage avec lequel de Hans dénonce des péchés sans égard pour les conditions des pécheurs[31]. Jean de Hans était, en effet, considéré par les autorités comme un prêtre séditieux. Il fut arrêté dans la nuit du 9 au 10 décembre 1561 à la suite des propos violents prononcés lors de son sermon dans l'église de Saint-Barthélemy. Cette arrestation mit Paris au bord de l'émeute. L'Hôtel de Ville délégua alors un groupe de marchands notables pour supplier le roi de le libérer. Le roi céda et, trois jours plus tard, Jean de Hans fut libéré et fit un retour triomphal dans son église. Le lendemain, une procession fut organisée pour remercier Dieu de ce signe de sa faveur. La foule des gens venus écouter son sermon fut si grande qu'elle ne pût entrer dans l'église[32]. Christophe de Bordeaux faisait partie de ses admirateurs. Rien n'indique qu'il s'était lui-même opposé à la politique de tolérance pratiquée par la monarchie. Dans ses chansons, publiées pendant les périodes de conflit ouvert entre les protestants et le pouvoir royal, le roi bénéficie de l'image traditionnelle de protecteur de l'Église. Mais la violence de ses appels à l'extermination physique des hérétiques et l'aspiration à la pureté absolue de la communauté devant Dieu contribuait certainement à nourrir le mécontentement des Parisiens pendant les périodes de paix.

Néanmoins, Christophe de Bordeaux revendique surtout son désir de consoler et d'inspirer la communauté, à l'image de Jean de Hans, dont les prédications apportaient

---

[30] Mémoires des frères Gay, de Die, pour servir à l'histoire des guerres de religion en Dauphiné et spécialement dans le Diois, éd. par Jules CHEVALIER, Montbéliard 1888.
[31] Chanson nouvelle de l'ymage Nostre Dame qui a esté remise à la porte sainct Honoré, ibid., fol. 5–8v.
[32] Voir Alphonse DE RUBLE, L'arrestation de Jean de Hans et le tumulte de Saint-Médard, dans: Bulletin de la Société de l'histoire de Paris et de l'Ile-de-France 13 (1886), p. 84–94.

un grand réconfort aux »bourgeois et marchands«[33]. Cet objectif de la consolation spirituelle semble central dans le »Beau recueil« qui répète inlassablement que l'Église catholique est invincible. Le refrain d'une chanson appelle les chrétiens à abandonner leur chagrin: »Or, laissons, laissons François, triste envie et desplaisance«. Seules deux chansons sur soixante-douze appellent les pécheurs à se repentir et à se corriger et la thématique de la menace prophétique est complètement absente. Le poète adopte une posture contraire à celle, prophétique, d'Artus Désiré. Plutôt que de menacer ses concitoyens de châtiments terribles, il insère dans le recueil une »Chanson tresconsolative sur l'amour que Dieu nous porte«, qui promet le bonheur et la vie paisible à celui qui respecte les préceptes du Christ. Notre poète met dans la bouche de ceux qui chantent ses chansons, parfois très violentes, un message d'espoir. Sa violence est une sorte de violence joyeuse, terrible mais thérapeutique, qui sert à la purification et au désangoissement de la communauté. Christophe de Bordeaux s'attribue donc une mission de consolation, d'instruction et d'explication, des fonctions qui s'apparentent à ceux d'un pasteur. Il semble qu'il se plaise à jouer le rôle d'auxiliaire laïc du clergé. Il serait intéressant de savoir si cette posture d'auteur coïncidait avec une responsabilité quelconque au sein d'une confrérie ou d'une fabrique. Mais, pour l'instant, les sources restent muettes.

Le »Beau recueil« de Christophe de Bordeaux connut un vif succès. Il fut réédité chez Madeleine Berthelin deux mois après la première édition, avec quelques petites modifications[34]. Signe d'un succès durable, ses chansons spirituelles furent rééditées tout au long du siècle dans des recueils collectifs. On les trouve encore reproduites dans le premier quart du XVIIe siècle alors que la lutte contre les calvinistes reste d'actualité. Pour sa part, Christophe de Bordeaux continua de composer et de publier des chansons et des occasionnels jusqu'en 1613[35]. L'activité de cet auteur prolixe mais encore peu connu laisse apparaître l'influence exercée par des laïcs dans la vie spirituelle de la communauté. De plus, sa production nous fournit une rare occasion de saisir le fonctionnement de la chanson comme un chaînon manquant entre la production écrite et la culture orale et non savante des populations. Il faudrait poursuivre ce travail en s'interrogeant notamment sur les mélodies utilisées, qui ont joué un grand rôle dans le succès de ces chansons et servi de support à la mémorisation des informations politiques. De nombreux airs ont été transcrits et sont parvenus jusqu'à nous. Ainsi la chanson »O la folle entreprise du prince de Condé«, sur le siège de Chartres,

---

[33] »C'estoit le reconfort, d'Orphelins & de Veuves, De bourgeois & marchans qui maintenant le pleurent«, BORDEAUX, Déploration (voir n. 28), fol. 2.

[34] Recueil de plusieurs belles chansons spirituelles, faictes & composees contre les rebelles & perturbateurs du repos & tranquillité de ce Royaume de France, auec plusieurs autres chansons des victoires qu'il a plu à Dieu de donner à nostre treschrestien Roy Charles IX de ce nom, Paris s.d.

[35] J'ai récemment découvert un autre recueil de Christophe de Bordeaux, conservé à la bibliothèque de Bâle, »Le recueil des chansons des batailles et guerres aduenues au Royaume de France, durant les troubles« (Paris 1575), qui s'ajoute à huit titres signalés par le catalogue de »French Vernacular Books«.

composée sur l'air »O que dit-on en France de monsieur de Bourbon«, connut un succès si important que, selon une hypothèse, elle aurait été entendue par les soldats flamands lors de la troisième guerre de Religion. Ils auraient repris, à leur tour, la mélodie, qui aurait servi de support pour »Wilhelmus«, l'hymne national hollandais. Un ensemble de musique ancienne, Camerata Trajectina, a reconstitué et enregistré cette chanson de Christophe de Bordeaux en 1984[36]. Cette reconstitution permet de mieux se rendre compte de la puissance performative de la chanson et de toucher à cette oralité perdue des guerres de Religion.

RÉSUMÉ

Cet article examine un recueil de chansons contre les protestants composées par un bourgeois parisien, Christophe de Bordeaux (1537–après 1613). Cet auteur peu connu aujourd'hui paraît avoir joué un important rôle d'informateur et de médiateur culturel à Paris pendant les guerres de Religion. Son »Beau recueil de plusieurs belles chansons spirituelles« (1569–1570) aborde des sujets variés: les différences théologiques et liturgiques entre les catholiques et les protestants, l'expulsion des ministres protestants de Paris, les exécutions des rebelles, les processions religieuses et les victoires obtenues par les catholiques. La plupart de ces chansons avaient déjà été publiées auparavant, en plaquettes séparées, afin de proposer aux Parisiens l'interprétation civique et religieuse des événements les plus importants pour les réconforter et leur permettre de prendre part, à travers le chant, à la vie de la cité. Les chansons de Christophe de Bordeaux étaient capables de rassembler la communauté tout entière mais aussi d'atteindre le public de »demi-lettrés« (Roger Chartier) et d'illettrés, notamment grâce à la traduction en chanson de libelles et de pamphlets imprimés. Sa production fournit ainsi aux historiens une rare occasion de reconstruire un chaînon manquant entre la production écrite et la culture orale et non savante des populations. Le recueil de ce bourgeois poète se présentait comme une sorte de manuel à l'adresse des Parisiens zélés et leur fournissait des connaissances et des outils indispensables pour faire corps avec la cité catholique.

SUMMARY

This article examines a songbook against Protestants composed by a citizen of Paris, Christophe de Bordeaux (1537-after 1613). Though he has become an obscure figure, he played an important role as a news broker and a cultural mediator in Paris during the Wars of Religion. His »Beau recueil de plusieurs belles chansons« (1569–1570) deals with several topics, namely theological and liturgical differences between Catholics and Protestants, the expulsion of the Calvinist ministers from Paris, executions of protestant rebels, descriptions of religious processions and Catholic victories. Most of these songs were first published separately in reaction to a specific event. They provided the Parisians with an interpretation of the news, comforted them and induced them to take part in civic life, mainly by singing. The songs of Christophe de Bordeaux were able to move the whole community and to reach a »semi-literate« (Roger Chartier) or an illiterate audience. To make his political information more accessible, he was turning his libels and pamphlets into songs. His work gives the historians a rare opportunity to study the song as a missing link be-

---

[36] Geuzenliederen Rond Willem Van Oranje, NKV 8403, 1984.

tween print and oral culture. It seems that his songbook has been designed as a guideline for zealous Catholics in order to rally the civic body of Paris around relevant pieces of news.

Index des personnes et des lieux

Aitzing, Michael 103
Aix-en-Provence 128
Alençon 131
Allonne 131
Amboise 8, 18, 20, 34, 53, 57–59, 62, 85, 124–125, 127–128, 130, 132
Angers 44, 132
Anvers 84, 99–100, 102, 105, 118
Ardennes 131
Aubigné, Agrippa d' 86, 96
Augsbourg 102, 118
Auvergne 124, 129
Auxerre 96
Avignon 33

Bassigny 131
Begon, Michel 106
Belon, Pierre 34
Benoist, René 41–43, 47–49
Berthelin, Madeleine 136, 144
Beys, Gilles 65
Bèze, Théodore de 19, 24, 28, 34, 52
Biron, Charles de Gontaut, baron de 118
Blaye 127
Blois 106
Bodin, Jean 7
Bontemps, Léger de 136–138
Bordeaux 125, 127
Bordeaux, Christophe de 135–145
Bordeaux, Jean de 135
Bourbon, Antoine de, roi de Navarre 95, 138
Bourg, Anne du 54, 76, 88, 111–114, 119
Bourges 34
Bourgogne 93
Bourjac, Félix 29
Brantôme, Pierre de Bourdeille, seigneur de 61, 77
Braun, George 105, 116
Breughel, Pieter l'Ancien 89
Brigard, François 64
Brossat, Alain 85

Caen 25, 26
Cahors 87–89, 96
Calais 56, 61, 78, 117
Calvin, Jean 45–46, 123, 137, 139
Carcassonne 30, 126, 132
Carentan 131

Caron, Antoine 93
Casimir, Jean de Bavière 99, 115
Castagna, Giovanni Battista, archevêque de Rossano 41
Castellin, Jean 84
Cateau-Cambrésis 52, 57
Catherine de Médicis 25, 34, 40, 58, 74, 93
Caudebec 131
Chalon-sur-Saône 54, 124–125
Champagne 131
Charlemagne 32
Charles IX, roi de France 58–60, 63–64, 74–75, 93, 96
Chartier, Jehan 128
Chartier, Roger 13, 136
Chartres 135, 140, 144
Chastel, Jehan 128
Châtillon, Gaspard de, amiral de Coligny 63, 139
Chaumont 131
Chesneau, Nicolas 39, 43–47
Clermont 124, 126–127, 129–130
Cock, Hieronymus 99
Cologne 98–106, 110, 116, 118
Compiègne 57, 58
Conches 131
Condé, Louis 1er de Bourbon, prince de 28–31, 34–35, 59–61, 78, 94, 131, 135, 139, 144
Crespin, Jean 88, 95
Dathie, Pierre 125
Dauphiné 31, 56, 62
Des Adrets, François de Beaumont, baron 31, 33, 86
Des Autels, Guillaume 59
Désiré, Artus 137–138, 143–144
Dijon 123, 126, 129, 132, 136
Diois 29
Dreux 61
Dubois, François 96
Düsseldorf 105, 118
Duval, Antoine 45–46

Eco, Umberto 37
Écosse 54, 60–61, 66, 92
Écouen 58
Ehrmann, Jean 93
Estienne, Robert 68

Francfort 65, 98, 104
François Ier 77, 142
François II 8, 18, 51–52, 54–55, 59, 61–64, 93
Frémy, Claude 45
Fumée, Anthoine 126

Gaignières, Roger de 69
Gaillac 124, 132
Gairard, Anthoine 127
Gay, Thomas 143
Genève 25, 52, 57, 74, 83, 84, 118, 137
Ghirlandaio, Domenico 89
Gibier, Éloi 24–25, 29
Gilmont, Jean-François 25
Gisors 131
Godion de Lestang, Alexandre 26
Goody, Jack 12
Granger, Hélye 124
Grangier, Michel 25
Grenoble 30
Guise, Claude 1er de Lorraine, duc de 66
Guise, François de Lorraine, duc de 29–31, 51–63, 66, 71–74, 82–83, 85, 92, 91–97, 114, 139, 141–142
Guise, Henri de Lorraine, duc de 8
Guise, Louis de Lorraine, cardinal de 8, 92, 94
Guise, maison de 8, 19–20, 35, 44, 51, 54, 72, 77, 92–93, 131

Habermas, Jürgen 40
Hans, Jean de 142–143
Haton, Claude 61–62
Heidelberg 25
Hémard, Robert 94
Henri II, roi de France 7, 40, 51–52, 55–56, 58, 61–62, 64, 73, 78, 88, 114, 142
Henri III, Henri d'Anjou, puis roi de France 116, 119
Henri IV, Henri de Navarre 116–119, 124
Hervet, Gentian 41–42, 45–47, 60
Hogenberg, Franz 92, 98–120
Hollywood, John de 70
Hotman, François 19, 52–54

Innis, Harold 12

Jarnac 140
Jazeneuil 140
Joubert, Laurent 68

Kittler, Friedrich 13

Langres 127
Languedoc 30–31
La Noue, François de 82, 86
La Planche, Louis Régnier, sieur de, 77
La Ramée, Pierre de 67
La Rochefoucauld, François, duc de 139
Lasswell, Harold D. 15
Le Maçon, Jean 27
Le Mans 29
Le Normant, Jehan 127
Le Picart, François 43–44, 60
Le Prestre, Marie 65
L'Espine, Jean de 47–49
L'Estoile, Pierre de 65, 77
Letellier, Nicolas 124
Leunclavius, Johannes 65
Le Vignon, Pierre 84
L'Hospital, Michel de 8, 19, 72
Lindan, Guillaume 45–46
Lisieux 123
Loches 58
Lomar, Agnes 101
Lorges, Gabriel de 139
Lorraine, Charles, cardinal de 42, 44–46, 73, 76, 92, 114
Lorraine, René, marquis d'Elbeuf 66
Lorraine, Renée de 44
Louis Ier, le Pieux 32
Louis 1er, prince de Bourbon-Condé 82, 86
Luhmann, Niklas 12–17
Lyon 25, 32–33, 124, 128, 132, 137

Mâcon 123, 127–128
Marot, Clément 79, 137
Martel, Geoffroy 140
Marx, Karl 129
McLuhan, Marshall 12
Meaux 28, 85, 124
Mercator, Gerhard 105
Merleau-Ponty, Maurice 123
Metz 56
Millet, Jehan 125
Miron, François 64
Miron, Marc 64
Moissac 126, 127
Moncontour 140
Montélimar 31
Montferrand 124
Montgommery, Gabriel de Lorges, compte de 32
Montmorency, Anne de 34, 55, 60
Moreaux, Isabel 128
Morel, Léonard 90

Moyen-Orient 38

Nantes 8, 116, 119
Naples 55
Neux 64
Nîmes 30–31, 85
Normandie 32, 131
Notre-Dame-de-Cléry 61
Novellanus, Simon 103

Obry, Nicole 77
Orléans 24–29, 34, 60–63, 72, 78, 83, 94, 96
Ortelius, Abraham 99, 105

Paré, Ambroise 64
Paris 29, 37, 39, 45, 51, 64, 67, 82, 88, 124, 136, 138–140, 143
Pasquier, Étienne 85
Pays-Bas 116
Perrissin, Jacques 83–84, 87, 89–90, 94–95, 98–99
Picardie 131
Pierrelatte 86
Plantijn, Christoffel 99, 105
Platon 10, 38
Poissy 61
Poitiers 26
Poltrot de Méré, Jean 30, 55, 57, 62–63, 72, 96, 139, 141
Pont-Audemer 131
Porchier, François 123
Porcy 124
Prévost, Mathurin 65
Provence 33, 56, 86, 126
Psaume, Nicolas, évêque de Verdun 61

Rasse des Neux, François 64–79
Ravaillac, Jacques 118
Reims 44, 60–61, 73
Riom 129
Rome 35, 73
Romorantin 57–58

Rouen 28–29, 124
Rousseau, Pierre 44
Rousseau, Ursula 135

Saint-André 61
Saint-Denis 137, 140
Saint-Germain-en-Laye 8, 25, 124, 130
Saint-Laurent 44
Saint-Marcellin 86
Schlögl, Rudolf 14, 16
Senlis 131
Sens 32, 85, 93–94, 96
Sermisy, Claudin de 137
Sisteron 33
Spifame, Jacques 24
Stempel, Gerhard 105
Strasbourg 52, 54, 57
Strozzi, Laurent, évêque d'Albi 33

Thou, Christophe de 25
Tortorel, Jean 83–84, 87, 89–90, 94–95, 98–99
Toulouse 30, 127–129
Touraine 132
Tours 25, 85, 92, 94–96, 125, 132
Trente 40–42, 45
Troyes 125

Val, Denys du 65
Valence 86
Valentinois 29
Van Meteren, Emmanuel 103
Viart, Jacques 126
Vierger, Gilles du 132
Vietnam 84
Vire 131

Wassy 26–29, 35, 52, 55, 60–61, 82–86, 89–96
Watt, Ian 12
Wechel, André 65
Weinsberg, Hermann 104

Les auteurs

Philip BENEDICT est professeur à l'Institut d'histoire de la Réformation (université de Genève). Ses domaines de recherche sont les huguenots en France au XVIIe siècle, l'histoire du calvinisme en Europe et la mémoire des guerres de Religion.

Tatiana DEBBAGI BARANOVA est maître de conférences en histoire moderne à l'université Paris-Sorbonne – Paris 4, rattachée à l'Institut de recherche sur les civilisations de l'Occident moderne (IRCOM) et au Centre Roland-Mousnier (UMR 8596 du CNRS). Elle est spécialiste des pratiques diplomatiques et de la culture politique aux XVIe et XVIIe siècles.

Éric DUROT est professeur agrégé dans le secondaire (histoire-géographie) et mène des recherches sur l'identité et l'engagement au XVIe siècle. Sa thèse, »François de Lorraine, duc de Guise entre Dieu et le roi«, a reçu, en 2012, le prix littéraire lorrain Georges-Sadler de l'académie de Stanislas.

David EL KENZ est maître de conférences en histoire moderne à l'université de Bourgogne, chargé de cours à l'université de Genève et membre du Centre Georges-Chevrier (UMR 7366 du CNRS – Savoirs: normes et sensibilités). Il travaille sur les troubles de religion dans l'Europe du XVIe siècle et sur les massacres à travers l'Histoire.

Jérémie FOA est maître de conférences en histoire moderne à l'université Aix-Marseille et membre du laboratoire Telemme (UMR 7303 du CNRS – Maison méditerranéenne des sciences de l'homme). Ses centres de recherche sont l'histoire des processus de pacification, celle de la coexistence confessionnelle ainsi que la construction des identités sociales et confessionnelles à l'époque moderne.

Mark GREENGRASS est professeur émérite d'histoire moderne à l'université de Sheffield (Angleterre), spécialiste de l'histoire de France aux XVIe et XVIIe siècles. Il est chevalier dans l'ordre des Palmes académiques.

Luc RACAUT est maître de conférences à l'université de Newcastle (Angleterre). Il travaille notamment sur l'histoire de l'imprimerie et le rôle des imprimeurs dans la diffusion des idées pendant les guerres de Religion en France.

Alexandra SCHÄFER est collaboratrice de l'Institut für Europäische Geschichte à Mayence (Allemagne). Ses domaines de recherche sont les troubles de religion en Europe, la représentation de la violence et les médias de masse. Elle prépare une thèse sur la représentation des guerres de Religion en France dans les feuilles volantes de l'Empire.

www.ingramcontent.com/pod-product-compliance
Lightning Source LLC
Chambersburg PA
CBHW021735220426
43662CB00008B/869